北宋群星闪耀时

晏建怀　著

THE
SONG
DYNASTY

中国友谊出版公司

图书在版编目（CIP）数据

北宋群星闪耀时 / 晏建怀著 . -- 北京：中国友谊
出版公司，2024.1

ISBN 978-7-5057-5747-9

Ⅰ . ①北… Ⅱ . ①晏… Ⅲ . ①历史人物－生平事迹－
中国－北宋 Ⅳ . ① K820.441

中国国家版本馆 CIP 数据核字 (2023) 第 219658 号

书名	**北宋群星闪耀时**
作者	晏建怀
出版	中国友谊出版公司
发行	中国友谊出版公司
经销	新华书店
印刷	天津中印联印务有限公司
规格	710 毫米 ×1000 毫米　16 开
	15.5 印张　241 千字
版次	2024 年 1 月第 1 版
印次	2024 年 1 月第 1 次印刷
书号	ISBN 978-7-5057-5747-9
定价	52.00 元
地址	北京市朝阳区西坝河南里 17 号楼
邮编	100028
电话	（010）64678009

前　言

古人写文章，开篇即言："话说天下大势，分久必合，合久必分。"殊不知这分合之间，对于百姓众生来说，有着判若云泥、何啻霄壤的差别。合之时，虽然未必没有暴敛横征、苛政猛虎，但毕竟偶有休养生息，甚或河清海晏。而分之时，则必然东西纷争、南北扰攘，豕突狼奔之间，眼看他起朱楼，眼看他宴宾客，眼看他楼塌了，留下一片焦瓦废墟。战争总是把最不幸的灾祸全盘甩给老百姓，古谓"一将功成万骨枯"，这"万骨"之中，将士之外，更多的是被零落成泥碾作尘的平头百姓，他们在兵连祸结中冻馁交迫，流离失所，涤荡如浮沤，家破人亡者不知凡几。所以，天下合则百姓或许能安，天下不合则百姓一定不安，白骨成丘山，苍生竟何罪？每每这种时候，百姓涕泪交集、悲不自胜，对天下统一的渴盼真是望眼欲穿，安定成了比温饱更惹人心动的奢侈。群雄逐鹿、战争频仍的五代之末，天下就处于这样一个分合之势，遭受荼毒的百姓就有着这样一种热切的盼望，赵氏兄弟恰逢其时，乘势而为，通过陈桥兵变而黄袍加身，短短数年即戡平大乱，底定天下，实现了中原的基本统一。

无论成王败寇，历史人物总是很难一语盖棺，对于身前身后名褒贬不一的赵氏兄弟更是如此。赵匡胤取天下于恩公英年早逝之后、孤儿寡母之手，以武将坐大而兵变陈桥驿，斥之为卑鄙小人、无耻之徒者大有人在。然而，这个取天下于孤儿寡母之手的枭雄，在黄袍加身的过程中却能够迂回曲折、善谋良方，非万不得已不开杀戒，把以往靠杀伐开路、京城喋血的夺位手段，换做长袖善舞，尽量避免了亲者痛仇者快的凶残杀戮，正如王夫之在《宋论》所评价的："兵不血刃而三方夷，刑不姑试而悍将服。"就此而言，开国之君，唯有宋祖。

兄终弟及不乏历史成例，却给人们留下无数臆想的空间。也让赵光义这个"太宗"二字，在历史的背影里显得格外阴鸷酷烈、颇不可解。这种阴暗的猜测，遮挡了许多正当名分而又自然而然的事实。赵氏兄弟起家什伍，裨将出身，本就是军中的打虎亲兄弟，打从跟随后周世宗柴荣西征河东、北拒契丹开始，匡胤的每一个战功，莫不有光义的鲜血和汗水。匡胤举事，禁军中固然有"义社十兄弟"的桴鼓相应，响和景从，但匡胤身边最肝胆相照、生死相随者，则舍光义无他。尤其上位前后，其居中联络、策划指挥，莫不是光义蹈险亲为。可以说，太祖上位，光义厥功至伟，何况还有二人生母杜太后的"金匮之盟"可证。因此，兄终弟及对于赵光义是水到渠成，对于赵匡胤是情非得已，又不得不为，但皆是上得了台面光明正大的，无须以"烛影斧声"之类去编排。

另一方面，后人还有一种误解，认为陈寅恪所谓"造极于赵宋之世"的"华夏文化"，乃赵匡胤之钜功。其实并非如此，或说并非完全如此。如果拨开那些道听途说人云亦云的历史迷雾，你会发现赵光义倒还真是个文艺范儿，他爱好书法、擅长诗词、精通音律、喜欢下棋，且都堪称专业水准，北宋朱长文《琴史》评价他："天纵多能，博总群艺，书冠神品，棋登逸格，至于今古音律，罔不研精。"可见通博而又内行。在文艺发展方面，赵光义不遗余力，在位期间，他专门组织一批博学鸿儒编撰了占书集《太平御览》、诗文集《文苑英华》、小说集《太平广记》等三部大书，历史上鼎鼎大名的"宋四大书"，他手里编了三部（第四部为宋真宗时期的《册府元龟》）。他在位时间长，除了北方强敌辽国所占领土，西边夏国偶有骚扰之外，其他力所能及的统一问题都在他任内基本解决。经历战争，人们渴望休养，他总结唐末五代以来藩镇割据、战乱经年的教训，顺时应势地制定推行了"偃武修文"的基本国策，发展生产、广征图书、扩大科举、重用文人。后面北宋七位继承者，都是他的亲子亲孙、孝子贤孙，他们继承他的衣钵，推行他的国策，将"与士大夫共治天下"的理念一以贯之，这才最终形成了文化的空前繁荣。

然而"全则必缺，极则必反"，文化的繁荣一方面涂饰了盛世的画卷，另一方面也滋生了奢靡享乐之风，继位者刻舟求剑，天真地以为定一策而能建万世之安，非但不能与时俱进，反而在报喜不报忧的盛世谎言中迷醉，拘泥成法，因循苟且，承平累日，不知变通，冗官、冗员、冗兵、冗费日重，建国短短四五十年，便累积成如范仲淹所谓"官壅于下，民困于外，夷狄骄盛，寇盗横炽"等一系列社会弊病，北方虽与辽国签订了"澶渊之盟"，辽军依然兵不解甲，马不卸鞍；

西边的夏国乘机崛起，骚扰不断；国内则官吏横暴，寇盗四起，老百姓处在水深火热之中，内外交困，险象频发，宋王朝岌岌可危。在此险极关头，先有仁宗以范仲淹开启"庆历新政"，后有神宗用王安石主持"熙宁变法"，希望通过这种官僚体制改革和利益调整，挽狂澜于既倒，扶大厦之将倾。谁知下药虽不算猛，用心却太急，求果愈切，阻力愈大，在既得利益者的极力反对和合力围攻之下，改革既匆匆，结束亦草草，两次改革如出一辙。

改革失败，一切反弹，旧病未愈，新疾又生，而最突出的，是因改革而产生的新旧党争。自"庆历新政"以来，改革仿佛是士大夫升迁的那根撬棍，许多人通过支持或反对改革而一步登天，借党争上位者大有人在，他们屡试不爽，且乐此不疲，交相倾轧，水火不容，使本已疾病缠身的北宋渐渐由痼疾演变成绝症，随着金兵南下，屠戮中原，"靖康之变"那惨绝人寰的悲剧便毫无意外地发生了，实堪浩叹。对此，当国者或不自知，忠荩之士却痛感为国家民族的奇耻大辱，因谓之"靖康之耻"。

北宋自太祖开国，传至钦宗，共历九帝凡一百六十七年而亡。有一个值得关注的亮点，就是北宋几乎从未发生过皇子之争和宗室之乱，除了一个所谓的"八贤王"在历史的传说中若隐若现之外，其他宗室贵胄参政者名不见经传，更无后宫、外戚、宦官把持朝政残害忠良等历代频频上演的祸患，在宋王朝台前秉政当国、指点江山的，都是那批秉持"为天地立心，为生民立命，为往圣继绝学，为万世开太平"济世救民情怀的书生文人，可以说他们才是有宋一代真正掌握施政实权的中流砥柱。

择要而言，这种结果的成因之一，便是北宋皇帝极其爱才，尤以仁宗为最。仁宗用人不看背景、不讲资历、不论家世、不念旧恶、不怕张狂、不禁言语，只讲学识、才华、人品，简单说就是只要品学，不问来路。正因为他内心有这样一把尺度，新人如雨后春笋般荟萃一时，而且君子多、小人少，才子多、呆子少，直臣多、弄臣少。

北宋文气盛而血气淡。在这极盛文气的催生下，涌现了一大批文人政治家，晏殊、欧阳修、曾巩、苏轼、黄庭坚、秦观等师生相随，范质、赵普、寇准、吕端、李沆、吕蒙正、范仲淹、文彦博、王安石、司马光等名相迭出，还涌现了一大批崖岸自高、刚正不阿的诤士，石介、包拯、赵抃等怒吼于前，钱勰、刘安世、陈禾等死谏于后，流光如箭，难掩其凛然正气，世易时移，仍见其傲骨嶙峋，真可谓巨公辈出、繁星璀璨。而且，正是这群槃槃大才和鸿儒硕彦的影响引导，最终将华夏民族之文化推向了历史和世界的巅峰。

目　录

赵匡胤的底线

陈桥兵变之后，赵匡胤黄袍加身，由后周殿前都点检（官名，五代后周殿前司长官。其下有殿前副都点检、殿前都指挥使等）变成了皇帝，是为宋太祖。进宫不久某天，他见一宫女抱着一个年幼的男孩，便问："这是谁呀？"宫女说："这是周世宗的儿子。"周世宗就是他原来的老板柴荣。

当时，恰好大臣范质、赵普、潘美等人随侍在旁，他们同宋太祖一样，原来都是柴荣手下，只不过如今换了天下，随了赵老板而已。宋太祖回过头来问他们："该如何处置这没了爸的孩子？"赵普等人说："杀掉算了。"唯独潘美在身后缄口无言，宋太祖便问他认为如何，潘美低着头，不敢回答。宋太祖也没逼问，只是望望天，喃喃自语地说："即人之位，杀人之子，于心不忍啊！"潘美这时接荏了，说："我和您都曾经是世宗的手下，劝您杀这孩子，那对不起世宗，若劝您不杀，您必然会怀疑我的忠心。"宋太祖觉得有道理，就顺势对潘美说："世宗的儿子不便做你的儿子，就给你做侄子吧。"

潘美把这孩子带回家，当成自己的亲骨肉一样，悉心教养。从此以后，对于这孩子的事，宋太祖不闻不问，潘美也从不向他提及，就像这孩子从未出现过似的，君臣间形成了一种默契。

宋太祖是一个认真听取意见、从善如流的人，不仅如此，他还能顺水推舟把孩子做了巧妙的安置。既不用担"即人之位，杀人之子"的骂名，又因为孩子有忠臣潘美监护，不用担心今后兴风作浪，一个皇帝能把事情处理得如此符合天道、人情、己意，殊为难得。

武夫当国的宋太祖一直保持着一个有趣的玩乐，常常在后花园用弹弓打麻雀。一天，玩得正起劲，一大臣声称有急事求见，尽管极不情愿，但听说是急事，宋太祖还是立刻接见了这个大臣。然而听了汇报，却发现对方啰啰唆唆只是寻常小事而已，便大怒，责问他为什么要撒谎。大臣说："我没有撒谎，因为我认为再小的公务也比打麻雀紧要。"见对方还顶嘴，宋太祖更是怒不可遏，随手抄起手边的柱斧（水晶小斧，上朝时用之，多见于宋，亦可把玩），用斧柄打落了大臣两颗牙齿。大臣没叫痛，也没哭泣，只是俯下身，默默地捡起牙齿放到怀里，收藏起来。宋太祖说："你收起牙齿，难道要去告我？"大臣说："在下虽然无权告陛下，但将来自有史官会把今天的事情记载下来。"宋太祖听了这话后，气忽然间消了，且慢慢欣赏起对方来，最后还赏赐他许多金帛。

这是个有趣的故事，虽说是千余年前的事情，但今天读来仍然能感受到里面的人性光辉：大臣不卑不亢、不屈不挠的样子，显得憨直可爱；而皇帝在震怒之下能幡然醒悟、知错就改，并以赏赐的方式表达自己的悔意，也说明他有敬畏之心，算得上一个肚里能撑船的皇帝了。

但不要因此而以为宋太祖是一个心慈手软、毫无心计的坦荡君子。坦荡君子是夺不了天下、坐不上龙椅的。他是当仁则仁，当狠则狠，认准的事，特别是有利于加强皇权、巩固地位的事，则该出手时就出手。唐朝五代以来，皇帝同大臣们议事，都会给宰相一级的大臣安排椅子就座，甚至还有茶水。宋太祖第一天上朝，范质一班大臣还是像以前一样坐在椅子上，听候皇帝的指示。宋太祖看着奏章，突然抬起头来，对范质等人说："我眼睛有点花，你们上前来给我说说这奏章上的事吧。"等大臣们把奏章上的事向皇帝汇报完回到原地时，才发现所有的椅子都被他安排人悄悄撤掉了。从此，无论大臣级别多大，上朝时都得站着议事，以前叫"坐朝"，以后就叫"立班"了。

宋太祖行事果敢，既准又狠，但十分难得的是，在他的心底始终有一个底线，这个底线就是一块"碑"。建隆三年（962），宋太祖秘密安排人刻了一块碑，立于太庙寝殿的夹室里，取名"誓碑"，用销金黄幔将它遮盖起来，门外有门，锁外有锁，禁卫森严。他规定，每有新皇帝登基，均由一个不识字的宦官引领，新皇帝进去，焚香，跪拜，默读"誓碑"，然后离开，直到下一代皇帝再来例行手续。碑文大意有三层：一是要善待后周皇帝柴氏家族；二是不得杀士大夫及上书言事人；三是子孙有违背此誓的，天打雷劈。这一近乎毒誓的"誓碑"，就是宋太祖的底线，这一底线伴随着他处理即位前后的所有事宜，伴随他处理所有的内政外交，甚至他还以他的最大能耐，用这一底线影响着后来的继位者。

其实，从对待柴荣的幼子态度上，我们早就可以看出他的这一底线，不是他优柔寡断下不了毒手，而是他处事有自己的原则：那就是面对再棘手的事，也尽可能不杀人，尽可能以和平的方式解决问题，哪怕迂回烦琐，哪怕牺牲眼前利益，也不逾越这一底线。与其他朝代相比，宋朝优礼士大夫、强调与士大夫共治天下的主张，为当时士大夫参与朝政创造了宽松的环境。上书言事，往往直截了当，即便把皇帝逼急了，最严重也不过发配而已，这在专制时代，算是十分宽容的了。

就这一点来说，历代皇帝中，宋太祖算是极特别的一个，他不像那些心狠手辣的皇帝，鸟尽弓藏，兔死狗烹，残忍地诛大臣、除异己，甚至不怕背上千古骂名。只是，这些为实现目的而不择手段的皇帝并不知道，他们虽然得到了一时的快意和稳定，但时间一长，就没人敢掏心掏肺表忠心了，最后往往都成了人人敬而远之的孤家寡人。

宋太宗树榜样

李昉是北宋名臣,曾三入翰林、两登相位,深得宋太宗赵光义的信任。不过,李昉主政之时,没听说有什么突出的政绩。他的优秀,一方面表现在做人做官上,忠于皇室、团结同事、宽宏大度、与人为善,在朝廷内外德望颇高;另一方面表现在文化和文学上,他是个典型的学者型领导,比如他曾奉太宗之命,牵头编撰了《太平御览》《文苑英华》《太平广记》三部大书,为后代保存了许多极有价值的文献资料。宋太宗欣赏他,主要是这两个方面,尤其是在做人上,他宽厚多恕、不记冤仇,一直为宋太宗所称道。

一个最著名的典故,是说李昉与卢多逊友好,李对卢肝胆相照、待之不疑,而卢多逊却经常在朝廷内外说李昉的坏话,甚至在皇帝跟前也嘀咕。同僚们告诉李昉,他不相信,后来直到宋太宗告诉他,他才相信,但他对卢多逊也不记旧恶,照常来往。这说明李昉为人善良、心怀宽广,是个有利于团结与和谐的好部下。

皇帝的内忧不外乎两件事:一是部下不和,天天起内讧,明争暗斗,你死我活;二是部下不忠,当面一套,背后一套。遇这两种情况,皇帝总是寝食难安。皇帝要的是一团和气,不是一团杀气;要的是相互牵制,不是互相推诿;要的是表里如一,不是阳奉阴违。一个国就是一个家,儿女们一天到晚不耕不种,争吵不休,或者当面装模作样,背后偷偷挖墙脚,这个家庭肯定会走向衰败,没几天准会玩完。要保持江山姓赵、万世为君,必须坚决打击窝里斗、窝里反的行为。基于"榜样的力量是无穷的",这种情况下,皇帝往往就会考虑评标兵、立典型、树榜样,鼓励先进,褒奖先进,让手下的臣工们向先进看齐。

李昉退休第二年,正月十五的晚上,宋太宗率文武大臣登乾元门城楼观灯。这个时候,皇帝是不会忘记那些退休老部下的,尤其是像李昉这样在群众中威望较高、口碑较好的老干部。他邀请了李昉,并单独在现任宰相座位的上面、靠近自己的地方安排了一个特殊的位子给李昉,还亲自提着酒壶给李昉斟酒,极尽礼遇。皇帝会向谁极尽礼遇呢？当然是对标兵、典型、榜样之类有标杆意义的人物呀。所以，这次活动名为观灯，实际是借观灯之名，行教育之实，让大家都看看，榜样是如何受皇帝尊敬与褒奖的。

宋太宗树榜样分三步走，一是总体评价。君臣坐好之后，皇帝看着李昉，无限感慨地对下面的臣工说："李某可谓善人君子矣，服侍朕二十年，两在相位，未尝有伤人害物之事，余可知也。"李老先生在我手下工作那么久，一直团结同志，忠心耿耿，从来没有让我操过心、费过神，绝对是道德楷模，领导干部的榜样。

二是深情铺垫。在银色的月光下，皇帝亲热地聊起了当年自己还是晋王的时候，与李昉切磋诗艺、相互唱和的往事。回想当年，君臣二人皆感慨万端，说到动情处，李昉忽然站立起来，一连朗诵了皇帝七十多首诗作，不仅流利，而且无一处差错。宋太宗忙问，怎么记得这么清楚？李昉回答："不瞒您说，我每天清晨起来，洗漱完毕，就端坐于'道室'，焚香诵诗，您的诗我每天背一遍，天长日久，都能倒背如流了。"君臣相敬如宾、情同手足的情形，把下面的文武百官感动得不行。领导的诗文、语录都能熟记的，领导咋会不喜欢呢？能够与皇帝保持如此深情厚谊的部下，哪个又不羡慕、尊敬并佩服有加呢？足够煽情吧？君臣对话就像在上演一出戏，皇帝是主角，李昉是配角，百官是观众。只是，没有百官，恐怕就没有这出戏了。皇帝就是要把这出戏演给百官看，"预防为主，教育为先"嘛。当然，戏还没进入高潮。

三是当场封赏。这出戏，皇帝既是主演，又是导演，何时进入高潮、怎样进入高潮，完全由皇帝掌握与推动。皇帝听说李昉天天背自己的诗歌，而且倒背如流，便十分高兴地对他说："我也把你的诗作单独用一个匣子装着呢。"又问："我十分喜爱你的翰墨小楷，如今你的字还是那么隽秀吗？"李昉是何等人物，他立马就顺着皇帝的意思回答："我素来不善书法，那些送给您的诗作，都是犬子宗讷帮我书写的呀。"于是，皇帝立马抛出了自己的"橄榄枝"，当场封李昉的儿子李宗讷正六品官职，终于把这出戏推向了高潮。

皇帝这招有来头，看似顺理成章，实则匠心独具。你想，一个皇帝对于一个天天在身边给自己写奏章、拟文件的翰林宰相的字都不认识吗？一个靠写字和作文出头的人，还需要儿子代笔，无异于说一个特级厨师请旁人掌勺，可能吗？这个当过翰林和宰相的李昉，难道不知道皇帝是明知故问吗？非也。他们君臣演的不仅是戏，而且是"双簧"，皇帝不过是要找一个封赏的由头，李昉不过是给皇帝一个封赏的机会，而封赏亦不仅仅是封赏，行为是封赏，目的则是教育。也就是让百官看看，只要天天背皇帝的诗歌、语录，时时顺皇帝的意、听皇帝的话，那么皇帝就会对你爱护有加，就会对你关怀备至，就会给你封妻荫子，就会让你高位善终，榜样就是这样炼成的。下面那些文武百官，还能不"从善如流"地向"榜样"学习吗？

当然，皇帝也只有两样法宝，胡萝卜和大棒，听话就给胡萝卜，不听话就抡大棒，千古一律，如是而已。

宋真宗的"封口费"

官员追求政绩，或为摆平"劣政"的负面影响，常常不惜血本，通过掏"封口费"来扫清舆论障碍。其实，这不是什么新鲜事儿，千年以前的宋真宗搞所谓"封禅泰山"大典，就给自己的宰相王旦掏了一笔不菲的"封口费"。

宋真宗景德元年（1004），辽国二十万大军南下，马不停蹄、攻城略地，兵临澶州（今河南濮阳），直逼京城汴梁（今河南开封）。在宰相寇准等人的极力主张下，宋真宗御驾亲征，并登上澶州北城督战，顿时士气大振，"既至，登北城门楼，张黄龙旗，诸军皆呼万岁，声闻数十里，气势百倍，敌相视益怖骇。"（宋代李焘《续资治通鉴长编》卷五十八），人人冲锋陷阵，个个奋勇杀敌，辽军受挫，担心僵持下去于己不利，便与宋朝在澶州签订了停战协定，史称"澶渊之盟"。

"澶渊之盟"缔结后，边境安宁无事，国内一片繁荣，沾沾自喜的宋真宗飘飘然起来。人一得意就会忘形，就会自我膨胀，就想搞出些大动静，比如搞点政绩工程表表功，搞些大型庆典显摆显摆等等。这是历代帝王的通病，无非是想告诉老百姓，我是普天之下最英明的君主！而下面那些擅长察言观色的大臣，往往对皇帝的心思洞若观火，像副宰相王钦若，就对宋真宗的想法猜得八九不离十。

辽军攻打澶州时，王钦若是最张皇失措的大臣之一，他建议宋真宗迁都南逃，他算准了宋真宗害怕战争。只是，宋真宗拗不过宰相寇准那刚烈的脾气，硬是被他逼得骑虎难下，最后不得不勉强亲征。如今，王钦若又清楚地知道皇帝想闹大动静，只是苦于没有合适的形式。于是，王钦若在皇帝耳边嘀咕，说："唯有封禅泰山，可以镇服四海，夸示外国"（元代脱脱《宋史·王旦传》），动员宋真宗搞"封禅"大典。封禅，是我国古代帝王为祭拜天地而举行的大型典礼，表面是祭拜天地，实际上却是夸耀政绩、自吹自擂，大搞个人崇拜。试想，全民动员、全民参与、万人空巷、山呼万岁的场面，哪个皇帝不喜欢？尤其是宋真宗这种好大喜功爱搞"花架子"的皇帝。

但让他有一丝犹豫的是，祭拜天地需要天降"祥瑞"，就是要有天意，不符合天意的"封禅"会让人说闲话。王钦若何等精明，立刻说："天瑞安可必得？前代盖有以人力为之者，惟人主深信而崇之，以明示天下，则与天瑞无异也。"（《宋史·王旦传》）意思是前代所谓"天瑞"，那都是人造的，让某人从某地拣到一封信、一张符什么的，只不过君主们把它当成真的崇敬起来，昭示天下而已。宋真宗心领神会，正中下怀。尽管如此，宋真宗还是不放心，他担心宰相王旦不同意。虽然口无遮拦的寇准已被王钦若挤走了，但现任宰相王旦那一关也不容易通过。王钦若是宋真宗肚里的"蛔虫"，一看就懂，他说："我转告王旦，这是陛下的意思，估计不会反对。"王钦若出面做王旦的思想工作，王旦算是同意了，但同意得很勉强，这让宋真宗愁眉不展。

　　为了彻底封住王旦的口，让他在"封禅"工作中由后进变为先进，由犹豫派变为拥护派，由旁观者变成参与者，宋真宗决定亲自出马。他在皇宫里摆了一桌丰盛的宴席，单独宴请王旦。君臣二人频频举杯，开怀畅饮，让王旦满心温暖。酒足饭饱之际，宋真宗还让侍从抬出一坛酒送给王旦，说："带回去同家人一起享用吧。"王旦回家一看，哪是什么酒呀，满满一坛全是珠宝。原来，宋真宗为了让王旦支持自己的"封禅"大典，给了他一笔昂贵的"封口费"。

　　王旦受了"封口费"后，态度立刻为之一变，不但对"封禅"不再持异议，而且坚决拥护，大力支持，全心投入。他率领文武百官、诸军将校、州官县吏、僧人道士、少数民族首领等两万四千三百七十人，连续五次上书请求宋真宗"封禅"，甚至与王钦若一起伪造所谓"天书"，形成了"封禅"工作强大的舆论氛围。

　　大中祥符元年（1008）十月，王旦亲任"封禅大礼使"，陪同宋真宗到泰山举行了"封禅"大典。此次"封禅"历时之长、耗资之巨、参与人数之多，堪称前无古人，但宋真宗如此折腾搞庆典，仅仅只为满足一下自己的虚荣心。所以，这既是一场精心导演的闹剧，也是一个彻头彻尾的政治笑话。而一向头脑清醒的王旦，被皇帝一笔"封口费"就给收买了，最终把这场闹剧推向了高潮，这说明，"封口费"历来都是十分"给力"的。

　　从此，在宋真宗面前唱赞歌、拍马屁的人越来越多，也越来越有市场，老百姓的负担便越来越重，以致民不聊生。

宋朝最具传奇色彩的皇后刘娥

在宋朝众多皇后中间，出身最微、经历最奇、权力最大、争议最多的，恐怕要属宋真宗的皇后刘娥。

刘娥的出身，是当时士大夫谈论得最多的话题之一。《宋史·后妃上》说她祖籍太原，爷爷是将军，父亲是刺史，还在襁褓时，父亲就死于征战，母亲也撒手人寰，成了孤儿，后被好心人收养，长于益州（今四川成都）。不过，《宋史》的记载云山雾罩，语焉不详，除了的确在四川长大之外，其他线索皆无从考证。而司马光《涑水记闻》则说："章献刘后（刘娥逝后朝廷赠谥号章献明肃），本蜀人"，本来就是四川人，对祖籍太原的说法，明显表示反对。所以，那有名有姓的将军和刺史到底是不是她的亲人，还真难说，留下了千古谜团。

她与那位似父似夫的龚美的关系，也有点说不清道不明。《宋史·后妃上》载："蜀人龚美者，以锻银为业，携之（刘娥）入京师。"一个姓龚的男人，带着一个姓刘的女孩在京城打工，这会是一种怎样的关系呢？据说，刘娥"善播鼗"，就是擅长拨浪鼓。可以想象，银匠龚美拉风箱炼银子、美女刘娥拨浪鼓揽生意那动人的情景，颇有司马相如和卓文君当垆卖酒、夫唱妇随的浪漫。

史料中比较真实的记载是，当时还是韩王的宋真宗赵恒（赵恒先后封韩王、襄王、寿王，995 年立为太子）机缘巧合见过刘娥，惊鸿一瞥，看上了她。对于"皇二代"来说，要么看不上，一旦看上，巧取也好，豪夺也好，拆墙也好，插足也好，纵使尽浑身解数，也会要据为己有的。于是，韩王送钱送物，给房给车，终于抱得美人归，把刘娥接进了自己的韩王府，上演了一场东方版王子与灰姑娘的传奇故事。从此，韩王心无旁骛，对刘娥"宠幸专房"，夜夜笙歌，三千粉黛无颜色。

皇权社会也是宗族社会，在这种社会背景下，血统论和出身论成了道德制高点，成了人的生存权和发展权的决定因素，贵族血统可以世袭官爵，不作任何努力就能享尽人间富贵，而身份低贱者想要挤入上流社会，则比登天还难。所以，从进入王府的那天开始，刘娥那卑微的身份就成了她的"魔咒"，如影相随，时刻影响着她、打击着她、摧残着她，无论采取怎样的措施和手段也摆脱不了。比如，赵恒的乳母秦国夫人就对这位川妹子嗤之以鼻，苦口婆心地劝说，赵恒却充耳不闻。于是，她到宋太宗跟前告了一状，说自从狐狸精刘娥来后，皇子的身体都快弄垮了。宋太宗听后，大为光火，要求儿子立即把刘娥扫地出门。

皇帝发怒，这可是事关自己前途命运的大问题，当然得依。不过，赵恒对刘娥情太深，万难舍，只好折中，把她暂时安顿在王府指挥使张耆家，害得张耆为避嫌，连家都不敢回，夜夜在办公室打地铺，"耆避嫌，为之不敢下直"（司马光《涑水记闻》）。好在有情人终成眷属，过了十多年，太宗去世，赵恒继位，随即欢天喜地把刘娥迎进了宫，封为美人，免了相思之苦，圆了鸳鸯蝴蝶梦。

刘娥进入韩王府时只是个十五六岁的妙龄少女，后来长期寄居张耆家，等到宋真宗登上皇位，她已经三十出头，徐娘半老了。进宫之后，宋真宗对刘娥的感情，不但没有因她年岁渐长容颜渐淡而稍有减少，反而历久弥深。从他对刘娥一系列煞费苦心的安排就不难看出：先把她晋封为二品修仪，很快又封为一品德妃，景德四年（1007），当父亲之前给他娶的郭皇后去世后，他又开始精心运作刘娥当皇后。

然而，刘娥的出身问题一直是摆在她面前的一条鸿沟。当宋真宗向大臣们提议立她为后时，参知政事［官名。北宋乾德二年（964）置为副宰相，辅助宰相处理政事］赵安仁就以刘娥出身寒微、不可母仪天下为理由，第一个站出来表示反对；他安排翰林学士杨亿起草封后诏书，杨亿甚至公然拒绝。在这件事上，大臣们的反对态度出奇的一致，即使有心支持宋真宗的，表面上也保持着反常的沉默。

在那个时代，血统问题既是伦理问题，更是政治问题，在这种问题上，要求大臣们让步、一致同意，几乎不可能，哪怕贵为天子的宋真宗反复做工作也无法做到。大臣们希望立沈才人为皇后，因为皇后不仅是皇帝的皇后，也是大臣们的皇后，更是母仪天下的皇后，沈才人出身宰相门庭，地位高、血统正、成分好，封她为皇后，无论从伦理道德还是政治角度来说，都是表里相符、实至名归的。

大臣们不能理解自己的心思，这让宋真宗一筹莫展。无奈之下，他索性将封后一事悬着、拖着，既不立刘德妃，也不立沈才人，与大臣们僵持着。直到大中祥符五年（1012），他终于下定决心，回避了朝臣公议的程序，特事特办、礼仪从简，只将封后诏书传至中书省（官署名。北宋初仅掌供给郊祀及皇帝册文、幕职官与州县官较考等事。元丰改制后，掌承受、宣布皇帝诏令、批复、转呈群臣章奏文书，除授省、台、寺、监等高级官员）了事，那些大臣们最后竟也无计可施。刘娥这位出身卑微的奇女子，终于在宋真宗的强力推动下，迎来了人生的又一次重大转变，成了大宋王朝的皇后。这年，她已经四十四岁。

宋真宗对刘娥的一番深情，还表现在确定接班人的问题上。刘娥虽然是他"宠幸专房"的女人，但有些事情，再努力也无济于事，她的生育问题就是如此。当时，刘娥身边有一个姓李的侍女，大概看到皇帝皇后干打雷、不下雨，非常着急，对皇后说梦到自己怀孕了。刘娥一下便听出弦外之音，这种情况下，有什么法子比"借腹生子"还好呢？于是，皇后安排，皇帝很快就让李氏怀上，并生下一子，对外则说是刘皇后所生。这个孩子，就是后来的接班人宋仁宗赵祯。

一个女人，尤其是封建时代的女人，要得到一个权力至高无上男人的持久喜欢，那可不仅仅是长一张漂亮脸蛋、抛几个媚眼、扭几下楚女腰肢就能轻易做到的，对于这个女人来说，既要玉洁冰清，又要超凡脱俗，时常能够给皇帝以新鲜的感受；既要爱学习，又要会学习，随时能够更新自己的知识，做到博览古今、眼光长远；既要有悟性，又要有德行，跟得上皇帝的思路，听得懂潜台词，能搭台亦能补台，及时救过补阙，让皇帝倚为智囊；同时还要得到周围人的尊敬与钦佩，给皇帝营造良好的工作环境和家庭氛围。总之，她必须是一个接近完美的女人和妻子。

纵观刘娥的经历，当初她应该文化不高，但从后来的发展看，绝对称得上冰雪聪明。《宋史·后妃上》有这样一段关于她的评价："后性警悟，晓书史，闻朝廷事，能记其本末。真宗退朝，阅天下封奏，多至中夜，后皆预闻。宫闱事有问，辄传引故实以对。"根据这段话，至少能得出三个方面的结论：一是刘娥有悟性、爱学习，不仅学习书本上的，还对朝廷大事非常关注，博闻强记，能把书本与现实对应参照；二是宋真宗每天通过奏章了解到的天下事，很多告诉了刘娥，她都记在心里，说明她是个有心人；三是宋真宗在处理某些朝廷大事的时候，常常同刘娥交流看法，征求一下她的意见，她往往能把以前的同类案例告诉宋真宗，说明她对知识能做到融会贯通，掌握了不少处理国家大事的方法与技巧。

大约从天禧四年（1020）开始，由于宋真宗中风在床，不能坐朝，遂将政事交刘娥处理，"帝久疾居宫中，事多决于后"（《宋史·后妃上》）。宋真宗在床上一躺就是几年，这期间，作为皇后的刘娥，不但要照顾生命垂危的皇帝，还要教养年少的太子，更要决策天下大事，真是内外兼顾、日理万机，对于刚刚直面国家大事的她来说，可谓小试牛刀，但她也的确没有让宋真宗失望。

皇帝有病，大臣就会闹政变，这几乎是人治社会下的条件反射。台上的宋真宗奄奄一息，台下那些人就开始搞阴谋诡计，甚至磨刀霍霍了。当时，寇准任宰相，但他嘴巴不严，把还没议定的朝廷大事提前泄密，因而被罢，由丁谓接任。宦官周怀政想浑水摸鱼，秘密策划废除刘后，诛杀丁谓，提前拥立太子，结果被人告发，身首异处。这些里里外外的变故，无疑给孤立无援的刘娥以生死攸关的考验。风声鹤唳之间，刘娥沉着决策、果断处理，招招精准，总算平稳过渡，足见其超常的胆识和魄力。

乾兴元年（1022），宋真宗病逝，太子继位，即宋仁宗。由于宋仁宗年仅十三岁，少不更事，宋真宗临死前下诏"尊后为皇太后，军国重事，权取处分"。于是，刘娥由皇后变成了皇太后，从幕后走到了台前，成为大宋王朝的真正决策人。当时，为了解决太后与皇帝如何坐朝的问题，大臣们争议不休，宰相丁谓建议：朝会时，皇帝坐朝承明殿，太后另择地方听汇报。刘娥认为不可，她说："皇帝视事，当朝夕在侧，何须别御一殿？"宋仁宗与刘太后五天上一次朝，皇帝居左，太后坐右，皇帝称"朕"，太后称"吾"。从此，刘娥这位出身低微的川妹子，开始了长达十一年显赫一时的垂帘听政生涯。

这十一年，刘娥既是决断天下大事的实际当权者，同时也是小皇帝的母亲。她丝毫也没有忘记自己作为母亲的责任，要求宋仁宗随自己一起处理政事的同时，把更多的时间和精力用在学习上。她特意在崇政殿的西厢房，给宋仁宗安排了一个专门读书的地方，不断邀请全国最有名望的博学鸿儒给他讲经习史，令他朝夕诵读。不但修学，而且修身；不但立人，而且立德。为宋仁宗这位后来的中兴之主，奠定了扎实的学问根基。

这十一年，刘娥女子当国、垂帘决事，天下大事并未因她是女流之辈而荒废，反而处置得当，政令畅通，"初，仁宗即位尚少，太后称制，虽政出宫闱，而号令严明，恩威加天下"。她对身边人和家里人，也都能掌握分寸，要求严格，"左右近习亦少所假借，宫掖间未尝妄改作，内外赐与有节……"

这十一年，刘娥权力如日中天，那些卖乖取巧的大官小吏蜂拥而上，希望通过投其所好而从中渔利。小臣方仲弓上书，建议刘娥效仿武则天，为刘氏祖宗立庙，遭到她的怒斥；太常博士程琳敬献《武后临朝图》，暗示女子当国有先例，刘娥把图扔到地上，大声说："吾不作此负祖宗事。"刘娥处在权力巅峰，始终以国家前途为重，以天下太平为重，没有枉法徇私，原则问题上保持了清醒的头脑，这是值得称道的。

然而，权力如同一个磁场，权力越大、磁性越强，磁性越强、负荷越重，有利也有弊。无论是官场还是民间，不少人嘀嘀咕咕，批评太后专权、后妃干政。她六十大寿，孝顺的宋仁宗准备率百官给她行拜寿之礼，秘阁校理范仲淹认为这是皇帝家事，不必等同国事，上书反对。随着宋仁宗年龄的增长，要求皇太后还政于皇帝的呼声从未间断过，有的甚至给皇帝联名上书。可以说，在刘娥专心政事、辅佐少帝的这些年，朝廷上下对她的诟病与攻讦从未消停，而所有的指责，都是因为她的身份与性别，认为权力与身份不符，名不正而言不顺。

明道二年（1033），刘娥感觉大限已近，便穿着天子衮衣，头戴仪天冠，在太庙行了祭祀之礼，接受了群臣赠予的"应天齐圣显功崇德慈仁保寿皇太后"尊号，随即还政于宋仁宗，实现了权力的顺利交接。不久，她因病去世，享年六十五岁。

她去世后，关于后妃干政的议论又甚嚣尘上，更有跳梁之徒告诉宋仁宗，其生母不是刘后，而是李妃，甚至说李妃不是自然死亡，而为刘后毒害，害得心力交瘁的宋仁宗情急之下安排人刨开李妃的墓，开棺验尸，上演了一幕幕闹剧。然而，这些最后都证明是子虚乌有的。真实的情况是，刘娥表里如一，不仅视宋仁宗如己出，待李妃也如姐妹，生前死后的礼仪，皆如一品夫人。宋仁宗了解实情后，对自己安排的开棺验尸行为悔恨不已。

刘娥受命于危急之间，十年如一日，兢兢业业地处理国事，做到了内无大忧、外无大患，又能稳妥地交接政权，作为一个女人，实属难能可贵。至于围绕着她的一些非难与争议，也不过是源于对她身份的质疑罢了，最多也就是曾在非常时期采取过非常手段，相较于她为赵宋王朝所作的贡献，不过九牛一毛，实在微不足道。

宋仁宗的仁

宋仁宗是宋朝第四位皇帝，论能力，他不如宋太祖雄才大略，论学问，他不如宋徽宗多才多艺，但论生前死后的名声，他却是宋朝十八帝中最好的。在位四十二年，执政宽简、为人温良，他把一个"仁"字，贯穿于治国安邦全过程。

他对下人很仁慈。一个暮春时节，宋仁宗在御苑散步，一段时间后，身边的人发现他频频回头张望，却又什么也不说，不知什么意思。回到宫里，他急匆匆地对宫女说："好渴，快帮我端水来喝。"宫女奇怪地问："陛下为何不在外面取水喝，而忍渴这么久呢？"他边喝水边说："我回头找了多次，没见掌管茶水的当值侍吏，又不便询问，倘若一问，侍吏必受责罚，故忍渴而归。"有一次用餐，他正吃着，突然咬到了一粒沙子，牙齿一阵剧痛，他赶紧吐出来，还不忘对陪侍的宫女说："千万别声张我曾吃到沙子，这可是死罪啊。"对待下人的过失，宋仁宗首先考虑的不是自己的不适与难受，而是下人因此而可能带来的罪责，可见他的确很仁慈。

他敬畏自然。有一天早起，宋仁宗对身边的侍臣说："昨夜阅奏章很晚，后来感觉饥饿，特别想吃烧羊。"侍臣问："何不安排人做来？"宋仁宗说："你不知道吗？每次听到宫内有什么需要，坊间便以为这成了定规，纷纷制作。我担心要了烧羊后，百姓会夜夜宰羊，长此以往，必然暴殄天物，我怎能不忍一时之饥，而开启无穷杀戮呢？"让人感到他对自然的敬畏是那么真诚，充满人性关怀。

他对言论很宽松。至和二年（1055），宋仁宗重用青州知州张昪为侍读学士、御史中丞。御史作为天子的耳目之官，其职责是纠察百官，张昪因对某些决策有看法，连连上书批评"二府"（宋以枢密院掌军政，称西府；中书门下掌政务，称东府，合称二府，为最高政务机构）大臣，久而久之，宋仁宗颇不耐烦，对张昪说："你出身孤寒，为何不断上章批评朝廷重臣呢？"张昪毫不在乎宋仁宗的情绪，反问道："我自布衣而至近侍之臣，曳朱腰金，妻子满堂。怎么能谓之孤寒呢？像陛下您才是真正孤寒呢。"宋仁宗问何故，张昇回答说："陛下虽贵为天子，但内无贤相，外无名将，持禄养望者多，赤心谋国者少，我认为这才是真正的孤寒。"把自己比喻成孤家寡人，这比责骂还过分，然而宋仁宗不予追究，"优容之"。

宋仁宗一朝，没有"文字狱"。相反，他还非常痛恨"深文周纳"，即罗织材料、陷人以罪的行为。宋代魏泰在《东轩笔录》卷一中说："仁宗圣性仁恕，尤恶深文，狱官有失人人罪者，终身不复进用。"当时，一个举子给成都知府献了一首诗，中有："把断剑门烧栈道，西川别是一乾坤。"意思是只要守住剑门关，用火烧掉入川必经栈道，西川（即西川路，治今四川成都）就能割据一方，鼓动成都知府与宋朝分庭抗礼。这无疑是一首反诗，吓得成都知府赶快把举子捆绑至京，上章请求宋仁宗治罪。宋仁宗了解后却哈哈一笑，说："这不过是老秀才急于求官而做出的荒唐事，不足以治罪。可安排他去偏远小郡，出任司户参军一职。"写反诗的不但没受到惩罚，反而在皇帝那谋得了官职，可见言论的宽松和自由。

他对大臣很包容。宋仁宗宠幸张美人，张美人的堂伯父叫张尧佐，进士出身，在地方任过推官、知州，在朝中任过龙图阁直学士、给事中，张美人想光大自家的门楣，多次吹"枕头风"，希望宋仁宗提拔自己的堂伯父出任宣徽使（官名。宣徽院长官，宣徽院分南、北院，使亦分南、北院使，事简官尊）。有一次在朝堂之上，宋仁宗把提拔张尧佐为宣徽使的方案抛了出来，谁知，监察御史（官名，隶御史台察院，主弹劾事，简称御史、察官等）包拯当场表示反对，使宋仁宗的提议未获通过，而且包拯说话时，由于情绪激愤，唾沫星子还溅了宋仁宗一脸，弄得他很没面子。后来，当张美人问及堂伯父出任宣徽使一事办得怎样时，宋仁宗没好气地说："你只知道要宣徽使、宣徽使，难道不知道包拯是御史吗？"

宋仁宗继位之初，因为年少，便由皇太后刘氏"垂帘听政"。当时，太常博士程琳为了巴结刘太后，竟向她献《武后临朝图》，暗示她效仿武则天，废除少年天子，取而代之。刘太后认为这不合常理，有负祖宗，严词拒绝。宋仁宗亲政后，有人以此为由弹劾程琳，宋仁宗不念旧恶，一笑置之，说程琳不过是为了向太后表达忠心罢了。不特如此，他还认为程琳"有才器，能断大事"，连连提拔重用为三司使、吏部侍郎、参知政事，官至副相，程琳显赫一时。

君主制度赋予皇帝以至高无上的权力，一闪念就能断人生死，于是产生了许许多多残酷无情的暴君。而宋仁宗盛德大度、宽容有加，算是这种制度下的特例。他之所以一以贯之地怀仁、施仁，源于他有一颗敬畏之心，敬畏自然、敬畏生命、敬畏手中的权力。一个皇帝，最怕的就是缺乏敬畏之心：不畏天，势必天灾不断；不畏地，势必寸草不生；不畏生命，则尸横遍野，生灵涂炭矣。

宋徽宗"与狼共舞"的日子

　　很多人都知道宋徽宗赵佶喜欢画、喜欢书法、喜欢女人，但很少有人知道他还喜欢禽兽，喜欢"与狼共舞"的美妙感觉。

　　还在端王府当王爷的时候，驯养禽兽就是宋徽宗的爱好，等到当了皇帝，那些专以哄皇帝开心为天职的宦官为了投其所好，便调动人力物力，到处搜罗珍禽异兽，供皇帝赏玩、调教。于是，帝国京都、皇宫禁苑，到处都是天上飞的、地上跑的、水里游的，不亦乐乎。

　　赵佶一门心思放在玩上，荒废了朝政，这引起了朝廷大臣的焦虑，特别是引起了谏官们的不安。因为谏官最重要的一项工作职责就是向皇帝提意见，以意见提得多、提得好为工作优秀的标准。遵照祖制，皇帝也挺尊重他们，有时甚至畏惧他们。有个谏官叫江公望，见是自己履行职责的时候了，赶忙上书皇帝，苦口婆心地规劝，说玩物丧志，长此以往，将来恐不可收拾。宋徽宗刚当皇帝不久，根基未稳，还不是与大臣们对着干的时候，特此表现出虚怀若谷的样子，接受了江公望的意见，随即命人把皇宫里的珍禽异兽放归大自然，一个也不留。有只白鹇，由于天天被皇帝宠着，日久生情，任人驱赶，始终不肯离去。纵深情如此，皇帝也只能忍痛割爱，亲自用拂尘赶跑了它。不但如此，宋徽宗还把江公望的名字雕刻在拂尘的柄上，表彰他的直言敢谏。

　　后来，江公望因弹劾蔡京获罪被贬，宋徽宗那颗久久压制的心又渐渐复苏，周围那些善于察言观色的宦官、大臣们，深知皇帝的心思，一番合情合理的劝说之后，那些飞的、爬的、跑的、游的，又都在皇帝身边重新得宠。当时，宋徽宗花费巨资，建了一个最著名的园子，开始叫万岁山，后改名艮岳，把全国的名胜古迹，什么洞庭、湖口，什么二川、三峡，什么姑苏、荆楚，"括天下之美，藏古今之胜"，都统统浓缩到这里，相当于北宋的"世界之窗"。

　　皇帝建了这么一个大园子，地方上总得有所支持，因此，送奇花异草的，送怪石佳木的，络绎不绝。而那些深知皇帝爱好的，更是把各地鸟兽拣最珍贵的敬献。于是，四方珍禽异兽齐聚艮岳，苑内仅珍禽就有数万之多，麋鹿多达数千头，其他兽类，更是不计其数。每当夜静之时，京城广袤之地莺歌燕舞、虎啸狼嚎，一座帝王之都竟然如森林、原野一般，成了鸟兽们的自由乐土，可谓今古奇观。

有个市井人物叫薛翁，以街头驯兽表演为业，见皇帝养了那么多禽兽而无人训练，便到宦官童贯跟前毛遂自荐。童公公正为这些飞的、跑的、爬的一天到晚乱糟糟而犯愁呢，这下解了燃眉之急，赶紧安排薛翁到艮岳担任驯养师。从此，薛翁每天召集卫兵，让他们模仿护卫皇帝、喝道开路的样子，队伍经过之时，薛翁用巨大的盘子盛满精米拌肉，自己学着鸟鸣，引群鸟来任意啄食，饱餐一顿。经过一个多月的驯养，鸟儿们对薛翁亲如同类，即便薛翁不作鸟声，只要他一出现，任卫兵吆喝、锣鼓喧天，群鸟也会置若罔闻地聚集在一起，翩跹而至。一天，宋徽宗来到艮岳，薛翁施礼说道："万岁山瑞禽迎驾"，随着他一声长鸣，霎时万千珍禽齐集，遮天蔽日，列队如仪，做欢迎状。这架势让见多识广的宋徽宗也讶异不已，顿时龙颜大悦，马上给薛翁加官晋爵。

宋徽宗就是这样，谁能投其所好，谁就能升官发财。薛翁因擅长驯鸟当了大官，蔡京因书法极佳当了宰相，童贯因善于搜罗珍奇当上了枢密使，甚至那些三山五岳、游方四处的道士都被纳入体制内，按月发工资。作为皇帝的赵佶，总是能把自己的爱好发挥到极致，他把"画学"纳入科举考试，开创了"以画入仕"的考试制度，让优秀的画家平步青云。他不仅用高官厚禄刺激别人玩，自己更爱玩，而且玩出了水平。他的画至今让人称道，他的"瘦金体"书法独步天下，古今无人能出其右，他甚至通过细致的观察，得出"孔雀登高，必先举左腿"的结论，真是想人之所未想、玩人之所未玩。宋徽宗尽管如此聪明，但由于没有把聪明才智用在富国利民的大业上，终于导致了"靖康之变"，自己被金人掳去，成了亡国奴。他后来在诗作中叹息道："家山回首三千里，目断山南无雁飞"，真是肝肠寸断。但回头思之，这又何尝不是咎由自取呢？

商纣因酒亡国，刘伶、阮籍却以酒全其真而名后世；好鹤的卫懿公兵败命丧，"梅妻鹤子"的林和靖却成了"梅花之神"，其结庐二十年的孤山至今游人如织。有些人经纬天下、职责重大，就是玩不得，一玩就会玩火自焚；有些人淡泊明志、宁静致远，往往玩得个万世流芳。倘宋徽宗不去当那劳什子皇帝，醉心书画，他的艺术成就肯定会更大，他的传世佳作肯定会更多，甚至世间因此而少一个亡国之君，也不是不可能的事啊！

陈抟和他的帝王"粉丝"

陈抟是个寿星，据说生于唐懿宗咸通十二年（871），历唐末、五代，逝于宋太宗端拱二年（989），活了一百一十八岁。

大凡寿星，背后都会有一些故事，或稀奇古怪生活习惯，或玄之又玄的人生经历，陈抟也不例外。《宋史·陈抟传》记载，陈抟开始并不聪明，四五岁还不会说话，一天，他在家乡亳州真源（今河南鹿邑）的涡水边戏水，被一位飘然而至的青衣女子抱入山中，喂了几口奶，从此不但能开口说话，还能张嘴吟诗，并且越来越聪明，长大后，经史百家，一见成诵，吟诗作赋，出口成章。后唐长兴年间（930—933），他参加科举考试，惜乎铩羽而归，从此不求仕禄。他先后隐居武当和华山，"渴饮溪头之水，饱吟松下之风"，纵情山水，研究《易经》，与其往还唱酬的，都是吕洞宾、李琪这些亦道亦仙的世外高人。

陈抟最大的能耐就是未卜先知。据宋代魏泰《东轩笔录》卷一记载，陈抟有济世之才，但经历唐末之衰、五代之乱，又屡试不第，心情非常不快，做了隐士。虽说是隐士，但也关心时政，"每闻一朝革命，则颦蹙数日"，每每听到新皇登基、改朝换代的消息，总会眉毛紧蹙，叹息数天。一日，陈抟骑着毛驴，漫游华阴（今陕西华阴），听见市人奔走相告，说赵检点赵匡胤当了皇帝，他惊喜得从毛驴上掉了下来，放声大笑，别人问他为何发笑，他感叹道："天下这回定叠也。"这回天下终于安定了。

陈抟会看手相，一双玉手经他瞄一眼，就能预测祸福与未来。有一次，宋太宗手下大臣王克正去世了，家里修佛事、做道场。王克正没有儿子，只有一位十多岁的女儿跪在灵前服丧。陈抟前去吊唁，出来便对旁人说："我虽然没看清楚王克正女儿的容貌，但见到她捧着香炉的玉手，那真是贵人之手啊，拥有这双手的若是男子，必当白衣入翰林，一步登天；若是女子，必嫁王公显贵，获得极高封赠。"果然，此女后来由宋太宗做主，嫁给了参知政事陈恕，不久又被皇帝封为郡夫人，真是神了。

陈抟在民间声誉很高，信徒甚众，一传十、十传百，关于他神乎其神的传说，也传到了帝王们的耳朵里，他因此成了五代、宋初许多帝王追捧的对象，经常出入皇宫禁苑，被帝王们奉若神明。

后唐时代，唐明宗听说了陈抟的大名，下诏征他出山。陈抟来到京都洛阳（今河南洛阳），被安排在宾馆，专人侍候着。唐明宗本想看看陈抟到底有何本领，谁知陈抟来了之后，只在宾馆酣睡，既不见他神仙导养之术，亦不见他腾云驾雾之功，那有何用？在大臣的建议下，皇帝决定使出撒手锏，把一坛上好的美酒和三位国色天香的宫女送给陈抟，你过得了美酒关，就过不了美色关，看不把你灌晕、迷倒，然后俯首帖耳，乖乖听话？谁知，美女前脚进，陈抟后脚出。第二天当唐明宗派人召唤，看他服帖到什么程度时，收到的却是一首诗："雪为肌体玉为腮，深谢君王送到来。处士不生巫峡梦，空劳云雨下阳台。"陈抟早已遁去，不知所往。

后周世宗柴荣也仰慕陈抟之名，切盼见到他。周世宗好黄白之术（汉代方士声称能以药点化金银的一种方术），其实陈抟并不擅长此道，不过民间关于他的传说太多，让周世宗误以为陈抟无所不能。显德三年（956），周世宗命华州知州把陈抟专程护送到京城，留他在皇宫里住了一个多月，反复咨询他黄白之术的技法。每每这时，陈抟始终只有一句话："您身为四海之主，当以国家安定、百姓饱暖为念，为何一心关注那些黄白小技？"面对陈抟的责问，周世宗也不在意，反而要封他为谏议大夫，在陈抟的力辞下，周世宗只好作罢，放他归山，临行还送他许多贵重礼物。

到了宋太宗赵光义主政的时候，陈抟的名声更是如日中天。太平兴国九年（984），宋太宗把陈抟请进宫，特别礼遇，奉为上宾。他通过宰相宋琪之口，反复追问陈抟修养之功、长生之道，而陈抟总是顾左右而言他，以这样或者那样的方式搪塞。陈抟越是这样，宋太宗越发觉得他深不可测，越发待他敬重有加，又是赐他紫衣，又是赐他"希夷先生"尊号，又是安排专项经费帮助陈抟修葺他的修道之所云台观，还一再挽留他在宫室吃喝了数月，才与他依依惜别。

陈抟因为一身的传说，而成了帝王们追捧的对象，又因为游走于帝王家，而声名鹊起。传说越来越多，故事也越来越神。不过，细读史料，你会发现陈抟越是神奇的地方，记载得越模糊，越是普通的地方，记载得越翔实。也就是说，像人之处明了，像神之处玄乎。史书中能够反映出他清晰的一面是：他对《易经》有研究，并写出了专著；他好作诗，留存六百余首。至于史书中的一些故事，尤其是那些他与帝王们来往的故事，往往云遮雾罩、藏头露尾，呈现出一个犹抱琵琶半遮面的术士形象。然而，这却恰恰体现了陈抟的高明。因为他深深懂得，那些饱食终日的帝王们所梦寐以求的，不是一本万利的黄白术，就是金枪不倒的房中术，要么就是起死回生、长生不老之药，而这些，即使让他再修炼千年也是无法给予的，只好打哑谜、装糊涂，与他们巧妙周旋。你说，陈抟自保的功夫是不是十分了得？

陈抟后来羽化于华山莲华峰下的石洞中，据说他的尸体停在石洞七天仍有温度，而且五色祥云缭绕洞口，弥月不散。

范质的宽容与无奈

范质总结自己做宰相心得时有一句名言："人能鼻吸三斗醇醋，即可为宰相矣。"他把宽容作为一个好宰相的必要条件，认为作为一个宰相，要能容天下难容之事，能容天下难容之人，在斡旋上下、协调左右、平衡利益、维护稳定中雍容大度、海纳百川。

不过，宽容也有其多面性。一种宽容有原则性，小事宽容、大事严格，小事讲风格、大事讲原则；一种宽容无原则性，好也好，坏也好，你好我好大家好；还有一种宽容是心里有原则，表面无原则，谄上欺下的丑行、贪赃枉法的恶行、明火执仗的暴行都无可奈何，往往以隐忍的方式求和，以委屈的方式求全，以妥协的方式求稳。而范质的所谓宽容，便是心里有原则、表面无原则的宽容，忍辱负重、委曲求全，以致让他常常陷入深深的自责而不能自拔。

在历史的画廊中，范质风度翩翩，是个帅哥。不过，他既有君子的风度，也有书生的软弱，宽容而不果敢，仁慈而不决绝，一句话：心太软。范质一生，五朝为官、两朝为相，一路风风雨雨，他总是本着慈让之心，宽厚之怀，容易感动，颇为顺从。后汉时他是中书舍人、户部侍郎，刘知远父子昏聩，郭威起兵夺天下，他躲避战乱，藏匿民间。后来被郭威找到，当时天下大雪，郭威脱下身上的袍子给他披上，他一感动就归顺了郭威，成了后周的宰相。"陈桥兵变"后，赵匡胤从陈桥回到京城，立马就赶到范质上班的地方，一见到他就痛哭流涕，边哭边向他诉说将帅们威逼利诱、迫使自己"黄袍加身"的种种无奈，范质心一软，就率王溥、魏仁浦等同事向赵匡胤行了君臣之礼。其实，当时最有资格与赵匡胤叫板的就是范质，因为他是顾命大臣、第一宰相，地位比赵匡胤高，朝中文武几乎都看他的眼色行事，尽管他对于赵匡胤谋权篡位的行径心里不耻，但还是宽容了、顺从了。他一倒戈，朝中其他反对派便势如破竹，使赵匡胤得以不费一枪一炮而夺取皇位。

有时候宽容是要付出代价的，良心的自责就是一种。

宋初，虽然宋太祖赵匡胤仍然任命范质为宰相、首辅，但范质丝毫也没有欣慰之感。人家沐恩新朝、欢天喜地，他却郁郁寡欢，一直忍受着良知的问责与道义的鞭笞。士大夫最看重的是什么？名节也！周世宗柴荣临终前将妻儿老小全托付给他，把他作为唯一可以依靠的顾命大臣，希望他辅佐少帝、照顾皇族。他却在关键的时刻置自己的誓言于不顾，因为赵匡胤几滴虚假的眼泪而丢弃责任与道义，卑躬屈膝、俯首称臣，甚至没作一丝一毫的抗争。这种有悖纲常、伦理、道德的行为，同僚会怎么看？坊间会怎么说？后世会怎么评？也许，他的忍让，是不希望宫廷流血、同僚互戮，不希望柴氏孤儿寡母成为宫廷政变的牺牲品。但千理由、万理由，毕竟在他作为精神归依的孔孟之道里，牺牲事小，失节事大啊！有人因失节而一辈子人前抬不起头、人后直不起腰，他范质以君子自勉，却因为自己的所谓宽容、所谓忍辱负重，而牺牲了人格与节操。

同为宰相，相对于五代末的冯道与宋朝初的赵普，范质有着迥然不同的内心感受和心路历程。相对于"长乐老"冯道那沾沾自喜的小人嘴脸，范质脸皮没那么厚，有自知之明；相对于为赵匡胤出主意、想办法、策划兵变谋反的赵普，范质与后周皇室关系过密，与宋太祖之间隔了一层肚皮，在服务过程中难免投鼠忌器、顾虑颇多。因此，他处理起事务来，不像冯道那般精明老到、游刃有余，也不像赵普一样雷厉风行、肆无忌惮。甚至他的宽容，也始终笼罩着一层软弱和悲凉的色彩，他的自责与愧疚，如同大山一样压在他身上，让他不堪重负，他希望得到精神上的自我救赎。

从范质后来的一系列表现中，我们不难看出他的这种行为取向。他在宋初担任首辅多年，始终廉洁自律，从来不收受下级的馈赠，得到的俸禄与皇帝的赏赐，大都送给了孤遗贫弱，他死后，家里一贫如洗；他平时吃的都是粗茶淡饭，所谓"食不异品"，穿的也是粗布衣服，严于律己几乎到了苛刻的地步；他成人之美，推荐后进，把吕馀庆、赵普等部下推荐到了更加重要的岗位；他谦虚谨慎，埋头著作，撰写《范鲁公集》《五代通录》百余卷；临终前，他还反复告诫儿子，自己死后不得向朝廷请封谥号，不得刻墓碑，这在历代宰相中绝无仅有。后来，宋太宗赵光义说："宰辅中能循规矩、慎名器、持廉洁，无出质右者"（《宋史·范质传》），给了他相当高的评价。唯一一次看到他发怒，是当有人主张剪除柴氏孤儿寡母以绝后患、宋太祖以商量的口气征求他意见时，他言辞激烈地表示反对，他说既是禅让，您对待人家太后，也应该像母亲一般尊敬，怎么反而威胁他们母子生命呢？于心何忍？这话让宋太祖无地自容。种种迹象表明，范质一直在进行着自我灵魂救赎，希望从心灵深处得到道义上的平衡与良心上的解脱。

他解脱了吗？我看至死也没有，否则就不会交代儿子不请谥号、不刻墓碑了，难道他也像武则天一样，希望留下一个任由后世评说的"无字碑"吗？关于范质的评价，前文所述宋太宗的话，其实后面还有一句："但欠世宗一死，为可惜尔。"意思是宰相中论讲规矩、讲礼仪、讲廉洁，没有能超过范质的人，只不过他欠周世宗一死，不能誓死效忠罢了！宋太宗真是站着说话不腰疼，他自己不也曾经自诩为周世宗的忠臣吗？何况，倘不是范质的软弱好欺与忍辱负重，倘不是他"欠世宗一死"，这天下是不是姓赵那还很难说呢。

窦燕山的教子经

中国古代的科举考试，如同千军万马过独木桥，层层选拔，在乡试时考中举人已十分不易，再通过殿试考中进士的更是凤毛麟角。而在这种残酷的淘汰比拼方式下，五代末、宋朝初的窦禹钧一家，五个儿子却全部考中进士，而且后来个个身居要职，不能不说是个奇迹。

窦禹钧，蓟州渔阳县（今天津蓟县）人，排行老十，有窦燕山、窦十郎之称，以家教有方闻名于世。对窦禹钧情况记录得较为详细的文字，是范仲淹写的《窦谏议录》。他在文中记述了窦禹钧的一生。而在教育方法上，书中只说窦禹钧曾建一座书院，聚书数千卷，请了老师为孩子们授课，似乎并无什么特别的教子方法。另有"长乐老"冯道，写了一首《赠窦十》诗曰："燕山窦十郎，教子以义方。灵椿一株老，丹桂五枝芳。"也为我们提供了一些窦禹钧教子的信息。建书房、置书籍、请教师，这似乎是经济宽裕的家庭都能做到的事情，却为何唯独窦禹钧家五个儿子都能考中进士呢？似乎这不是关键所在。重要一点，应当是冯道所说的"教子以义方"。

窦禹钧教子，重在言传身教，以自己的言行为孩子们树立榜样。据范仲淹《窦谏议录》记载，窦禹钧富甲一方，却为富既仁且义。有个仆人，利用工作便利盗用了窦家一大笔钱，无力偿还，又担心被发觉后无颜面对，万般无奈之下写了个凭证，系在自己女儿手臂上，凭证上写道："永卖此女，与本宅偿所负钱。"然后远走他乡。窦禹钧发现后，当即烧掉了凭证，并收养了这个可怜的女孩。在将她抚养成人后，窦禹钧又自贴嫁妆，送她出嫁。仆人听说窦家主人如此大义，赶紧回来谢罪。窦禹钧原谅了他，对前事也不再提及。

一次元宵节晚上，窦禹钧去延庆寺进香，在后殿台阶边拾到一个包裹，内有银二百两、金三十两。如此一笔巨款，失主肯定心急如焚。第二天，窦禹钧早早赶到延庆寺，等候失主前来认领。果然，不久就见一人一边啼哭一边找寻。

原来，失主昨天晚上酒醉了，不慎把巨款遗失在庙里。而且，失主的父亲犯了大罪，这是他费了九牛二虎之力，筹借来为父亲赎罪的"买命钱"。窦禹钧非常同情失主的遭遇，不仅归还了巨款，另外还馈赠他金钱若干。

窦禹钧为人宽厚、仗义疏财，亲戚朋友中有人去世，因贫不能治丧的，他常常主动出钱相助。由他出钱办丧事的死者，多达二十七人。有穷人家女儿到出嫁年龄而办不起嫁妆，他也慷慨解囊，由他置办嫁妆出嫁的女孩多达二十八人。亲友故旧中有家庭贫困的，他主动借钱给他们做生意，使其发家致富。他接济的人家很多，但他自己却非常节俭，家里没什么金银饰物，妻儿穿的也是粗布衣服。他建的学院，四方寒士皆可来学，凡有志于学者，他提供资助，到他这里来学习过的寒士，成才显贵者很多。窦禹钧死后，有些得到过他帮助的人，甚至为他守孝三年。

窦禹钧用他的言行，践行着一个士大夫的道德操守，履行着一个父亲的责任，在孩子们的心里撒下善良正义的种子。儿子们不仅学业优异，而且个个在朝廷担任要职，显赫一时。长子窦仪官至尚书，次子窦俨任侍郎，三子窦侃任起居舍人，四子窦偁任参知政事，五子窦僖任左补阙。然而，不管儿子们官有多大，在父母堂前，都规规矩矩。窦家闻名一方，文人来往，学者穿梭，谈笑有鸿儒。每每家里来客，窦老太爷堂屋一坐，那一尚书、二侍郎、三起居、四参政、五补阙，都恭恭敬敬侍立在侧，家风严谨，观者肃然，一派世家风范。

为富不仁者，必生纨绔子；为官不义者，必有"高衙内"。很多书读得好的孩子，不完全是靠死记硬背，或者别的什么科学方法，更多的在于读书之外的言传身教和潜移默化的影响。良好的家风，能造就良家子，尤其是在北宋那种崇文偃武的世风之下，文章渗透出来的淳朴之风，可能比通篇"子曰诗云"更受考官们的欢迎。窦家一门进士，恐怕就是这种良好家风浸染的结果。

赵普的成功之道

对于赵普，人们津津乐道的莫过于"半部《论语》治天下"，认为他是书读得少而精明强干的杰出代表。赵普的确没读过几天书，《宋史·赵普传》说"普少习吏事，寡学术"，意思是他钻研的是处理事务的技巧，擅营谋、工心计，不喜欢啃书本、掉书袋。及至他当了宰相，宋太祖还常常劝说他多读点书，于是浪子回头，"晚年手不释卷"。去世后，人们惊奇地发现，他在家里日夜诵读的，只不过是一本薄薄的《论语》而已。

既然可以把"半部《论语》治天下"这句话，理解为人们对他活学活用、聪明能干的溢美之词，当然也可以理解为朝廷内外讥笑他胸无点墨、不学无术的批评之声。事实也如此，无论是在当时还是后代，他的名声都不敢恭维。他钻营取巧、专横跋扈，同事们对他很有意见，"普为政颇专，廷臣多忌之"（《宋史·赵普传》）。清代王夫之在《宋论》中评价他"阿附朋党，倾危善类""密谋行险，戕害天伦"，说他是个"不仁之人"。这样一个不讲团结而又品格低劣的人，怎么还能稳坐钓台、三登相位呢？怎么还能荣贵一世、高位善终呢？

赵普进入权力核心，走的不是科举正道，而是先做幕僚，再做朝官，先在幕后，再至前台，有一个从"潜伏"到公开的过程。他先被后周永兴军节度使刘词聘为从事，因为参谋得好，刘词临终向朝廷推荐了他，被宰相范质安排到赵匡胤军前效力，任军事判官，成了赵匡胤的一名参谋。参谋参谋，有事则参，无事不谋。对于有才能者，主人往往另眼相看，倚为智囊，对于无能或还没表现出潜能者，那就只能做些备马扶鞍、打点家务的小事了。不过，是金子总会闪光的，有能力的人，做小事也能做出大出息。当时，周世宗用兵淮上，赵匡胤攻下了滁州（今安徽合肥），战乱之际，赵匡胤父亲赵弘殷却在滁州一病不起，这个节骨眼上生病，那不是添乱吗？真让赵匡胤愁眉不展。好在赵普善解人意，见事做事，侍汤送药，极尽殷勤，使赵老太爷和他们一家子都非常感动，赵老太爷还把赵普当成自己家里人看待，"宣祖卧疾滁州，普朝夕奉药饵，宣祖由是待以宗分"（《宋史·赵普传》）。从此，他融入了赵氏家族，也以良好的印象进入了赵匡胤的视野。

如果说照顾父亲让赵匡胤注意到了赵普，那下面这件小事，就可以说让赵匡胤对赵普刮目相看了。赵匡胤攻下滁州之后，抓获了百余名盗贼，准备就地正法，赵普怀疑这些抓获的盗贼中有无辜者，劝赵匡胤重新审讯一番。通过审讯，其中果然有许多人蒙冤。赵普此举，挽救了许多活生生的生命，参谋参到了关键处、点子上。这事说明他不仅有一定的观察能力，而且有一定的分析能力，还能对领导的工作做到查漏补缺、及时提醒，而这些特点，正是一个好参谋必备的素质。不久，赵普就成了赵匡胤的节度掌书记，即机要秘书，进入了赵匡胤的核心决策层。

赵普为赵匡胤立的头功，便是帮助他策划了陈桥兵变。在惊心动魄的陈桥兵变中，无论是开头的契丹南侵、后汉加入，还是将领们有组织的集中劝进，乃至后来的禅让文书、黄袍加身，无一不是精心策划的结果。在这一过程中，赵普出主意、想办法，劝说赵匡胤权衡利弊、下定决心，同时斡旋上下、鼓动将领，采取了一系列的举措，风声鹤唳之间，政变稳妥而相对温和地进行，使这一夺人江山、改朝换代的惊天之举，以不损一兵一卒而和平过渡。能在惊涛骇浪中掌舵，不能不说，赵普作为一个官职不高的幕府人员，不但具有把握全局、运筹帷幄、协调和平衡各方关系的能力，而且具有领会领导意图并把领导的意图转化为坚强行动的执行力和落实力。

然而，在家天下时代，谋人钱财已属不义之图，夺人江山则是不法之举了，更何况人家周世宗尸骨未寒、孤儿寡母可怜楚楚，都是需要挑战法律与良知底线的。这种逆国法、悖纲常、无道德的行为，谁才是最能够直接面对、悉心商讨、坚决执行而又让人放心的对象呢？当然是最可靠的身边人，可见赵匡胤对赵普的信任，已经到了旁人无法企及的程度。但同时，赵普在上下疏通之际，当然还要时而唱白脸、时而唱红脸，时而威逼、时而利诱，动之以情，晓之以理。总之，在这一过程中，除了赵氏家族，赵普几乎对任何人都是六亲不认、不择手段的。这说明，从一开始，赵普选择的就不是一条"贤臣"之路。因为贤臣需要以学问、胸怀、道德为基础，以忠于皇族、服务百姓为依归，而这些恰恰是赵普的性格弱点。赵普既然无法走上光明正大的路子，那就只有走阴谋诡计、钻营取巧之途，他要发挥其擅营谋、工心计的特长，像"蛔虫"一样，钻进领导的阴谋，钻进阴谋的核心，成为阴谋不可或缺的智囊、帮凶，于翻江倒海、惊心动魄处显神算、建奇功，来实现一步登天的目标。

赵匡胤的事业成功了，披上了龙袍，坐上了龙椅，创下了大宋基业。不过，龙椅是坐上去了，但这把椅子是不是牢靠，那就要看他的阴谋是不是做到了万无一失。陈桥兵变后，赵普替赵匡胤思考的是如何使他坐稳这把龙椅的问题了。因此，赵普又一次为赵匡胤精心策划了一出"杯酒释兵权"的好戏，实现了释兵权、消隐患、稳皇位的目的。在这出戏里，赵匡胤是主角，石守信、王审琦、高怀德等宿将是配角，而老谋深算的赵普脸都没露一下，过程与结果却全在他的头脑之中，股掌之上，他是导演。

赵普的命运是与赵匡胤的阴谋共沉浮的，因为他是赵氏夺人江山阴谋的直接策划者、参与者与落实者，他是赵匡胤肚里的"蛔虫"，他懂得赵匡胤的构想与企图，了解他内心深处的潜意识与阴暗面。赵氏之所以能够夺取江山，是其武功、魄力、运气与赵普智慧强强联合的结果，没有赵普，赵匡胤的文韬武略，或许会以另外一种形式出现，其结局是另外一番景象也未可知。

像赵普这样的奇才，在主子心里常常只会有两种状态，一种在功业完成之后，既担心对方抖自己的老底，又担心对方功高盖主，于是鸟尽弓藏，兔死狗烹；一种当成创业与守成的核心智囊，万事依赖，信任有加。赵匡胤是一个善于规避风险、尊重人才的枭雄，他一般不会以流血的方式收拾功臣，以免授人以柄，节外生枝，何况赵普虽然阴险毒辣，但"无毒不丈夫"，成大事者就要关键时刻狠得下心、下得了手，赵普的一贯表现也证明了这一点有奇效。何况，无论现在或今后，自己还得多多倚仗他，唯一的要求是赵普无条件地忠于自己，而这一点赵匡胤绝对有把握，他对赵普是放心的。

如果说赵普策划的陈桥兵变让赵匡胤夺取了天下，那么"杯酒释兵权"就让赵匡胤坐稳了江山。因此，赵普的目标不久也实现了，短短数年之间，他就由一个小小的节度掌书记，先提拔为右谏议大夫、充枢密直学士，后提拔为门下侍郎、平章事，实现了他先幕僚再朝官、先家奴再大臣、先幕后再前台的飞升，成了地位显赫的宰相。然而，作为百官之首的宰相，赵普有些事也确实做得有点离谱。

比如，皇帝最怕部下专权结党，但赵普推荐的干部，皇帝如果不用，他便一奏二奏三奏，连续上书，"尝奏荐某人为某官，太祖不用。普明日复奏其人，亦不用。明日，普又以其人奏，太祖怒，碎裂奏牍掷地，普颜色不变，跪而拾之以归。他日补缀旧纸，复奏如初。太祖乃悟，卒用其人。"（《宋史·赵普传》）皇帝哪里是"悟"，他是对赵普这种自私而又任性的行为无可奈何，服了你了。比如，皇帝忌讳部下与外国有私交，赵普却偏偏收了人家吴越王钱俶十瓶"瓜子金"，又恰好被赵匡胤撞见，你说有多难堪。比如，皇帝担心大臣架空皇权，规定宰辅大臣之间不得通婚，赵普却与枢密使（官名。枢密院长官，专掌佐皇帝管理军政，为国家最高军事长官，号称执政，与宰相同执朝政）李崇矩结成儿女亲家。比如，国家禁止私贩木材、私购土地，他却私买木材修建豪宅，私购土地扩充房产，明知故犯。其他结党营私、贪赃枉法的事更是不胜枚举。

开国之际，正是正风肃纪、打击奸佞、澄清天下、塑造清明政府形象的关键时期，赵普却无视朝廷威严，无视时代潮流，置皇规国法于不顾，简直倒行逆施，罪大恶极。如果数罪并罚，削官没籍、发配流放是起码的，就是杀头索命也不为过。然而，赵普是谁？他是赵氏王朝得以建立的功臣，是赵匡胤肚里的"蛔虫"、阴谋设计师啊。何况，对于赵匡胤来说，赵普是与自己"一起扛过枪、一起分过赃"的"伙伴"，是认过宗族的"打虎亲兄弟"，是一根绳上的蚂蚱，唇亡齿寒，赵普没了，赵匡胤遇大事同谁商量去呀？有他这胆量的，就没他这计谋；有他这计谋的，就没他这老辣；有他这老辣的，就没他这果敢；有他这果敢的，就没他这周密；有他这周密的，就没他这运气……所以，他违反禁令、中饱私囊，皇帝往往睁一只眼闭一只眼；他结交吴越王钱俶、私受其十瓶"瓜子金"，皇帝只是酸不溜秋地嘟噜一句："受之无妨，彼谓国家事皆由汝书生尔（收下吧，他还以为国家大事都是由你们这些书生决定的呢）！"他结党营私、贪赃枉法，皇帝也顶多只是设个副宰相分点权或稍稍降职而已。赵普心里有底，只要不谋反，其他可以随心所欲，皇帝既不会抄自己的老底，也不会取自己性命。这与感情无关，利益使然。

赵普一系列肆无忌惮违纪的结果是，皇帝安排他出任河阳三城节度使（治今河南孟州）、检校太傅、同平章事。职务稍降，但还是赫赫使相（宋初，凡亲王、枢密使、节度使兼侍中、中书令、同平章事者皆称使相），以地方节度使之尊位而享受着宰相的尊荣，相对于他犯的事来说，这简直不算什么处罚，等同于拍拍肩膀提醒一下。不过，宋太祖走得早，不久就带着他的阴谋驾鹤西去了，由弟弟赵光义继位，即宋太宗。赵普与宋太宗虽然都曾经是赵匡胤阴谋的参与者与执行者，但对于宋太宗来说，赵普与兄长众多手下和大臣一样，平时只是同事关系，至于父亲和兄长认下的那层宗族关系，也是此一时彼一时也。所以，赵光义当了皇帝后，并没把赵普当回事，只是把他调回京城，先任太子少保、后任太子太保，一个赠官加衔的闲职罢了。赵普沐浴新朝，却丝毫也感受不到新朝气象，备受冷落，郁郁寡欢。

赵普是不甘于坐冷板凳的，对于他来说，缺少的不是皇帝的信赖，而是一个"阴谋"，只要皇帝有"阴谋"，他就是靶场上的老黄忠，百发百中。前面说了，赵普曾经被赵老太爷当作自家人，还有一件小事没交待的是，赵氏兄弟已故的母亲昭宪杜太后也曾经把赵普当成自己人，总是"赵书记、赵书记"亲热地叫着，特别是赵老太爷去世后，凡家里的大事都必请赵普商议。临终前，她把儿子们和赵普叫到跟前交代遗言，她说、赵普记录并见证，确定了一个皇位继承的顺序：赵匡胤死后赵光义接仜，赵光义死后赵廷美接仜，再由赵廷美传位给赵匡胤的儿子赵德昭或赵德芳。赵普书写好后，杜太后安排"藏之金匮，命谨密宫人掌之"，这就是正史、野史上均有记载的"金匮之盟"。

皇帝大都是有心病的。宋太宗的心病是什么呢？就是这个"金匮之盟"。因为这个盟约虽规定他是第一个皇位继承人，他却不能把这个皇位传给自己的亲生儿子，这是多么让人纠结的事啊。要治好心病，就得篡改盟约，让历史绕过预定的路线图前进。要篡改盟约，就得搬开自己的弟弟和赵匡胤的儿子们，于是就有了"阴谋"。赵氏兄弟唯一相同的地方，就是一有阴谋就会立马想到同一个人——赵普。对于赵光义来说，想到赵普不仅因为赵普是"金匮之盟"的参与者，"解铃还须系铃人"使然，而且因为赵普是一个顶尖的阴谋家，没有他摆不平的勾当。于是，赵普被宋太宗重新起用为宰相。

后来的事大家都知道了，宋太宗与赵普君臣合谋，先罢去赵廷美开封府尹这一相当于储君的职位，贬至洛阳任西京（北宋四京：以首都开封府为东京，河南府为西京，应天府为南京，大名府为北京）留守；未几，"勒归私第"，等同幽禁；旋即夺赵廷美秦王爵位，降封为涪陵县公，房州（今湖北房县）安置，使他困于偏远之地，即使有想法也没办法。雍熙元年（984）春，赵廷美刚至房州即"忧悸成疾而卒"，年仅三十八岁。

为什么说君臣合谋呢？试想，一个有"金匮之盟"确保自己能登上皇位的赵廷美，真会如《宋史·赵普传》中所说："柴禹锡、赵镕等告秦王廷美骄恣，将有阴谋窃发"？这怎么看怎么像贼喊捉贼，如同摆放在皇宫里一把椅子，我明知过不了几天就是我的，我还会去偷、去抢吗？正如清代毕沅在《续资治通鉴卷十·考异》中所说："廷美之阴谋，事无左证，特以地处危疑，为众人所属目，太宗已怀猜忌，普复从而媒孽之，故祸不旋踵耳。"

赵廷美成了阴谋的牺牲品，至于"德昭不得其死，德芳相继夭绝"，不过是阴谋的一个前奏罢了。赵普深深懂得，只要有阴谋，就会有他的市场，就会有他的锦绣前程。随着"金匮之盟"关键人物逐渐离开历史和政治舞台，宋太宗对他更加信任、更加倚重，无以复加。

纵观赵普一生，辅佐二帝，三登相位，死后谥忠献，先追封真定王，后追封韩王，还"配飨太庙"。可谓生前显赫，死后哀荣，实现了一个做臣子能够得到的最高荣耀和待遇。赵普的成功，关键在于道路的选择，他选择的是一条与极权合谋的通幽曲径，利用阴谋，把自己与极权捆绑成一体，一荣俱荣、一损俱损，要么大富大贵，要么遗臭万年。这就像攀登高峰，越是险峻处，越容易坠落深渊，也越容易冲刺峰顶，越容易夺取成功。

"人精"曹彬

曹彬，字国华，真定灵寿县（今河北灵寿）人，行伍出身，历后汉、后周、北宋三朝，最后干到枢密使退休，可谓位极人臣。有宋一代，推行"偃武修文"政策，"好男不当兵"，像曹彬这种靠使枪弄棒打拼事业的人，想要爬到一人之下、万人之上的显赫位置，单有战功恐怕远远不够，还得靠世事洞明和人情练达，在协调能力和做人处世上都要有非常之道。

曹彬曾任西上阁门使，一个礼仪官。一次，受周世宗派遣，出使吴越国。曹彬这趟差事干得漂亮，既完成了周世宗交给的任务，也让吴越王十分高兴，返程之际，吴越王以私人名义送给他许多珍贵礼物。曹彬一想，不能干公差、填私欲呀，婉言谢绝，乘风归去。吴越王听说送礼遭拒，急忙安排人用船载着礼物追上曹彬，但曹彬依然不受。办事者回复后，吴越王再次安排人奋力追赶，坚决要求他收下，曹彬再谢、再拒，如此往返四次。最后，曹彬仰天长叹道："如果我还拒绝的话，那就是沽名钓誉了。"于是，接受了馈赠，不过回来后，他就立刻将礼物上缴国库，真是见素抱朴、秉正无私，让周世宗也颇为感动。

宋太祖赵匡胤举事前，曾是周世宗手下红人，曹彬当时还只是周世宗身边掌管茶酒的官员。一天，赵匡胤笑嘻嘻地向曹彬讨酒喝，曹彬说："这是御酒，不敢给你。"随后，他自己花钱，买了好酒送给赵匡胤，表现得公私分明、不卑不亢。作为周世宗手下的殿前都点检，赵匡胤位高权重、炙手可热，朝中文官武将经常到他府上拜谒，借以套近乎、走关系，曹彬从不去凑这种热闹，没有公事，也从不登赵家之门。赵匡胤当了皇帝后，一次召见曹彬，忆及往事，忽然好奇地问："当年我在世宗手下时，常希望与你亲近，你为什么故意疏远我呢？"曹彬回答说："您有所不知，我当时身为周室近亲（曹彬姨母张氏为周太祖郭威贵妃），又任职禁中，小心翼翼、恭谨奉职都担心出错，怎么还敢奢望结交您呢？"曹彬这种中立不倚、一门心思效忠主子的态度，深得宋太祖的赏识。怎能不赏识呢？

实际上，但凡处于权力顶峰的人，都希望下面的人对自己忠贞不贰，"唯余马首是瞻"嘛。所以，宋太祖与大臣们聊天，每当聊到周世宗那些旧部时，总是说真正不会背叛其主子的，只有曹彬一人而已！

曹彬遇事，总是从大局入眼，讲原则、讲团结，从不争功诿过。乾德二年（964），宋太祖任命王全斌为西征元帅，曹彬为监军，率六万之众西征伐蜀。仗是打赢了，但身为主帅的王全斌杀红了眼，一意孤行，竟然把三千多西蜀降兵抹了脖子，一个也不留。对降兵大开杀戒，这可犯了战争大忌。先前在讨论杀不杀降的会议上，曹彬坚决反对，王全斌拿着文件让他签字，曹彬也誓死不从。班师回朝，一番庆祝之后，宋太祖把几个西征的主要负责人叫到后殿，对着他们破口大骂，责怪他们杀人太甚，赢了战争，却丢了军威，失了民心。宋太祖见曹彬也在，便说："你退下，不关你的事。"曹彬不退，向皇帝施礼道："杀降兵，是我们集体讨论决定的，罪责难逃，作为监军，第一个应判我死罪。"宋太祖见曹彬都主动请罪，顿时动了恻隐之心，何况西蜀已平，消除了自己心头大患，功不可没，就原谅了他们。

后来，宋太祖命令曹彬、潘美征伐南唐，临行还不忘叮嘱曹彬说："再也不准像上次西征一样，胡乱杀人啊！"曹彬见时过境迁，是该把真相向皇帝交代的时候了，便慢条斯理地说："我如果现在不告诉您当时的情况，恐怕会犯欺君之罪。征蜀之时，并非我要杀降，当时我是极力反对的，不信，您看我这里还有当日文件，我是不曾签字的。"皇帝看了文件，果然如此。皇帝说："既然如此，你为什么在我面前那么坚决地认罪呢？"曹彬回答说："我与王全斌同是您委任的征西将军，与全斌可谓同生共死的战友，倘他获罪，我却置身事外、独善其身，恐怕不利于军心稳定和同僚们的团结。"皇帝又问："既然主动承担责任，那干吗还留下文件？"曹彬说："我以为当时您必会判我们死罪，并且株连家族，留下文件，让我母亲届时呈您，说不定还能救她老人家一命啊。"你看，曹彬处事，多么周全稳妥，既忍辱负重、顾全大局，又充满人性、充满温情，难怪宋太祖越来越器重他。

曹彬在前朝是皇亲国戚，在当朝是最高军事长官，可谓权倾天下，但他从来都是上必谦恭，下必有礼。每当出门，如果在路上遇到其他官员，不管他官职大小，曹彬必定让车夫避让。每当下属汇报工作，也不管他权力轻重，曹彬必定穿戴整齐后才去接见，体现了他宅心忠厚、宽宏仁慈的一面。开宝八年（975）冬，受命征讨南唐已经年余的曹彬，在费了九牛二虎之力终于要攻破南唐国都金陵（今江苏南京）之时，忽然称病。部下纷纷前来探视，曹彬当着大家的面说："我这病呀，并非药物能治，只要大家真心诚意立个誓言，保证克城之日，不乱杀城内一人，病自然痊愈。"于是，进城之日，大军果然纪律严明、秋毫无犯。曹彬所谓"称病"，道尽玄机，而这玄机，绝非为填一己私欲之玄机，而是为了制止肆意屠戮、挽救生灵免遭涂炭的仁慈的玄机。

曹彬为人，宽厚大度、休休有容；为臣，兢兢业业、恪尽职守；为官，洁身自好、忍辱负重；为子，乌鸟私情、恪尽孝道。他几乎把每一个角色都做到了极致，简直是个"人精"，虽说累是累点，但人在官场往往就像过险滩、走钢丝，哪里不是危机四伏、险象环生呢？而曹彬能一路安稳、高位善终，运气当然有一点，关键还是在于他一个"人"字写得好啊。

一个人有几张脸

　　张洎还是举人的时候，张佖已是南唐的达官显要。在张洎眼里，张佖是了不起的贵人，他迫切希望攀上这一高枝儿，因同姓，他上门拜会张佖时，便自称从堂侄孙。张佖见张洎颇有才气，加上横竖都姓张，就认了这个不知哪门子的孙子，时不时给些照应。不久，张洎考上了进士，算是得了一张官场"入场券"，地位自然得到了提升，他在张佖面前不再"装孙子"了，而自称堂弟。到后来，张洎当了南唐宰相，位极人臣。于是，他的脸越拉越长，连这个堂亲也不认了，而将张佖当作一般的下级看待，张佖气得够呛。一个人的脸色随着地位的变化而变化，这在官场也算一种规律，但一个人的辈分随着官职的升降而升降的，却十分少见。

　　南唐中主李璟时代，张洎任监察御史。监察御史是个负责弹劾与建言的官，必须以公允为前提，以事实为依据。不过，张洎不管这套，他好作惊人之语，常常自以为是，还肆无忌惮地攻击他人，因而得罪了满朝文武，尤其是大臣游简言。不久，皇帝迁都南昌，而让儿子李煜留守金陵。在干部调整中，游简言乘机推荐张洎担任李煜的秘书，无形中给了张洎一把"冷板凳"，让他靠了边。官场就是如此，三十年河东、三十年河西，仅三五年之后，这个不是太子的李煜却当了皇帝。当了皇帝，当然会照顾身边人，因此，他马上提拔自己的秘书张洎为工部员外郎、试知制诰，翌年转礼部员外郎、知制诰，旋即升任中书舍人、清辉殿学士。张洎就像学会了腾云驾雾，官职噌、噌、噌直往上飞升，而且最得皇帝宠幸，正如《宋史·张洎传》中所谓："参预机密，恩宠第一。"真是因祸得福。

　　皇帝是个词人，学士是个才子，两个人在一起工作，便不可避免地闹出一些书生意气的可笑之事来。李煜信任张洎，那没得说。张洎自从当了学士之后，那个好发表个人意见的毛病更加突出。他每次向皇帝提出自己的建议后，如果皇帝同意执行，他就高兴，如果哪次皇帝认为建议欠妥，没有批准，他就立刻向皇帝递"病假条"，工作停摆，蜗居家里不出来。这种时候，唯一的办法就是皇帝亲自修书一封，左解释右解释，反反复复安慰，直到"大牌"耍足了，张洎才慢慢腾腾地出来上班，词人皇帝也不生气，颇有玄德遇孔明那种君臣相知的风范。

嗣后，宋军攻南唐，把金陵围得铁桶一般。在这生死存亡的关键时刻，皇帝面临抉择，他的耳边既有主战的，也有主降的。张洎作为宠臣，激昂主战，发誓不做亡国奴，并在皇帝面前信誓旦旦："苟一旦不虞，即臣当先死。"他还与大臣陈乔约定，城破之日，就是他们赴死之时，让皇帝不感动都不行。不久，金陵城破，陈乔果然一条带子了结了自己，而张洎反复权衡，最后找到皇帝说："我与陈乔同为朝廷大臣，国亡臣死，天经地义。但是，倘若我们都死了，万一宋朝责怪您负隅顽抗、久不归顺、秋后算账之时，总得有个人为您辩护吧？为此，我请求随您一起降宋。"他倒真的找到了不去死的理由，而且还冠冕堂皇得很！

这样看来，张洎是个滑头，入仕靠的是钻营，升官靠的是运气，与人相约赴死又临阵脱逃，背信弃义，活脱脱一副市侩加小人的嘴脸。不过，每个人都是复杂的，也是立体的，有一面，也有多面。张洎有才，《宋史·张洎传》载："洎少有俊才，博通坟典。"宋太宗评价他："富有文艺，至今尚苦学，江东士人之冠也。"说明他不仅博学多才，而且苦学不止。再说，作品被后人誉为"天籁"的词人皇帝李煜，自己本身就是个绝代奇才，能入他法眼的自然不可能是南郭先生之流，可见张洎的才学并非浪得虚名。就工作能力来说，在南唐他是威权赫赫的大学士，降宋之后，他从太子中允这种有名无实的寄禄小官干起，历员外郎、知州、右谏议大夫、中书舍人、翰林学士等，后来竟然干到了参知政事，与寇准一起并列为朝廷副相。一个人如果没有超常的工作能力和非凡的工作业绩，以他这"贰臣"的资历，再会投机钻营，再会卖乖取巧，那也是不可能实现的。这些事实，反映出张洎才与能兼备的一面。

还有一个可供参考的故事。张洎随同李煜降宋之时，宋太祖把他们叫到跟前谈话。宋太祖第一个就让张洎出列，厉声责问，你教唆李煜不降，致使战事僵持至今，害得我损兵折将，该当何罪？他还命人取出张洎亲笔书写的调遣救兵的"蜡丸书"为证。以张洎上述那副嘴脸，那还不山呼万岁、跪地求饶？谁知，在威严的朝堂之上,面对宋太祖咄咄逼人的架势,张洎不仅毫无惧色,反而从容不迫地回答说:"拒降和调兵,确实是我所为,这不过是各为其主罢了,今能一死,也算尽了我的为臣本分!"说完,辞色不变、正气凛然,大有视死如归的英雄气概,让阅人无数的赵匡胤也不禁暗暗称奇。这还是先前那个贪生怕死、出尔反尔的张洎吗?

在传统戏曲里,无论文臣武将,各有各的脸谱,红脸、花脸、白脸、黑脸,不同的脸谱反映出不同的官品与人品。脸谱化的人,是人们在心里定格了的人,好坏、忠奸、善恶、美丑,看他的脸就一目了然,而且不会轻易因时间和空间的改变而改变。然而,历史毕竟不是戏曲,人物也不是木偶,环境和经历的复杂多变,造成了人物性格的复杂多变。这样,一个人同时拥有几张脸也就不足为奇了。

史上最搞笑的将军呼延赞

呼延赞最大的功劳，就是参加了北宋征伐北汉的太原之战。当时，为一举消灭北汉，宋太宗亲征，大军攻到太原城下，遭到北汉军队疯狂阻击，发起无数次冲锋依然不能奏效。士气低落之际，作为铁骑军指挥使的呼延赞毫无惧色、奋力登城，他摔下来又爬上去，摔下来又爬上去，如此三番五次，愈战愈勇。最终跃上城头，吼声震天，宋军士气顿时大振，一举拿下了太原城。

呼延赞骁勇善战，功夫固然不错，然而他却是个黑旋风李逵，有勇无谋。宋太宗有心栽培他、提拔他，连连给他封官，他却常常做不好自己的本职工作。宋太宗在三五年内，先把他由马军副都军头提拔为都军头，不久又重任他为保州（今河北保定）刺史。刺史作为刺史州（以刺史为长官之州。宋制，州分六格，包括都督州、节度州、观察州、防御州、团练州、刺史州）的最高军政长官，钱、粮、税收、治安都要管，需要极强的组织协调能力。呼延赞打仗时是个"拼命三郎"，但又要带军队，又要管民政，还要协调关系，那他就无法招架了，结果队伍也带不好，老百姓也治理不好，地方管理十分混乱。宋太宗改任他为管辖范围小一点的辽州（今山西左权）刺史，但他仍然吃不了这碗饭，宋太宗没法，只好把他降到原来的位置，重新让他担任都军头。

不过，在朝廷干了那么多年，就这样混个"芝麻官"退休，那还不被那些三日一嘉奖、四日一升迁的同行们笑掉大牙？他做梦都想着打仗，因为只有在那里，他才能找到施展的空间和自我的价值。于是，他连连向宋太宗递请战书，要求上前线，率军攻打契丹，并发誓不与契丹同生。宋太宗见他年纪一大把了，还天天念叨着打打杀杀，便召见了他，命他当场演示演示。呼延赞见皇帝给机会，高兴得不得了，立刻披挂上马，左手持铁鞭，右手持长矛，一阵风似地旋绕廷中，眨眼间就舞了三四个来回。接着，他又唤来四个儿子必兴、必改、必求、必显加入，轮番舞剑挥鞭使矛，只见一片刀光剑影，舞得密不透风、水泼不进，停下之时，干净利落、不见疲乏，宋太宗不禁啧啧称赞。不过，宋太宗也知道，呼延赞勇则勇矣，但领兵打仗、管人理事还差点，就是说，他认为呼延赞是员猛将，却不是帅才。因此，宋太宗象征性地赏赐给他们父子一些白金、衣带之类，至于请战契丹，没有批准。

呼延赞心里很是不甘。如果不能冲锋陷阵、奋勇杀敌，自己梦想的盖世功名必将付诸东流。他固执地认为，皇帝之所以不同意自己上前线，关键是对自己颇有疑虑。于是，为表达自己的赤胆忠心，他做出了一系列令人啼笑皆非的荒唐举动。他在自己全身上下到处刺上"赤心杀贼"字样，不但脸上、身上、脚上，就连嘴唇里面都刺满了，还有那些兵器上、马鞍上、马鞍垫子上，无处不是密密麻麻的"赤心杀贼"，并用浓墨着色，非常醒目。不要以为好玩，呼延赞使用的这种刺字方法，是宋代一种肉刑，当时称"黥墨"，或"墨刑"、"黥刑"，通俗演义中所谓"刺配沧州"中的"刺"就是指这种刑罚。呼延赞希望通过这种自虐、自残的方式，来打动皇帝铁石般的心肠。

他又叫来自己的娇妻美妾说："我们受皇家厚禄，应该在脸上刺字才能表达对皇帝的感恩之情，如果谁不同意刺字，立刻砍掉脑袋。"一听要在那娇嫩光滑的脸上刺字，里里外外顿时一片号啕之声，呼延夫人哭泣着说，妇道人家脸上刺字，人家会以为是被判刑的不贞之妇，总归不好，一定要刺，能不能刺在手臂上呢？呼延赞一琢磨，同意了妻子的请求。他要求四个儿子和仆人们也依例执行，同时，儿子们除了身上刺"赤心杀贼"外，还在耳朵后面刺上"出门忘家为国，临阵忘死为主"字样。于是，呼家上上下下，无论老翁妇孺，主仆从属，一个个满身是字，他们脸黑、身黑、手黑、耳黑，三分似人，七分像鬼，怪模怪样，常常引得路人惊恐万状、尖叫连连。

其实，呼延赞不近情理的荒诞之举由来已久，儿子刚生下来的时候，他就在寒冷的冬天，用刺骨的冷水浇到孩子身上，说是长大后能耐寒劲健；儿子病了，他割下自己大腿上的肉炖汤，说孩子喝了就能痊愈；幼子刚满百日，还在襁褓之中，呼延赞竟然把他从城楼上抛掷到地上，说试试儿子的命硬不硬。这还不够，他还把唐代名将尉迟恭当成自己的偶像，学着尉迟恭的样子，乘踏雪乌骓马，使铁鞭、丈八长矛，着装诡异，荒诞不经，还常常以"小尉迟"自许。每次到皇宫办事，他的怪异形状总是引得那些值班宦官围观，这里摸摸，那里看看，仿佛来了个"外星人"。有一次，他甚至当着那些宦官，拿着刀把自己的胸脯割得鲜血直流，然后让随从用笔蘸血，写血书，请求皇帝批准他攻打契丹。旁边一个宦官见状，开玩笑问他：您怎么不剖心示忠呢？

呼延赞越是这样荒诞不经，皇帝越是对他无动于衷。试想，哪个皇帝敢把这样的"精神病患者"派到前线领兵杀敌呢，姑且不论他是否能赢得战争，倘若战场上出现这样一位"星外来客"，不被战士们叹息为江山不幸，也会被敌军讥笑为大宋无人啊！

吕蒙正任人不问亲疏

在家天下时代，任人唯亲是再正常不过的事情，不说皇位的父死子继、代代相传，不说外戚的一女得宠、全家飞升，单是当时明文规定、合理合法的恩荫制（谓遇朝廷庆典，官员子孙承恩入国子监读书并入仕。此制始于宋初，是门荫制的扩充），就让大批不学无术的"官二代"轻而易举步入仕途，当上大官。例如按照恩荫制，每逢皇帝诞辰、郊祀、官员告老退休、死前上遗表时，皇帝都会对官员的子弟和亲属封官，有时大臣死后，其子弟、亲属封官甚至多达数十人。据南宋李心传《建炎以来朝野杂记》统计，南宋嘉定六年（1213）的官员中，荫补出身的占57%，科举出身的占28%，其他出身的占15%，可以看出，荫补入仕者远远多于科举入仕者。所以，在那个时代，任人唯亲，靠"脑子"不如靠"老子"，靠苦读不如靠出身的风气习以为常。而那些任人唯贤、任人不问出身的，倒是颇有些异类，像北宋状元出身的名相吕蒙正，就是这样一位用人不问亲疏的好领导。

一代名相的"人才库"

吕蒙正任职于宋太宗、宋真宗时期，曾三次拜相。《宋史·吕蒙正传》说："蒙正质厚宽简，有重望，以正道自持。"可见他是位宽厚正直的宰相，在士大夫间声望颇高。作为宰相，吕蒙正把发现和使用人才当成自己的第一职责。明代郑瑄《昨非庵日纂》记载，吕蒙正曾问儿子说："我当宰相，外人有何议论？"儿子回答道："他们说，您当宰相，四方无事，国泰民安。不过，他们还说您颇无能，宰相之权，多为同僚所争夺瓜分。"吕蒙正听后哈哈一笑，说："我的确无能。但是我有一种能力，那就是善于用人。"体现出他在人才选拔工作上的自信。

吕蒙正是通过寒窗苦读入仕的，深知人才的难得。他不但在发现和使用人才上不遗余力，而且还独具匠心地建立了一个"人才库"。南宋朱熹《五朝名臣言行录·丞相许国吕文穆公》载："公（吕蒙正）夹袋中有册子，每四方替罢谒见，必问其有何人才，客去随即疏之，悉分门类。或有一人而数人称之者，必贤也。朝廷求贤，取之囊中。故公为相，文武百官各称职者，以此。"吕蒙正的夹袋（古人随身携带的、用来盛放零碎杂物的袋子）中，常常备有一小册子，每当地方官吏汇报工作之余，他必反复询问地方上有何特别人才，并随时把这些人才的情况分门别类，登记册上，如果其中有谁被多人称道，那么就会被他视为贤才而随时为朝廷选用。在历史上，第一个建立"人才库"的是不是吕蒙正呢？不敢妄下结论。不过，他发现和选拔人才的方法，倒确实有其原创性。后世关于人才的著名典故"夹袋中人物"，便出于此。

用人上"固执己见"

在人才选拔过程中，吕蒙正从来不顾及皇帝的好恶，只在乎是否对国家有利。一次，宋太宗准备派人出使辽国，让吕蒙正推荐合适人选。吕蒙正推荐了一位，皇帝不同意；第二次，皇帝再问，他又以最初的人上奏，皇帝仍不同意；当皇帝第三次向吕蒙正要人时，他还是执意推荐此人。皇帝发怒说："你怎么如此固执呀！"吕蒙正没有被皇帝的怒火所吓倒，反而针锋相对地回答说："并非我固执，不过是您对此人有偏见罢了。我以为，派遣此人出使，一定不辱使命，因为从能力上来说，他是最合适的人选。我不希望为了讨好您而影响国家的利益。"满朝文武听到君臣二人火药味十足的对话，吓得大气都不敢出。好在宋太宗有雅量，不但没有妄加指责，而且最终同意了他推荐的人选，甚至还在退朝后对左右说："蒙正气量，我不如。"事实也证明了吕蒙正的正确，此人出使辽国，任务完成得非常出色，皇帝相当满意。不过，在君主社会，一切以君主个人好恶为标准，任君主喜怒为刑赏，像吕蒙正这种为实现国家利益、大力推荐优秀人才而不怕批逆龙鳞、不怕受到排挤的，真是凤毛麟角。

有利于国家是用人的唯一标准

恩荫制本身是为了调动人才积极性的，如果荫补级别过高，既不利于人才选拔，也不利于人才积极性的调动，甚至对苦读入仕者，还是一种挫伤，对此，吕蒙正有自己的思考。当初，卢多逊当宰相时，他儿子刚成年便被封为水部员外郎（六品官），以后，宰相儿子荫补封六品官成了惯例。吕蒙正任宰相，轮到皇帝给他儿子封官时，他觉得这个惯例太不合理了，便对皇帝说："我通过十年寒窗，终于考中进士时，封的也不过九品官罢了。如今犬子刚刚成人，就受如此恩宠，我担心会遭到阴间的惩罚。况且，天下人才，因为没有背景而老于岩穴、得不到半点皇恩的太多了。请求您给犬子仅授我进士及第时的官职吧。"在他的坚持下，皇帝同意了他的要求。从此，宰相的儿子荫补只授九品官成了朝廷定制。

吕蒙正告老还乡后，宋真宗曾经两次到他家里探望，反复问他儿子们中间有谁能担大任。"虎父无犬子"，吕蒙正七个儿子，个个品学兼优。然而，在皇帝给他示好、要提拔他儿子的时候，他却做出了一个让人意外的决定，没有推荐自己的亲生儿子，而是向皇帝郑重推荐了他堂弟的儿子。他对宋真宗说："我的几个儿子都不能担大任，唯有我的堂侄吕夷简，现任颍州（今安徽阜阳）推官，堪称宰相之才。"于是，宋真宗开始注意吕夷简，并有心栽培，后来，吕夷简果然成了一代名相。

皇帝不喜欢的人，为何要再三推荐呢？按惯例能享受的待遇为何要拒绝呢？皇帝真心示好为何要舍近求远、舍亲就疏呢？看来，吕蒙正作这些重大决定是深思熟虑、反复权衡甚至内心斗争的结果，这些最后的抉择，与其初衷有关、与其原则有关、与其坚守有关，因为在他心里，国家利益至上，当国家需要人才的时候，他总是选择最优秀、最适合的。至于这个人远近亲疏、姓甚名谁，他才不在乎呢，这也是他为推荐使辽人选时敢于同皇帝叫板的底气所在。在少了些许经济待遇就会喋喋不休、少了些许政治待遇就会暴跳如雷、少了些许封赏就会闹得鸡飞狗跳的领导干部当中，吕蒙正把是否有利于国家作为选拔和任用人才的唯一标准，甚至不惜牺牲个人利益，即使今天看来，也是一种难能可贵的品质。

"官二代"柳开的自我炒作之路

柳开，大名（今河北大名）人，其父柳承翰，宋太祖乾德年间（963—968）曾任监察御史，典型的"官二代"。作为"官二代"，柳开并没有贪图享乐、荒废学业，而是从小在父亲的监督下苦读诗书，年纪轻轻便满腹经纶，作文无数。

然而，尽管文章写得多，但在名家云集的宋初，柳开只不过是无数"官二代"中的普通一员罢了，既无文凭，亦无学位，又没有在士大夫间形成"洛阳纸贵"效应的诗文作品，这让他懊恼不已。一个"官二代"，一个在文坛名不见经传的"新生代"，要在政坛、文坛上闯出一条成名成家之路，不但需要自身素质过硬，更需要一套善于宣传、推介自己的独特方法。为此，柳开义无反顾地选择了炒作。

名字炒作是炒作中最常见的手段之一，尤其是借名家的名字炒作，往往能达到事半功倍的效果，就像现在许多"非著名作家"出书，总要拉来一班子所谓"著名作家"助阵，于腰封上用斗大的字堆积一长串"某某、某某名家联袂推荐"一样。柳开想成名，首先也从名字上做文章。他本名柳开，字仲涂，却偏偏自称"师孔子而友孟轲，齐扬雄而肩韩愈"，意思是孔子的学生、孟子的朋友，与扬雄齐名，与韩愈比肩，甚至改名柳肩愈，拿先哲的名头来给自己贴金、镀银、撑门面。他这一炒作，还真唬住了一些人，比如后来官至御史中丞、参知政事的赵昌言年轻时，就曾慕柳开之名，千里迢迢从山西赶到河北大名府，目的仅是一睹柳开的风采；又比如后来任史馆修撰、知制诰的范杲，年轻时也以柳开为榜样，把柳开的文章当作范文学习。

弄个响当当的名字，唬住一二文学青年，还远不能实现柳开的目的。在把"进士"作为"敲门砖"的科举时代，只有唬住了考官，通过了科举考试，摘取了"状元""榜眼""探花"之类的桂冠，才是一鸣惊人的捷径。不久，柳开参加了科举考试。他参加考试又与一般的举子不同，人家面对考官都是唯唯诺诺、战战兢兢，生怕被讥为狂妄，希望给考官留下低调谦逊的好印象，而柳开赴考却高调出场，他穿着象征士人身份的华丽衣服，还把自己撰写的数千轴文章，用独轮车推着，直奔主考官面前，引得主考官惊诧莫名，瞠目而视。柳开的名字从此在考官和举子间传开了，一谈到科场，人们就会不约而同地说起那个"文章千轴"的柳开，可见"炒作的力量是无穷的"。

柳开入仕之后，曾历任宋州（今河南商丘）司寇参军、右赞善大夫，后来又被提拔为知州，成了地方一把手。作为一方官长，他炒作的爱好依旧，而且结合工作来炒作。宋太宗端拱元年（988），他出任全州（今广西全州）知州。全州十分偏远，当地人尚武好斗、民风强悍，钻山为匪者甚众，经常抢掠闹事。面对复杂的治安环境，面对凶神恶煞之徒，柳开却以更加凶神恶煞的态度对付：每次擒获到十恶不赦的暴徒后，他就广发通知，召集全州大小官吏们聚饮，当场杀死暴徒，从其体内取出肝脏，用配刀把肝脏切碎，蘸着盐和醋生食，官吏们无不张口结舌、战栗不已。通过这一炒作，一传十，十传百，柳开"食人肝"的故事被描绘得神乎其神，迅速地在全州散布开来。从此，那些抢掠闹事之徒一听柳开之名便魂飞魄散，再也不敢为非作歹了。炒作竟能维护一方稳定，带来一方平安，这倒是始料不及的效果。

如果两位同样喜欢炒作的读书人在一起，结果会怎样呢？对于柳开来说，则是一山不藏二虎，不是鱼死，就是网破。宋太宗时期的状元胡旦，与柳开一样，也是一个擅长炒作、"喜以名鹜于时"的读书人。某年，时任漕运使的胡旦模仿孔子《春秋》的体例，新编了一部《汉春秋编年》，无非是借孔圣人的鼎鼎大名，给自己的新书炒作一番。书刚编完，胡旦就邀请时任润州（今江苏镇江）知州的柳开到其住地金山一聚，请他给自己的新书评价评价、宣传宣传。柳开兴冲冲赶到金山，刚翻开书读了凡例和目录，便勃然变色，厉声呵斥胡旦道："你小子真是个乱纲常、乱名教的千古罪人啊！你是何方神圣，胆敢剽窃圣典的书名、体例冠于编首，今天让我送你一剑，教训教训你这狂妄无知之徒，以儆效尤！"柳开拔剑就往胡旦身上刺去，吓得胡旦提起衣襟，落荒而逃。然而，胡旦的炒作方法与柳开自称"师孔子而友孟轲，齐扬雄而肩韩愈"，甚至改名柳肩愈的行为又有何异？不都是借先哲的名头给自己贴金吗？所以，柳开提剑相见，不过是妒忌心作怪罢了。

通过不断地炒作，柳开不仅有了如雷贯耳的文名，而且有了声名远播的侠名，甚至皇帝都把他标榜为一代豪杰。有位姓钱的供奉官，是吴越王钱俶的近亲。一天，柳开到他家里拜访，见书斋墙壁上挂着一幅画，画中女子千娇百媚，楚楚动人，便问画中美女是谁。供奉官说是他妹妹。柳开见是主人家的小姐，又如此美丽，立刻喜上眉梢，用毫无商量余地的口气说："我丧偶多年，正好娶她为继室。"钱供奉的父亲到京城参加朝会去了，他以此为由回答说："婚姻大事，还是等我父亲朝会回来再议吧。"实际是委婉地拒绝柳开。不料，柳开却哈哈一笑，异常大方地说："以我的才学，不会辱没你们钱家的。"没过几天，柳开就匆匆向钱家下了聘礼，随即把美人强行娶回家，横蛮似《水浒传》中"抢亲"的小霸王周通。

可怜的钱供奉，慑于柳开的"淫威"，眼睁睁看着年轻貌美的妹妹被人抢亲，恨得牙痒痒，却敢怒不敢言，只好跑到京城，告诉父亲。父亲听后，顿时气得七窍生烟，第二天就进宫拜见宋太宗，哭诉柳开抢亲，当面"告御状"。谁知，宋太宗听后不但没有雷霆震怒，反而笑着问钱父道："你认识柳开柳仲涂吗？真乃豪杰之士，你找了一个好女婿啊！我来做媒如何？"连皇帝都把柳开当成英雄豪杰，可见柳开的炒作功夫简直到了出神入化的境地。至于这位钱家老爷子，见皇帝自荐为媒人，转怒为喜，拜谢而去，赶快回家瞧瞧这送上门来的女婿到底有何过人之处。

柳开后来出任过桂州（今广西桂林）、代州（今山西代县）等地知州，宋真宗咸平四年（1001），被朝廷调去沧州（今河北沧州）任职，病死于途中，年仅五十四岁。

不讨皇帝喜欢的状元郎

历朝历代，状元大都是皇帝钦点的，备受皇帝信赖与提携，只要他稍懂一点人情世故，稍懂一点"顺杆爬"的人生哲学，往往就能仕途通达、平步青云。何解？因为状元之于皇帝，就像学生之于老师，所谓"天子门生"也，学生的飞黄腾达，是皇帝慧眼识珠和知人善任的最好证明啊。

不过，状元胡旦却没有这样的好运气。

胡旦（955—1034），字周父，滨州渤海县（今山东滨州）人，宋太宗太平兴国三年（978）戊寅科状元。胡旦才学过人、志在千里，他曾说："应举不作状元，仕宦不作宰相，乃虚生也。"（宋代王辟之《渑水燕谈录》卷四）只是，理想不等于现实，志向不等于前程，良好的开端也不等于完美的结局，甚至同是状元，其发展与际遇也常常大相径庭。像前届太平兴国二年（977）科状元吕蒙正，三次登上宰相之位，位极人臣；像后届太平兴国五年（980）科状元苏易简，年纪轻轻就当上了参知政事，风光一时。而心比天高的胡旦，却终其一生都没有出任过任何位高权重的职务，稍一升迁，动辄被贬，仕途坎坷，命运不济。为什么会这样呢？关键是胡旦好议论时弊，好批评朝政，不善于揣摩皇帝的心思，不懂得讨皇帝的喜欢，甚至偶尔拍拍马屁，都常常拍到马蹄子上，自取其咎。

太平兴国八年（983）前后，宰相卢多逊和赵普先后被贬出京城。卢多逊阴鸷，赵普贪腐，他们被贬，一些颇具正义感的士大夫欢欣雀跃，其中尤其以胡旦喜形于色。恰逢黄河决堤，百姓遭遇水患，时任左拾遗、值史馆的胡旦借题发挥，向宋太宗献《河平颂》，中有"逆逊远投，奸普屏外。圣道如堤，崇崇海内"之句，意思是朝廷浮云蔽日，使得天灾降临，但如今皇帝驱逐了奸臣，排除了水患，终于海晏河清，天下太平。这是典型的马屁之作，但胡旦拍错了地方。卢多逊与赵普都曾经是位居宰辅的重臣，你以"逆逊""奸普"给卢、赵定调，岂不是说宋太宗有眼无珠、姑息养奸吗？惹得宋太宗雷霆震怒，责怪胡旦"乃敢恣胸臆狂躁如此"，把他逐出京城，贬为殿中丞、商州（今陕西商州）团练副使。

当逐臣的滋味肯定不好受，尤其是像胡旦这样心比天高的状元郎。百无聊赖之际，他重新打起精神，向皇帝上了一篇《平燕议》，建议朝廷北伐，鼓动宋太宗"齐心平敌，恢拓旧境"，收复燕云十六州（五代时石敬瑭割让给契丹十六州的总称）。这个建议与宋太宗不谋而合，皇帝一时高兴，重新起用他为左补阙，不久任史馆修撰，并以尚书户部员外郎身份知制诰，成了给皇帝起草诏书的大秘书。只是，这次胡旦没有总结教训，他有意见就提、有批评就说，议论朝政、臧否人物的毛病依旧不改，结果惹得同事不高兴，皇帝不喜欢。胡旦有一好友翟颖，见外敌扰攘经年，百姓多有怨尤，数次上书批评宰相李昉，说他在边事堪忧之际，渎于职守，饮酒赋诗，沉迷声色。同时，翟颖还推举某某等十余人，建议宋太宗重用提拔。他的这些言行，无形中得罪了许多人，因此成了同僚们的眼中钉、肉中刺，屡受攻击。鉴于翟颖言辞颇壮，又与胡旦为好友，大家都以为这些奏章是胡旦"捉刀"，便把两位一起告了。皇帝当然不喜欢部下起内讧，加上对朝政的批评早让他心里窝了火，不管三七二十一，把翟颖流放海岛，把胡旦贬为坊州（今陕西黄陵）团练副使。

其实，胡旦这次被贬实在太冤，说奏章是他"捉刀"，也得有个真凭实据吧？一不对笔迹，二不录口供，三不叫人证，就凭那些平日对他恨得牙痒痒的同僚几句猜测之词、臆断之语，就把状元郎无端谪贬，还真有些"因喜以谬赏，以怒而滥刑"的味道，这说明在尔虞我诈的官场，你得罪谁都可以，但千万别得罪皇帝，因为他眉头一皱，就可能把你打入十八层地狱。

尽管胡旦为人做官不被皇帝所喜欢，但状元郎的出身，还是会让皇帝偶尔想起。胡旦被贬数年之后，宋太宗想了解了解胡旦改造的效果，希望看看这位自己亲自录用的状元郎是否变乖了，一时兴起召回，仍然让他担任知制诰，仍然要他参与国史修撰。胡旦回京任职后的几年，宋太宗年事已高，一心考虑皇位的继承问题，也就没去过问百官那些鸡毛蒜皮的事了。

当时，宋太宗最喜欢的宦官王继恩因镇压四川王小波、李顺起义有功，被任命为宣政使、领顺州（今北京顺义）防御使，权倾一时。胡旦素与王继恩关系密切，堪称莫逆。后来，宋太宗病危之际，王继恩在皇位继承人的问题上选错了对象、押错了宝，他希望扶持的皇子没上去，他反对的赵恒却成了继位的宋真宗。皇权时代就是如此，吃点、喝点、贪点、占点没事，一旦跟错人、站错队，那就前功尽弃、全盘皆输。咸平元年（998），宋真宗刚刚登上皇位，就立刻把王继恩贬到均州（今湖北丹江口），第二年，王继恩在均州一命呜呼。而胡旦呢？前回交错了翟颖，被贬为团练副使，这回交错了王继恩，又被贬为安远军（今湖北安陆）行军司马，不久还被削籍流放到浔州（今广西桂平），不但被贬蛮荒，而且丢掉了公务员饭碗。

多年以后，胡旦虽然还被朝廷重新起用过，但任命的职位大都是员外郎、通判之类的小官，无非朝廷考虑到他是老状元了，给予些安慰和照顾而已。晚年，胡旦大部分时间生活在襄州（今湖北襄阳），破卷读书、埋头著作，撰写《汉春秋》《五代史略》《将帅要略》等六部著作三百余卷，最后把眼睛都写瞎了。一次，久居襄州的胡旦专程赶到京城，希望拜见宋真宗。老状元来了，焉有不见之理？这是一种导向嘛，宋真宗本来已经同意召见。但就在这时，参知政事王曾担心能言善辩的胡旦与皇帝见面时放言无忌、攻击时政，怕到时候皇帝下不了台，劝宋真宗让胡旦书面汇报。宋真宗一想，也是，到时一召见，胡旦倘或以老状元自居，倚老卖老，对朝政批评、对自己指责，那还不让自己颜面失尽？宋真宗最终拒见胡旦，让他有事由中书省转呈。胡旦以盲眼、病体、高年，颤颤巍巍奔波千里来到帝国京都，希望拜见皇帝的要求终于没有实现，只得灰溜溜回到襄州。

虽然吃了一辈子嘴巴的亏，但年逾古稀的胡旦，却死不悔改，仍然臧否人物、批评朝政，仍然心高气傲、尚气凌物。夏竦任襄州知州时，胡旦就经常对他的工作指手画脚、横议批评，让夏竦老不高兴，为此，夏竦作了一首《燕雀诗》："燕雀纷纷出乱麻，汉江西畔使君家，空堂自恨无金弹，任尔啾啾到日斜。"你说一个行将就木的退休官员，有事没事去操那份闲心干什么？你再心忧邦国、关心百姓，不在其位，谁会拿你的话当回事？不是自讨没趣吗？所以《宋史》上说他"干扰州县，持吏短长，为时论所薄"，可见他不但不讨皇帝喜欢，而且也让地方领导十分厌恶。

可悲的是，胡旦死后，家里一贫如洗，儿子们甚至连安葬他的钱都没有，只得把他的尸体寄存义庄（地主豪绅以赡济族人为名的一种田庄）。直到宋仁宗时代，襄州知府王田觉得太不像样，上书朝廷获得专款，才终于使这位心高气傲的状元郎入土为安。

人就是这样，性格注定了，路途再坎坷，结局再悲惨，他也不会低头。

将军的憨直

马知节的父亲叫马全义。在五代末、宋朝初，马全义算得上响当当的人物，堪称无敌悍将，他曾随宋太祖南征北战，立下汗马功劳。不过，英雄命短，马全义三十八岁便因病去世，留下马知节与母亲伶仃孤苦，艰难度日。马知节一开始并不叫马知节，这个名字是后来宋太宗抚恤功臣遗孤，封马知节为朝廷供奉官时，取老杜"好雨知时节"诗句，特为恩赐的名字。

虎父无犬子，作为将门之后，马知节少年老成，十八岁时，他出任彭州（今四川彭州）兵马监押。作为一方军事长官，他带兵"以严莅众，众惮之如老将"（《宋史·马知节传》），年纪轻轻俨然有其父的英雄风范。宋真宗咸平年间（998—1003），他调任延州（今陕西延安）知州。当时，西夏党项族崛起，不断扰边，某年元宵节，西夏军队兵临城下。危急关头，马知节却学起了诸葛孔明的"空城计"，大开城门，日日歌谣，夜夜饮宴，一副胸有成竹的样子。西夏军队观察了数日之后，到底担心埋伏，随即撤退，这显示出马知节超常的勇气和胆识。因为马知节带兵有方，屡建奇功，宋真宗任命他为枢密副使，相当于三军副总司令。

马知节不但作战英勇，为人也特别憨直。宋真宗景德元年（1004），宋朝与北方的辽国签订了停战协定——"澶渊之盟"，结束了宋辽多年的混战，开始了和平友好。此后一段时期，边境安定，国内发展，一片繁荣。宋真宗认为自己的功劳堪比唐宗宋祖，内心膨胀起来，为鼓吹自己的文治武功，大中祥符元年（1008），他率数千人东至泰山，举行了一场声势浩大的"封禅"大典。"封禅"是拜祭天地的宗教仪式，当然得特别虔诚，宋真宗要求上至王公大臣，下至仪卫扈从，在"封禅"过程中一律斋戒，不得食荤。皇帝下令斋戒，这让那些饱食终日的大臣们心慌慌，戒一两天还好对付，三天之后便腹腔空空、口吐酸水。因此，他们表面上信誓旦旦，背地里却想方设法找肉吃。宋真宗不知道他们当面一套背后一套，到达泰山脚下后，他欣慰地对大臣们说："卿等在路素食不易"，表达了对部下的关切之情。本来这种口头慰问也是君臣之间礼节性的习惯，大家胡乱客套几句敷衍一下就行了，谁知，马知节却实话实说，当场爆猛料道："亦有打驴子吃的"，令在场的人无不愕然。

回到京城，为了庆祝"封禅"大典的圆满成功，宋真宗在开封府大摆宴席、大宴群臣。酒足饭饱，宋真宗率群臣登上城楼，再次去感受山呼万岁的壮观。当他看见城楼下的百姓衣着整洁、精神饱满的样子，非常满意，不禁感叹道："都城士女繁富，皆卿等辅佐之力"，又大大表扬了部下一番。同样是在这种只适合溜须拍马的时刻，马知节又不知哪根筋出了问题，全然不顾大家的面子，直言："贫者总赶在城外"。原来，为了迎接"封禅"归来的宋真宗，大臣们安排开封府进行了一系列的城市美化工作，其中最重要的一项内容，就是把那些衣衫褴褛、面黄肌瘦的穷人，悉数驱赶到城外去。原想粉饰一下太平、糊弄一下皇帝，结果给憨直的马知节捅破了这层漂亮的窗户纸。这可是欺君之罪呀，大臣们不禁大惊失色，纷纷磕头如捣蒜。

马知节不仅憨直，而且疾恶如仇，眼里容不得半点沙子。王钦若因为善于逢迎，得到了宋真宗的极大信任，被视为心腹。王钦若任枢密使时，马知节是枢密副使，不过他对王钦若这位顶头上司非但不尊敬，反而十分讨厌，视为奸邪。他曾当着宋真宗的面，直陈王钦若的种种丑行。然而，说王钦若的坏话，等于对宋真宗的批评，用人不当嘛，让宋真宗颇不高兴。还有一段时间，他上朝时拿的朝笏（古时大臣朝见时手中所执的狭长板子，用玉、象牙或竹片制成，以为指画、记事之用）比同僚们的大很多，几乎可以当杖用了，宋真宗很是奇怪，问他为什么？马知节回答说："臣见本院长官多欺陛下，臣不怕惊动官家，恼乱宰相，则打杀此厮儿久矣。"（宋代吴曾《能改斋漫录》）意思是王钦若总是欺骗皇帝，如果不担心惊扰皇帝和宰相，他真恨不能用朝笏杀之，让宋真宗尴尬不堪而又哭笑不得。马知节就是这样，不分场合，不管大小，不按常规说话，不按套路出牌，让皇帝和大臣们看了不少笑话，留下了许多可笑的段子。

这个世界常常充满着欺骗和谎言，大臣糊弄皇帝，皇帝愚弄平民，甚至通过"封禅"这种荒诞的活动来歌功颂德，粉饰太平。其实，对于事实真相，大家心知肚明，但或因惧怕权威，或因担心打击，或因早已习惯，一律揣着明白装糊涂，没几个人会斗胆去捅破这层薄薄的窗纸，没谁会傻到说"皇帝的新衣"根本就没有衣，就这一点来说，马知节倒是北宋官员中的一个异类。然而，恰恰是他的憨直，让我们在谎言充斥的官场，看到了一份难得的真实。马知节的憨直，倒有其可爱的一面。

到终南山跑官去

古人求仕跑官之路，不外乎如下几种：要么靠自己，寒窗苦读，金榜题名，走科举正道；要么靠父母，受恩荫，靠姐妹的脸蛋，当国舅，一步登天；要么靠资财，真金白银，花多少钱，买多大官；要么靠胆子，先做贼，再做官，"杀人放火受招安"。不过，古人跑官还有一条通幽曲径，那就是当处士，隐居山林，吟风弄月，攒足了虚名，然后在皇帝的再三邀请之下，回马一枪，轻松坐上显要的位置。宋代处士（闲居未仕或不仕之人，与隐士同）种放选择的，就是这样一条十分另类的"终南捷径"。

种放出身于官宦人家，《宋史·种放传》说他："沉默好学，七岁能属文，不与群儿戏。"沉默好学好理解，让人惊异的是，他七岁就能写文章，而且孤傲独立，从来不同小朋友玩耍，一副注定要干大事、成大业的模样。让人更加惊异的是，后来父亲劝他考科举时，他竟以"业未成，不可妄动"来搪塞，长年在华山、嵩山一带游历，"慨然有山林意"，想当处士。父亲去世后，他果然结草为庐，携母隐居于终南山豹林谷的东明峰。

当隐士也分真隐与假隐。真隐者以山林岩穴为居，以猿猴麇鹿为友，与世无争，与世无往，老死于苍山老林间，寂寂无闻；假隐者关心时政，惦念朝廷，撰文赋诗，自我炒作，时刻关注自己在外的影响，稍有风吹草动，便跃跃欲试。种放属于后者，他隐居终南山，不甘寂寞，坐而论道，授徒讲学，又好写诗，每有所得，便指点江山，激扬文字；还喜欢奔竞于官场，同州官郡守们纵酒放歌，交朋结友，酬应无虚夕。

当了多年的隐士，讲了多年的学，写了多年的诗，交了多年的衙门朋友，种放声名远播，关系遍布路府州县，甚至连皇帝对他都有所耳闻。宋太宗时代，陕西转运使宋维翰上书说："种放隐居终南，乞量才录用。"建议皇帝召种放出山。于是，宋太宗下诏，邀请种放到京任职，还特别交代地方官拨一笔专款，给他置办行装。

种放多年的苦心经营，终于熬到了头，前途一片光明。他兴冲冲地赶到官府，拿了差旅费，准备起程。这时，好朋友张贺来了，劝种放说："如果皇上一召唤，你立马应诏的话，最多不过给你一个小小的尉官。不如称病，等皇上第二道诏书到时，那封给你的就绝对是个肥缺了。"种放一听，对呀，我辛辛苦苦这么多年，不就是企望得个肥缺做个大官吗？因此，他顺势请张贺帮他上表，称病辞官。谁知，宋太宗也是个倔脾气，一听说种放称病，鼻子里马上哼哼两声：山野之人，还要什么大牌？把他晾在一边，不再问津，让种放的满腔希望泡了汤。

种放的第一次官运就以这种哑巴吃黄连的方式结束了。不过，种放想当官的迫切心情却一点也没受影响，他反而更加关心时局，更加关注朝政，他盼望着机会，等待着幸运之神的降临。宋真宗主政的时候，机会终于来了。由于党项头目李继迁反叛自立，与朝廷兵戎相见十余年，宋真宗十分头痛，心生厌战情绪。种放何等聪明，他在与大臣们的交往中，早就对宋真宗的情绪洞若观火，便赋诗一首，诗中有："胡雏负恩信，圣主耻干戈。"这首诗辗转到了宋真宗案头，让他立刻温暖如春，感叹天下竟有如此知音。咸平五年（1002），宋真宗召来种放，当场封他左司谏、直昭文馆，当人才看待。种放终于步入仕途，实现了多年的夙愿。

跑官要凭点运气，运气不好，简直难于上青天，运气来了，一首小诗就能让天子刮目相看，引为知己，得来全不费工夫。接下来的事实也证明了这点，宋真宗待种放那真是好，经常拉着他的手，并肩登上龙图阁，一起畅谈天下大事，给他以特殊礼遇，后来又重任他为工部侍郎，转眼成了副部级高官，让满朝文武眼红不已。

但是，作为处士，以"耿介拔俗之标，潇洒出尘之想"标榜于世，他引人注目的根本是"出尘"，而不是"入世"，这种人表面上是不能过于热衷官场的，否则会招人闲话遭人妒忌。因此，种放过了几年官瘾之后，觉得该做做样子，摆摆处士的谱，平复一下士大夫们的冷眼与热议了。景德元年（1004），种放请示宋真宗，暂时辞官。临别之际，宋真宗在宫里摆了几桌丰盛的酒席，邀请大臣们作陪，为种放饯行。其实，大多数同僚是看不起种放这种既做婊子又树牌坊的行为的，但宋真宗奉他为座上宾，没办法只得敷衍。当然，也有连皇帝面子都不给的，当宋真宗让大家赋诗为种放送行时，翰林学士杜镐就推辞说自己不擅长赋诗，当场吟诵了孔稚珪的《北山移文》，那可是专门针对处士"虽假容于江皋，乃缨情于好爵"的讽刺名作，对明做处士、暗地却跑官要官的丑行进行了无情的鞭笞。

这杜镐也真是，不但没有恭维，反而奚落了种放一通，使本该其乐融融的君臣话别不欢而散。

回到阔别已久的终南山，种放继续当他的处士。不过，虽说如今一介布衣，但他依然频繁往来于朝野之间，频繁往来于王公贵族与文武大臣之间，活跃得很。景德二年（1005），在宋真宗的邀请下，种放又兴致勃勃地来到了朝廷。这次，他被任命为右谏议大夫。大中祥符元年（1008），再次提拔为给事中。次年，他又回到了终南山。

只是，种放这种循环往复、亦官亦隐的行状颇让大臣们鄙视，他们把种放看透了，认为他是一个投机者。加上种放为官贪污受贿、腐败奢侈，京城附近，他经营着许多资产，购买了万顷良田，而他那些学生、门客又仗势欺人，鱼肉百姓。所以，种放在士大夫间的形象极坏、口碑极差，让他们恨得牙痒痒，只是没有扳倒他的机会。

大中祥符四年（1011），宋真宗西去汾阴（今山西万荣），举行祭祀后土的仪式。仪式结束后，宋真宗把种放召来一叙，谈着谈着又舍不得了，要求种放随自己一同回京。种放故技重演，连忙推辞，无奈之下，宋真宗对种放说，不久我还会再召你的，种放不禁心花怒放。回京之后，大臣们知道宋真宗将复召种放，便找到种放的老乡雷有终，托雷有终对种放说："皇上不久就会召你，你千万不要轻易答应啊，保留一下处士的气节。过一段时间，你再给皇上上奏章，表达一下思念之情，这样，皇上定然更加重用你。"种放一听，觉得非常有道理。宋真宗回京不久，果然就与大臣们商量召种放的事，出那馊主意的大臣乘机对皇帝说："您下诏后，种放一定会借故推辞。如果过一段时间不再下诏，种放又会主动请求朝拜您。"有这事？宋真宗十分疑惑，试着下诏召种放，种放马上推辞。一试即灵，皇帝有点吃惊。又试着不再下诏给种放，半年后，种放果然请求拜见，宋真宗大骇，赶紧召见当初设圈套的大臣说，真的如你所料啊！从此，宋真宗再也不敢宠幸种放了，甚至准备拨付给他买山筑屋的专款，也临时变卦不肯下拨。这年冬天，种放抑郁而终。

俗话说得好，"做官一时，做人一世"，做官既不能上面一套、下面一套，也不能当面一套、背面一套。否则，只顾上头，忘了下头，讨好皇帝一个，却得罪文武一大帮，这样的人，走在平坦的大路上也可能会摔跟头的。

宋朝秘书们的"润笔钱"

宋朝皇帝的秘书班子，包括翰林学士、中书舍人和知制诰等。这个秘书班子里的人，都是皇帝千挑万选出来的，个个才高八斗、学富五车。不过，秘书们虽然才学兼优，但鉴于当时工资水平低，待遇不够好，皇帝便琢磨着要想个什么办法来弥补一下，好让他们安心工作。

沈括《梦溪笔谈》卷二载："内外制凡草制除官，自给谏待制以上皆有润笔物。太宗时，立润笔钱数，降诏刻石于舍人院。"秘书班子分"内外两制"，翰林学士所拟、直接发自禁中的诏令为"内制"，中书舍人或他官知制诰所拟诏令为"外制"。秘书为皇帝起草官员任命文件，被任命者凡提拔到给谏、待制官以上的，都要给他们掏润笔费用，或钱或物，意思意思。不过，意思毕竟只是意思，标准不明、数额不定，酷似"打秋风"，没有上升到制度层面。所以，宋太宗继位后，想秘书之所想，急秘书之所急，把秘书的润笔钱写进了红头文件，以制度的形式固定下来，规定了具体金额，还刻碑立在舍人院中，成了长效机制，可见领导对提高秘书待遇的重视程度。

皇帝调整一批干部，秘书从容起草完任命文件，瞟一眼舍人院中的石碑，就知道今天进账多少，这对于本拥有一份工资的秘书来说，无异于意外之财，相当于皇帝给了他们一条致富的捷径。而且，不怕你赖账，"每除官，则移文督之"，你还在上任的路上，追银子的文件就尾随而来了。"要想富，动干部"，如今连起草"动干部"文件的工作都成了人人向往的美差。

对于秘书来说，这么一个源源不断的业务，是不是要轮流安排，利益均沾呢？也不是。皇帝有皇帝的标准，官员有官员的偏好，文件拟得好的，上下皆喜，业务量大，进账自然就多。宋真宗的秘书杨亿才华卓绝，文件拟得好，"当时辞诰，盖少其比"（宋代吴曾《能改斋漫录》卷十二），其他秘书没得比，深得宋真宗喜爱，不但宋真宗安排的业务多，而且一些官员为了让自己的名字能够出现在杨亿起草的干部任命文件中，甚至专门等到杨亿值班的时候才提出申请，"朝之近臣，凡有除命，愿出其手。俟其当直，即乞降命"。例如，寇准被皇帝提拔为宰相，就是杨亿起草的文件，其中"能断大事，不拘小节。有干将之器，不露锋芒；怀照物之明，而能包纳"（《宋稗类钞》卷二十二）几句，让寇准异常高兴，惊叹"正得我胸中事"。为此，寇准除了支付规定的润笔钱外，还"例外别赠白金百两"，给了杨亿一笔丰厚的外快。

这个润笔钱政策，的确让平时喝惯了西北风的秘书们尝到了甜头，文章越写越好，待遇越来越高，像杨亿收寇准"白金百两"，几乎一夜暴富。不过，皇帝给的政策好是好，但他只给政策不掏钱，润笔钱由文件中被提拔的官员出，无疑加重了官员们的经济负担。这意味着他们还没领到工资，就要交一笔不菲的"买官钱"。寇准毕竟任过多年要职，堆金积玉、资财殷实，再多也能轻松支付，但对于许多家境贫寒，积蓄无几的官员来说，势必把他们逼到更穷的境地，秘书的收入增加了，他们却被害惨了，结果不是道尽途穷、债台高筑，就是受贿索贿、频频伸手。皇帝做好人，官员来买单，这让下面一些人很有意见，因此政策在执行过程中遭遇到许多抵触，落实起来越来越难。

宋代欧阳修在《归田录》卷一说："近时舍人院草制，有送润笔物稍后时者，必遣院子诣门催索，而当送者往往不送。相承既久，今索者、送者皆恬然不以为怪也。"秘书们拿起毛笔就兴奋不已，官员们收到文件就心惊肉跳，被提拔者拖欠、秘书们追讨润笔钱的现象屡见不鲜，对立情绪日益严重。元丰年间(1078—1085)，宋神宗感到这个制度再难执行下去，取消了收取润笔钱的规定，"元丰中，改立官制，内外制皆有添给，罢润笔之物。"（《梦溪笔谈》卷二）

润笔钱虽然在官方文件中消失了，但秘书的待遇不能减呀，那既影响文章水平，又挫伤工作积极性，宋神宗的办法是给秘书加薪，"内外制皆有添给"，改官方掏钱为皇帝买单，矛盾迎刃而解。这说明，政策可以取消，领导对秘书的关心永远不会取消。

吕端大事不糊涂

吕端不是进士出身，但他最后成了宋太宗、宋真宗时期的宰相。

吕端（935—1000），字易直，幽州安次（今河北廊坊）人。吕端是恩荫入仕的，父名吕琦，曾任后晋兵部侍郎，父亲死后，朝廷抚恤老领导家属，给吕端安排了一个名为"千牛备身"的侍卫职务，吕端从此步入仕途。五代乱局中，他曾历任国子主簿、太仆寺丞、秘书郎、直史馆等职。宋太祖建立宋朝后，吕端又历任太常丞、浚仪知县、洪州知州、成都知府、参知政事等职，最后当上了宰相。宋朝是文人的天下，"万般皆下品，唯有读书高"，士大夫历来瞧不起没考上进士而靠祖上的荫德入仕者。所以，吕端作为一个没有"文凭"的大老粗，坐稳交椅本已不易，而步步高升成为宰相，领导满朝状元、进士出身的文人士大夫，则难上加难。据统计，北宋一百六十八年，前后共任用宰相七十一人，其中进士出身六十四人，非进士出身仅七人。吕端以非进士出身而历任两朝宰相，他有什么过人之处呢？

足智多谋，稳妥谨慎

宋太祖兄弟五人，两个早亡，剩下赵光义和赵廷美两个弟弟。宋太祖去世后，赵光义坐上了皇位，成了宋太宗，这时，弟弟赵廷美与这位皇兄的关系陡然微妙起来。因为按照母亲昭宪杜太后临终前确定的"金匮之盟"，赵廷美是下任皇位继承人。然而，这位精明的皇兄赵光义似乎不太愿意看到弟弟接自己的班，他想传位于子，所以，他对弟弟开始有了戒备猜忌之心。这层内心深处的想法，那群读死书、死读书的士大夫是不容易觉察的，但吕端洞若观火。

太平兴国四年（979），宋太宗亲征太原，攻打北汉，打算安排赵廷美留守京城，赵廷美居然想接受，真是糊涂一时。为什么这样说呢？因为，外出的皇帝无论是巡视还是亲征，最怕后院起火、祸起萧墙。既然皇帝早已对这位皇弟有所猜忌，难道真的会让他留守？试探罢了。当时，赵廷美受封为齐王，任开封府尹兼中书令，吕端是他手下的判官。对此，赵廷美浑然不觉，历来谨慎的吕端赶紧向这位憨齐王说："皇上作为一国之君，不顾艰危，浴血亲征，您作为亲王，应该主动请缨，扈从左右，为皇上分担。您如今贪图安逸，答应留守，不合时宜啊。"吕端建议他推辞留守之任，主动请求从征。赵廷美依计行事，请求出征，宋太宗果然同意，而且显得十分高兴。吕端参谋得当，既符合宋太宗的希望，又让齐王避免了嫌隙，皆大欢喜，可见吕端行事的稳妥与明智。

虽然立了一功，吕端却没有得到重用。不久，因为赵廷美王府的官吏违背皇上诏令，贿赂执事者买卖树木，吕端被牵连获罪，贬至地方。上天只把机会留给有准备的人，这话一点不假。在地方上，吕端政绩良好，不久被提拔回京。

端拱元年（988），宋太宗给吕端委派了一个重要差事，出使高丽（今朝鲜半岛）。作为大国使节，吕端谦和友好而又不卑不亢，大胆交涉而又严格谨慎，对于高丽王超越正常礼节性的馈赠，一律拒绝。吕端此次出使，既出色完成了任务，又保持了大国的使节形象，为后来出使者，树立了典范。比如后来宋神宗元丰年间出使高丽的钱勰，就始终以吕端的成例执行，凡是吕端当时所拒绝的例外馈赠，一律拒收。同时，值得一提的是，吕端一行经海道回国途中，天气骤变，海上狂风大作，巨浪滔天，甚至把桅杆都吹断了，一船人大惊失色，慌作一团。但是，领队人吕端却面不改色心不跳，始终安静地坐在船上读书，就像平时在家里的书斋一样，其沉着稳重，可见一斑。吕端出使高丽的出色表现，给宋太宗留下了极为深刻的印象，吕端归国后，宋太宗当即授他户部郎中、判太常寺兼礼院，不久又重任为右谏议大夫。

智者一失，因故贬官

宋太宗九子，长子赵元佐，次子赵元僖，三子就是后来的宋真宗赵恒。赵元佐从小聪明机警，容貌极像宋太宗，深得宋太宗钟爱。宋太宗还长期把赵元佐带在身边，悉心教导，亲自培养。先封卫王，再封楚王，并命他迁居东宫，拟立为储君的用意十分明显。因为"金匮之盟"，宋太宗到底担心弟弟赵廷美威胁自己的皇位，诬陷赵廷美密谋造反，将他贬为涪陵县公，房州安置，逐出了京城和权力核心。在此过程中，赵元佐作为皇长子，太宗属意的接班人，不但没站在父亲这边，反而实话实说，为叔父申辩，受到父亲最严厉的斥责。结果，赵元佐忧惧成疾，一夜之间疯了。于是，这接班人，只能重新选择。经过慎重考虑，宋太宗把次子赵元僖作为接班人培养，进封他为许王，兼任开封府尹，先让他历练历练。为了避免重蹈赵元佐的覆辙，宋太宗决定选择一位稳重而又可靠的人辅佐赵元僖，这次，他又选择了吕端，让吕端以右谏议大夫兼任开封府判官，吕端因此成了赵元僖的幕僚。

然而，赵元僖亦命运不济，淳化三年（992）忽染怪病，在很短的时间内暴病而卒，年仅二十七岁，让宋太宗悲痛欲绝。有人把赵元僖的暴毙归罪于他爱妾张氏的专恣，震怒之下，宋太宗安排成立了专案组，就太子之死对相关人员追责，张氏被判死刑，左右亲吏处以杖刑。吕端虽受赵光义器重，也遭牵连。

当时，御史武元颖、内侍王继恩负责吕端的案子。两人到吕府说："我们奉皇命来审问您。"吕端神色镇定，回头告诉随从说："去取我的官帽来。"这两人说："您不用这样正式，我们随便问问就好。"吕端说："天子要讯问，我就是罪人，怎么能在堂上面对主讯人呢？"随即下堂，且有问必答。如此低调的态度，让赵光义对吕端欣赏有加，所以并未重责，仅仅是给他降了职。

第二年，朝廷新设考课院（官署名。掌磨勘幕职、州县官功过、引对黜陟），重新调整干部，宋太宗召见了部分遭到贬谪和安排为闲职的官员谈心，想听听他们的想法。几乎所有的官员都在向宋太宗诉说条件有多么艰苦，泪流不止，颇有抱怨。轮到吕端对答时，他说："臣先前辅佐齐王廷美，没有监督好府内官员，贬谪商州，承蒙陛下不弃，随即提拔回京。后来许王元僖早逝，臣实在罪责难逃，陛下又并未严惩，让臣仍在京任职，于臣来说，真是罪大而幸甚啊！如今，臣只要能得到一偏远之州的副职就心满意足了。"而宋太宗却亲切地说："朕自然是了解你的。"这次，宋太宗不仅没继续贬吕端的官职，反而马上让他官复原职，随即出任枢密直学士，刚过一个月，又提拔为左谏议大夫、参知政事。从此，吕端进入了朝廷的核心决策层。

小事糊涂，大事不糊涂

经过一段时期的历练和考验，宋太宗决定把宰相这一重担，交给"你办事我放心"的吕端。据北宋诗僧文莹《玉壶清话》记载，至道元年（995）春，宰相吕蒙正求去心切，宋太宗有意让吕端接任，一次宫中宴会上，宋太宗特作《钓鱼诗》赠吕端，诗中有句："欲饵金钩深未到，磻溪须问钓鱼人"，把吕端比作周文王身边的姜子牙，暗示将拜他为相，可见宋太宗对他的倚重和信任。然而，吕端却和诗道："愚臣钩直难堪用，宜问濠梁结网人"，以钓鱼无术来比喻自己不堪重任，请求宋太宗另访贤达，亦见他的纯正和谦虚。后来，当宋太宗把这个想法在近臣间抛出来的时候，有人以吕端喜怒不形于色，评价说："吕端为人糊涂。"宋太宗却斩钉截铁地说："吕端小事糊涂，大事不糊涂。"当年四月，宋太宗最终拍板，提拔吕端为户部侍郎、同中书门下平章事，正式拜吕端为宰相。

对于吕端，宋太宗比别人看得更准——不拘小节、大智若愚，是个可以放权、放手、放心的能臣。为什么这样说呢？因为吕端从来不看重权力，不眷恋名位，任劳任怨，顾全大局。他任副宰相（参知政事）后，比他年轻二十多岁的寇准随后也被任命为副宰相，吕端不讲资历，请求排位时居寇准之下。吕端升任宰相，寇准仍为副宰相，他又请求宋太宗下诏，让寇准和他轮流掌印，一同处理国家大事。宋太宗虽然采纳了吕端的这一建议，但规定凡大事都先由吕端先定夺再上奏，实际上是再一次明确了吕端的最高权力。而吕端又总是谦让，许多大事，均与寇准有商有量，从不专断。

吕端在重要岗位上任职数十年，不蓄资产，轻财好施，常常资助贫病老弱。他去世以后，三个儿子甚至连办丧事的钱都不够，只好用房屋作抵押借贷，才办完婚事。后来，还是宋真宗出面，从内府拨专款，才把房屋赎了回来。而同时代许多宰执大臣和封疆大吏，都莫不是广厦千间、良田万顷，家产子子孙孙几代都可能花不完。所以，无论人品、官品，吕端都是那个时代少有的楷模，这也是他由一个名不见经传的庶僚小官，一步步被提拔重用为宰相的根本原因。

南宋徐自明编撰的《宋宰辅编年录》中，记载了宋太宗授予吕端宰相之职时的诏书，诏书中有一段评价说："（吕端）简直夷旷，宣慈惠和。挺王佐之伟才，负人伦之硕望。顷自擢参枢轴，再历炎凉。运奇兵于庙堂，询谋惟允；贡昌言于帷幄，謇谔可嘉。适当求理之辰，益见匪躬之节。矧又周知大体，多识旧章，用晦而明，中立不倚。"意思是吕端既有王佐之才，又有仁厚之心，是一个有气节、有声望、识大体、顾大局、刚正不阿的君子。这个评价，基本能反映出他在宋太宗心目中的印象，怪不得连前宰相赵普都曾说："我看吕端在朝中的表现，得嘉赏未尝喜，遇抑挫未尝惧，真有宰相器啊！"赵普是开国元老、两朝宰相，日理万机，目人无数，连他都评价吕端有宰相的才能和气度，也足见吕端在士大夫群体中的形象和影响力。

处事稳妥，力挽狂澜

吕端出任宰相后，果然不负厚望，处事稳妥、协调周全，而最重要的是，他能在关键的时候提最合理的建议，力挽狂澜。

西夏曾是宋朝藩属，后来李继迁上位，不但反叛宋朝，而且骚扰边境，致使宋夏战火连绵。一次战斗中，前线将士意外俘获了李继迁的母亲，边将赶快报告宋太宗，并请示如何处置其母。当时，寇准任枢密副使，负责军机，宋太宗因此叫寇准过去商量，最后决定对李继迁母亲就地正法，以报扰边之仇、雪反叛之恨。寇准商量完出来，准备去发布命令。当他路过吕端的办公地时，吕端看到寇准行色匆匆，一贯谨慎的他，感觉到前线肯定有大事，赶紧叫住寇准，细问端详。听说要斩首李继迁之母，他忙叫寇准暂缓发布命令，等待他向宋太宗汇报沟通后再说。

吕端急速入宫拜见宋太宗，说："当年项羽捕获刘邦之父，项羽扬言要杀刘太公时，刘邦竟然无耻地说：'吾翁即若翁，必欲烹而翁，则幸分我一杯羹。'这说明，凡举大事者，危急关头，常常是连至亲也顾不上的，何况像李继迁这样的悖逆之人？今天杀其母，明日就能捕获李继迁吗？如果不能，杀其母，不过是加深了对方的仇恨，坚定了对方反叛的信念罢了。"宋太宗一听，惊出一身冷汗，忙问应该如何处置。吕端建议，把李母安置在前线延州，好生赡养，以此招降李继迁。宋太宗恍然大悟，连连称善，还说："倘若不是你及时提醒，真的误了大事我还浑然不觉呢！"后来，李母善终于延州，不久李继迁去世，李继迁的儿子因为宋朝善待其祖母，归顺了宋朝。这一事件的始末和结果，再次证明了吕端的深谋远虑和沉稳谨慎。

最能体现吕端的过人之处，还是在他牵头处理改朝换代这一惊心动魄的大事上。皇帝驾崩，朝局就有变，权力就有争，这是权力更替的"综合征"，常有的事。宋太宗选择皇位继承人，因长子赵元佐既疯，次子赵元僖已逝，选择了三子赵恒，这为宫廷斗争埋下了伏笔。宋太宗一过世，因为赵元佐依然在世，朝廷大臣便开始各为其主而针锋相对，最后甚至磨刀霍霍了。太监王继恩牵头，组织参知政事李昌龄、一李姓殿前都指挥使（《宋史·吕端传》记载为李继勋，因宋初名将李继勋977年已去世，此处疑为宋真宗即位后解除兵权的李继隆）、知制诰胡旦等一班实力派，决定拥立已经被宋太宗贬为庶人的赵元佐，理由是他是宋太宗长子，废幼立长，名正言顺。

眼看就要兵戎相见、流血五步，皇后李氏赶紧安排王继恩去请吕端来拿主意。这里，李皇后使了个小计谋，没安排其他太监去请吕端，单单安排"造反头子"王继恩亲自去请，其用意不言自明。吕端一听宋太宗去世，皇后有请，知道情况有变，当机立断，让身边人赶紧把王继恩扣押，专人看管，同时跑步入宫。吕端到达后，皇后正泪眼婆娑，一脸茫然不知所措的样子。她对吕端说："如今皇帝刚刚驾崩，大臣们要立长子，你说如何是好？"吕端镇定自若地说："当时皇帝确定寿王赵恒为太子，就是为了今天能继承大统，如今先帝尸骨未寒，怎么能违背他老人家的遗愿呢？"他一边安慰李皇后，一边耐心说服其他大臣，然后把太子赵恒侍奉到宋太宗梓宫前，明确赵恒为皇位继承人，是为宋真宗。

赵恒登基后，第一次坐殿召见诸位大臣时，因为垂着帘子，吕端担心宦官们以赵元佐冒充赵恒，站在殿下不拜，请求皇帝卷帘。赵恒卷帘后，吕端走上前仔细辨认，确认是赵恒后，才走下台阶，率领群臣跪拜新皇帝。随后，宋真宗与吕端商量，对阴谋另立赵元佐为皇帝的几位大臣一一做了处置，解除李姓殿前都指挥使兵权，以使相身份陈州（今河南周口）安置；贬李昌龄为忠武军司马；贬王继恩为右监门卫将军，均州安置；胡旦处理最重，被朝廷除名，流配浔州。赵恒在老成持重的宰相吕端的精心安排下，登上了皇位，成为宋朝第三位皇帝。继位之争，终于没有酿成同室操戈的苦果，就此来说，吕端功莫大焉。

宋真宗继位后，每当接见大臣时，对吕端都是恭恭敬敬，而且从不直呼其名。因为宫前阶梯高，吕端体胖身高，行动不便，"特令梓人为纳陛"，即在宫前制作较矮的木阶梯，给予特别优待和照顾。宋真宗不但继续请吕端担任宰相，而且不断给他加官晋爵，连加其右仆射、监修国史、太子太保等。吕端退休后，宋真宗时时派人问候，多予赏赐。咸平三年（1000），吕端因病去世，享年六十六岁。吕端去世后，宋真宗不但为其封妻荫子，还赠司空，谥号正惠。吕端实现了高位善终，得到了一个做大臣的最高礼遇，可谓圣眷优隆。

吕端一生经历了刀光剑影的五代乱局，见证过黄袍加身的改朝换代，置身于宋初你死我活的权力争夺，一直处于跌宕起伏的激流之间，惊心动魄，险象环生。但面对惊险，吕端都能从容面对、妥善化解，这得益于他的持重、淡定、周全、谦逊。如果说他这一辈子真的有什么经验值得总结的话，不过如此而已。当然，一个人处于权力巅峰，要真正做到荣辱不萦心，得意不忘形，临危不惧，处事不乱，也不是一件特别容易的事情。后世人对他都佩服有加，有诗为赞曰："诸葛一生唯谨慎，吕端大事不糊涂。"

科场"快枪手"

武士对决讲究眼疾手快，而在宋代，举子考进士中状元同样也看出手快不快。

宋太祖夺取天下后，对唐末五代武夫乱国的局面颇伤脑筋，采取扬文抑武之法，与士大夫共治天下，恢复隋唐旧制，开科取士。开始，宋太祖并未确定殿试这一程序，科考全过程均由礼部主持，最后只把结果告诉自己完事。但开宝六年（973）那场科考结束后，新录取的进士到讲武殿向皇帝谢恩，在面对面的交流中，宋太祖发现新录取的进士武济川、刘睿等人学识浅薄，答非所问。而武济川恰是主考官的同乡，这让宋太祖很不高兴。后来，又有人击鼓上诉，状告这次科考取舍不公。震怒之下，宋太祖将礼部已经录取的和部分未录取的举子共两百余人，一起召到讲武殿，亲自主持，重新出题，重新考试，重新录取。此后，殿试就成了宋代的科考定制和最高门槛。

宋太祖武夫当国，更欣赏那种下手快的高手。他规定，参加殿试的举子，都要完成三个题目，谁最先交卷即为状元。有一次殿试，宋太祖甚至同时遇到了两个"快枪手"。开宝八年（975）乙亥科殿试中，举子王嗣宗和陈识两人同时完成，同时交卷，宋太祖犯了难，一场科考总不能出现两个状元吧？于是，颇好搞笑的宋太祖就让两人在朝堂之上打了一架，谁赢谁为状元。结果，王嗣宗摔倒了陈识，中了状元，王嗣宗因而被人戏称"手搏状元"。

到了宋太宗时期，依然遵循太祖旧制，短则一年，长则三年举行一次考试，依然以出手快为取舍标准，"太宗时，亲试进士，每以先进卷子者，赐第一人及第"（欧阳修《归田录》卷一）。从宋太宗太平兴国二年丁丑科的吕蒙正，到后来的胡旦、苏易简、陈尧叟等，个个都是才思敏捷的"快枪手"，题目拿起就能动手，文如泉涌，一挥而就，皆因抢先交卷成了状元。

虽然"以先进卷子者，赐第一人及第"，然而皇帝们的初衷并不单单是以行文快慢为唯一的取舍标准，他们的要求是文理顺而才思捷，即又好又快。但是凡事断章取义者多矣，又好又快落实到了下面就变成了无所谓好，只寻求快了。于是，普天下的读书人纷纷寻找成章捷径和答题良方，管它文辞美不美，义理通不通，下笔千言，胡拼乱凑，"惟以敏速相夸"，只要下手快就行。从太平兴国初到淳化（976—994）的十数年间，科场拼凑之风、轻浮之风盛行，而且呈愈演愈烈之势。

宋太宗淳化三年（992），举子李庶几甚至牵头举行了一次别开生面的作文竞赛。他把那些将要参加当年壬辰科考试的举子们，集中在京城一个烧饼铺里，以厨师烙好一个饼的时间完成一韵诗者为胜，闹得路人侧目，沸沸扬扬。事情辗转传到了宋太宗的耳边，这不是拿堂堂国考开玩笑吗？宋太宗雷霆震怒，决定采取措施来刹刹这股歪风。

殿试的时候，宋太宗特意从《庄子·寓言》中，摘出"卮言日出"四个字，拟了一道非常冷僻的赋题，他要看看这些平日以敏速相夸的考生们，是如何抓耳挠腮的。考题发下去不久，众考生还在眉头紧锁之际，李庶几就草草成篇，抢先交卷了。看到他那轻松得意的样子，宋太宗不禁怒火中烧，对着李庶几大声呵斥，当场把他轰出了考场。这次，文思敏捷的李庶几落了榜，作文慢慢腾腾的孙何却中了状元。

从此，科考不再以答卷快慢为标准，科场"快枪手"没了市场。

李沆"圣相"之名是怎样炼成的

宋初那些宰相中，李沆并不是最受后人追捧的。论气度，他不如范质忍辱负重；论资历，他不如赵普开国有功；论为人，他不如寇准刚烈执拗。然而在当时，他却受到了士大夫的热烈追捧，交口赞誉，人称"圣相"，名声显赫如范质、赵普、寇准者，也没有人冠以如此美名。那么，李沆"圣相"之名是怎样得来的呢？

李沆（947—1004），字太初，洺州肥乡县（今河北邯郸）人，宋太宗太平兴国五年（980）甲科进士，历任著作郎、右补阙、知制诰等，宋太宗淳化三年（992），出任过短短一年的参知政事，随即因故被罢，起用后任过一些州府的一把手。后来，宋太宗由于长子赵元佐疯了、次子赵元僖死了，至道元年立第三子赵恒为太子。他要给太子物色一个学问深厚、品德高尚、口碑良好的老师，经过反复筛选，最后选择了李沆，任命为礼部侍郎兼太子宾客，诏书中还明确要求赵恒对李沆执弟子之礼。从这一系列安排可以看出，宋太宗在离世让位之前，的确在为儿子精心物色顾命大臣。

赵恒不久接班，是为宋真宗。鉴于师徒朝夕相处、配合默契，顺理成章地任命李沆为宰相。虽然与皇帝有师徒之交，但李沆却从没打算利用这层关系当宠臣、谋私利、除异己。他不像那些靠在潜邸当奴才，然后随着主子飞升而内心膨胀，肆无忌惮地贪污纳贿的势利小人。他当宰相，政治理想高于物质要求，国家利益重于个人得失。

宋真宗继位后，外有北方辽国和西方西夏的侵扰，内有益州王均叛乱，可谓内外交困、风雨飘摇，稳定成了压倒一切的头等大事。面对复杂的国内国外形势，李沆以殚精竭虑的态度对待自己的工作。他埋头工作、寡言少语，尤其不喜欢客套之辞，有人送他一个"无口匏"的外号，意思是没口的葫芦。弟弟李维把这个说法转告他，他说："我不是不知道人家的议论，只是士大夫们的真知灼见，大都在朝堂上或奏章中表达了，我都把它们落到了实处，其他还有什么可说的呢？加上北有契丹，西有夏人，国家大事繁多，必须加紧时间研究对外防御、对内稳定之策，时不我待啊！至于同大家一起谈天说地，讨论是非功过，难免互相吹捧，这是我不愿意的。"不仅如此，他甚至对工作专注到了忘我的境地，心无旁骛。有一次，他家庭院中的围栏坏了，妻子故意不让下人去修理，倒要看看老头子会不会关注一下。谁知，一个多月过去了，天天从围栏边经过的李沆，却从没提及要修理修理，妻子问其故，李沆回答说："岂可以此动吾一念哉！"

做官就是做人，做人决定做官，尤其是宰相这种主持朝政、协调上下、以落实国家大政方针为己任的朝廷重臣。态度过于暧昧，难免为君子所诟病；言行有失检点，恐怕为小人所利用。当宰相，首先得严于律己，把一个"人"字写端正，才能在朝廷各色人等间昂起头、挺直腰。宋人叶梦得在《避暑录话》卷上记载说："李文靖（文靖为李沆去世后朝廷所赠谥号）公沆为相，专以方严重厚镇服浮躁，尤不乐人论说短长附己。"意思是李沆做人方正、严格、慎重、厚道，尤其不喜欢人家为打击异己来吹捧自己，使那些急功近利、希望通过拍马屁与自己套近乎的人无缝可钻。当时，户部员外郎、知制诰胡旦因故被贬到坊州任团练副使，过了很长一段时间，也未见朝廷起用他的消息，因为曾与李沆同为知制诰，心想老同事、老朋友当宰相，还不提拔重用自己？便以祝贺李沆拜相为由，给他写了一封贺信。不过，祝贺就名正言顺地祝贺吧，他却在信中历数前任宰相的不是，说什么"吕参政以无功为左丞；郭参政以失酒为少监；辛参政以非材谢病，优拜尚书；陈参政新任失旨，退归两省……"（《避暑录话》卷上）只有他李宰相才是德才兼备、众望所归，把李沆捧上了天。李沆一看，十分不快地说："我难道真像信中说的那么优秀吗？不过是机遇好罢了。背着人家说坏话，我是不会这样做的，何况为了抬高一人而打击四人！"李沆任相期间，胡旦始终没得到重用。

李沆最大的特点，就是善于做皇帝的工作，常常规劝皇帝做有利于稳定、有利于团结的决断，阻止那些不利于稳定、不利于团结的决断，甚至不怕雷霆震怒。一天，宋真宗让侍从拿着册立刘氏为贵妃的手谕送给李沆，让他办理一下。李沆一看不符合制度，便当着侍从的面用蜡烛烧掉了皇帝的手谕，并让其转告皇帝："就说我李沆认为这样做不妥。"宋真宗最终取消了这个决定。驸马石保吉请求担任使相，宋真宗又来征求李沆的意见。皇帝想提拔自己的女婿，还不是一句话的轻巧事儿？找你商量是看得起你，这种你好我好大家好的顺水人情还不知道做？谁知李沆却说赏赐、加封的做法，都得有其理由。石保吉虽是内戚，但一无政绩，二无战功，如此加封，恐怕会招来非议，"赏典之行，须有所自。保吉因缘戚里，无攻战之劳，台席之拜，恐腾物议"（《宋史·李沆传》），最后硬是没让这个驸马爷得到提拔。

李沆之所以能够如此坚持原则，关键是他为人光明磊落，做事心底无私。当时，士大夫流行向皇帝密奏政事，看谁不顺眼了，就到皇帝那奏一本，反正只有天知地知你知我知，但李沆从不写这样的奏章。宋真宗问他："大家都写密奏，为什么独独不见你的？"李沆回答说："我是宰相，公事都能开诚布公，何用密奏？那些向您呈密奏的，不是挑拨离间，就是花言巧语，我对这种行为非常厌恶，怎么还会去效仿呢？"

作为宰相，手里掌握着人权财权，找他跑官要官的挤破门槛，给他送钱送物的络绎不绝，李沆一律以自己的方式拒绝。《宋史·李沆传》说："沆性直谅，内行修谨，言无枝叶，识大体。居位慎密，不求声誉，动遵条制，人莫能干以私。"说明李沆正直宽厚、行为谨慎、心怀全局、严于律己，不追求政绩，不沽名钓誉，凡事按制度办理，这样，谁也别想从他这里达到以权谋私的目的。是啊，只要自己内心没有花花肠子，没有利益的争夺与人情的纠葛，谁又能把自己拉下水同流合污呢？在主观和品性上，李沆是过得硬的，他贪心不大，欲望不强，非常知足。人家当宰相，住的都是豪华别墅，他当宰相，府第狭小、空间逼仄，议事厅门外仅容一匹马调头，有人劝他建座大宅子，他却说："身食厚禄，时有横赐，计囊装亦可以治第，但念内典（佛教名词。佛教徒称佛典为内典，世俗文献为外典）以此世界为缺陷，安得圆满如意，自求称足？今市新宅，须一年缮完，人生朝暮不可保，又岂能久居？巢林一枝，聊自足耳，安事丰屋哉？"（《宋史·李沆传》）他的理由是，国家的俸禄和皇上的赏赐都十分丰厚，按说建座宽敞的宅子是没什么问题的。不过，正如佛典所言，世界是有缺陷的，怎能事事圆满、件件称意呢？建新宅，少说也要一年，人生朝不保夕，又岂能让人长久安居呢？鸟把巢安置在一根小枝上就已经非常满足了，我又何必费神费力去追求住宅的宽敞呢？

一个天天在名利场上打滚的人，一个大笔一挥就黄金万两的宰相，能把荣华富贵与物质享受看得如此透彻，真是难能可贵。而更为难能可贵的是，无论是在多事之秋还是在承平之日，李沆始终保持清醒的头脑，始终保持居安思危的工作状态，甚至对于皇帝，也想方设法使他勤政，逼他务实。时人有段子说："李相太醒，张相太醉。"张是张齐贤，与李沆同为宰相，张齐贤因好酒罢相，而李沆却任相至终，从一个侧面反映出李沆为人处世和对待工作的态度。王旦也曾经与他搭档任参知政事，当时西北战事频仍，宰相们忙于研究与调度，常常通宵达旦，工作异常辛苦。有一天，王旦面对李沆叹息道："我们哪天能坐享太平、悠闲自在呢？"李沆说："有些忧虑和辛苦，倒是件好事，可以让人时时保持警惕，即使某天真的四方平安了，朝廷也未必能高枕无忧。"后来，契丹和亲，战事稍息，王旦问李沆有什么看法，李沆说："好倒是好，只不过皇上恐怕会渐渐心生奢侈的想法了。"李沆仍然天天选择灾情、盗贼的情况向皇帝报告，王旦说大可不必拿这些小事去烦皇帝，李沆则认为皇帝还年轻，应当使他懂得天下的艰辛、百姓的苦楚，否则，血气方刚的他，不沉迷声色犬马，就会大兴土木，劳民伤财之事必然接踵而至。"人主少年，当使知四方艰难。不然，血气方刚，不留意声色犬马，则土木、甲兵、祷祠之事作矣。吾老，不及见此，此参政他日之忧也。"（《宋史·李沆传》）李沆死后，宋真宗果然人营宫观，人搞劳民伤财的祭祀活动，王旦劝说也毫无作用，无可奈何之际，他回想起李沆当年的话，简直佩服之至，不禁感叹道："李文靖真圣人也。"

李沆任宰相的几年，是宋朝建国以来最平静的一段时期，战火稍息，局势渐稳，经济和社会呈现繁荣之态。这种局面的形成，作为宰相的李沆功不可没。可惜，宋真宗景德元年（1004）七月，李沆因病逝世，年仅五十八岁。李沆死后，再也没人敢在宋真宗面前坚持原则、规劝勤政了，东封西祀也好，卖国求荣也好，都由着他随心所欲。王钦若、丁谓等一帮宰相更是为了自己的利益，鼓动皇帝搞花架子，以致边境战火复燃，国内盗贼纷起，李沆时代的大好形势，终于一去不复返了。

宰相王旦的大雅量

王旦是宋真宗手下的宰相。作为宰相，大权在握，给人好处容易，公报私仇也轻巧。虽说"宰相肚里能撑船"，但历朝历代真正有雅量的宰相却并不多见，蔡京、秦桧之类睚眦必报的奸相倒时常有。王旦不但算得上有雅量，而且是有大雅量的宰相。

皇宫发生火灾，宋真宗对王旦叹息道："两朝积下的财物，如今毁于一旦，真是可惜。"王旦回答说："财物损失倒不必过虑，该忧虑的是政令不通，赏罚不当。"他上书宋真宗，请求罢免自己，主动承担火灾的责任。在王旦的带动下，宋真宗也下了个"罪己诏"，承担了自己的责任。然而，后来却有人说火灾是人为引发的，不是天灾，是人祸，这让宋真宗雷霆震怒。他安排专人调查此案，发现涉案者众多，按罪当处死的就达百余人。王旦恳求说："火灾发生后，您下了'罪己诏'，我们也上书'待罪'，现在却要归咎于他人，怎能树立朝廷的诚信呢？"在王旦的开脱下，所有涉案者全部免于处分。其实，王旦不去替人开脱，案件也牵扯不到他头上，但他主动替罪犯开脱，挽救了百余条生命，这说明他既有善心，又有雅量。

宋真宗某日作《喜雨诗》一首，颇自得，派人送给中书省和枢密院的大臣们赏阅，王旦发现诗中误用一字，对大臣王钦若说："诗有一误字，是不是进呈皇上修改一下？"王钦若满不在乎地说："无妨。"只是，王钦若当面不在乎，背地里却跑去告诉宋真宗表功。王钦若指出了自己的失误，免去了被人讥笑的可能，而作为宰相的王旦却不及时提醒，宋真宗很不高兴，第二天就责问王旦说："我的诗误写一字，你们都看到了，为何不告诉我？"王旦也不辩解，连连下拜请罪，其他大臣也下拜，唯独知枢密院事马知节不下拜，当场向宋真宗汇报了真实情况，使宋真宗转怒为喜。王旦明知被人背后做了手脚而不表白、不争辩，无怪乎马知节赞叹他"有宰相器量"。

王旦任职中书省，寇准任职枢密院，均是宋真宗的左膀右臂，王旦经常在宋真宗面前讲寇准的好话，寇准却经常在宋真宗面前说王旦的坏话。一天，宋真宗向王旦"告密"说："你虽然总说寇准好，寇准却专门说你坏。"王旦听后，也不生气，笑着说："按道理应当这样啊。我任宰相时间久，处理的政事多，缺失也必然多。寇准对您从不隐瞒，可见他忠诚直率，这也是我最敬重他的地方。"

王旦与寇准是同年进士、同窗学友，但两人性格相差甚远。王旦沉稳，寇准急躁；王旦大方，寇准小气；王旦宽容，寇准执拗；王旦老成，寇准率真。脾气不同，性格相异，这样两个人在一起共事，便会生出一些矛盾，王旦却始终包容。一次，中书省的文件送到枢密院，因为文件不合格式，寇准阅后，便报告了宋真宗，王旦因此受责。不出一个月，枢密院的文件送到中书省，也有不合格式的地方，秘书觉得正好以牙还牙，高兴地把它呈给王旦，王旦却让秘书把文件送还枢密院，让寇准修改再送来，寇准为此无地自容。

还有一件事让寇准对王旦叹服。寇准被宋真宗免去枢密使后，想谋"使相"职位，当面请王旦帮忙。王旦一听，十分惊讶地说："将相之任，岂可求耶！吾不受私请。"（《宋史·王旦传》）当面回绝，令寇准非常失望。但在随后的职务安排中，寇准却意外地被任命为武胜军节度使、同中书门下平章事，即他梦寐以求的"使相"，他又惊又喜。在例行谈话时，他对宋真宗无限感激地说："倘不是您深知我，我怎么能得到这么好的职位呢？"宋真宗告诉寇准，这一职位是王旦推荐的。寇准大感意外，自愧不如，从此对王旦佩服得五体投地。

人的雅量有小雅、中雅、大雅之分。如果说心存善良、替人开脱是"小雅量"的话，那么受人诬陷、三缄其口的则可称之为"中雅量"，而别人落井下石攻击自己，不仅不记仇，还主动替对方辩护，甚至背后暗暗为对方铺路架桥做好事，这样的人堪称"大雅量"。王旦在宋真宗身边任相长达十余年，在"伴君如伴虎"的人治时代，能够掌权如此之久，不能不说他的"大雅量"应该起到了至关重要的作用。因此，他不但被宋真宗视为股肱之臣，信任有加，而且被后世评价为"平世之良相"，留名千古。

诗能改变命运

诗能不能改变命运呢？这是个问题。当今时代，诗情匮乏，写诗的人比读诗的人多，能记下一二人名字、三四行句子已经不易，指望通过诗歌来改变命运则显得十分可笑。不过，我国作为诗的国度，在历史上却不乏诗能改变命运的故事，魏野便是其中一例。

魏野首先是处士，他隐居于陕州（今河南三门峡）东郊，日对云山，夜观星月，不求闻达。魏野更是诗人，博览群书，才望高雅，年纪轻轻就著作等身，常常被文学爱好者和士大夫们追随，陪着他吟咏终日，乐不知返。魏野学习唐代姚合、贾岛，苦心经营，力求独特，给宋初的诗坛吹来一缕清新之风。像《题普济院》中"数声离岸橹，几点别州山"，像《晨兴》中"烧叶炉中无宿火，读书窗下有残灯"，均是人见人爱的警句，魏野因此声名大震。魏野不仅在当时的中原有名，他的《草堂集》还传到了辽国，被契丹人争相追捧。当时，辽国只能找到《草堂集》上半部，大中祥符初年，辽国皇帝特意派使者赶到宋朝首都汴京（今河南开封），向宋真宗求取《草堂集》下半部，让宋真宗脸上大感荣光。

宋真宗是爱才求贤之君，魏野因卓越的诗才进入了当朝皇帝的视野，成了皇帝关注的对象。不久，宋真宗下诏，召魏野到京城，要封他官职。人家十年寒窗、金榜题名，才能得一小官，魏野仅凭一部诗集就能得到皇帝的青睐，只要他把握机遇，立马就能鱼跃龙门、青云直上。诗能改变命运，这在当时并不是一件十分神奇的事情，但这件事情的神奇之处在于，人家稍有小才，往往就会"一知充十用"，放肆吹嘘、自我炒作，希望博得个提拔重任，而魏野作为才华横溢的诗人，不但不顺杆爬，反而上书宋真宗说："我实愚憨，天资笨拙，加上喜欢自由，疏于礼节，请让我守候田园草庐，继续当一介与世无争的农夫吧。"就这样委婉地拒绝了皇帝，把人家梦寐以求的机会给白白糟蹋了。

而更为神奇的是，魏野的诗不仅能改变自己的命运，还能改变他人的命运。

据同时代王辟之的《渑水燕谈录》卷七记载，大中祥符年间，陕州司法参军刘偁因故罢官，由于他平时特别廉洁，又无积累，回去时竟然连盘缠都没法凑足，只好把自己的马卖了，换成一头瘦驴，才回到了家。刘偁是魏野的好朋友，同情之余，魏野作《送刘法曹东归》一诗为刘偁赠行，诗曰："上官多是叹穷途，得替行装尽有余。谁似甘棠刘法掾，来时乘马去骑驴。"后来，当这首诗捧读在宋真宗手中时，宋真宗当着宰相的面，大发感慨地说："小官中竟然有廉洁到如此程度的人，真是江山有幸啊！"立刻把刘偁提拔到京城做官。几年间，刘偁就由小小的幕僚提拔为正六品郎官，连升数级，步步登高。自己的诗能改变他人的命运，这恐怕是魏野当初写诗时未曾预料到的。

另据清代褚人获《坚瓠集丙集》卷之二"魏野诗呈王寇"条记载，宋真宗在大中祥符年间举办了"东封泰山""西祀后土"为主题的两场祭祀大典，声势浩大，盛况空前。作为负责牵头组织这两项活动的宰相王旦，可谓功劳卓著，一时声闻益远。活动结束后，王旦收到了魏野的一首诗："圣朝宰相年年出，君在中书十二秋。西祀东封俱已了，好来相伴赤松游。"以诗规劝王旦急流勇退。王旦读到好友的赠诗，觉得十分在理，便手持这首诗，向宋真宗请求告老还乡，终于实现了高位善终的好结局。同样的情况，宰相寇准因官场斗争被贬知永兴军（今陕西西安），当了四年贬官后，宋真宗召他入京，重新起用，魏野也不失时机地送了他一首诗，中有"好去上天辞富贵，却来平地作神仙"的句子，建议他不要过于贪权恋位。寇准读罢此诗却很不高兴，不但没有隐退的打算，反而高调复出，结果短短数年后就被先贬为相州（今河南安阳）知州，又贬为道州（今湖南道县）司马，再贬为雷州（今广东雷州）司户参军，仕途不顺，坎坷一生。后来，当他终于醒悟之时，遂把魏野的诗题写在窗前，朝夕吟诵，自我解嘲。

诗的确能改变命运，不过有时也会因人而异。

寇准是个"公子哥儿"

寇准出身于官僚之家，从小不拘小节，颇爱飞鹰走狗，是个典型的"公子哥儿"。

好在母亲要求严格，对他的学习抓得紧，使他十九岁就得以高中进士，步入了衣食无忧的官员行列，因为才能出众，官职"噌噌噌"往上升，连连提拔，后来甚至还当上了宰相。

寇准虽然身为领导干部，工作上也很努力，出过很多政绩，但"公子哥儿"的性格却从来没有改变过，唱歌跳舞，公款吃喝，次次都有份，还喜欢豪华的排场、奢靡的享受。

他喜欢跳"柘枝舞"，这是从西域石国传到中原的舞蹈，石国又名柘枝，这种舞蹈便称"柘枝舞"，在中原一度非常流行。寇准经常邀请文朋诗侣在家里开舞会，夜以继日，如痴如醉，时人送他一外号，称为"柘枝癫"，可见其痴迷程度。

寇准性格豪爽，出手大方，喜欢吃吃喝喝，特别喜欢夜宴。在邓州（今河南邓州），他任知州，就常常组织同事朋友们通宵达旦地宴饮。每当夜晚，寇准的知州府总是高朋满座，灯火辉煌。当时，一般人家是舍不得用蜡烛的，没钱嘛，往往早睡，而知州府不仅大厅里烛光通明，就是马棚、茅厕这些地方都彻夜点着蜡烛，往往烛泪成堆，非常扎眼。

寇准爱酒，近乎疯狂。据说他酒量极大，朋辈中少有敌手。他贬知永兴军的时候，不论官职大小，也不论地位高低，只要你能沾酒，必定拉来碰杯，不醉不罢休。他有个副手，能喝两杯，寇准天天拉着他陪酒，但人毕竟是血肉之躯，海量也经不起车轮战，不几天，喝病了。但是，寇准丝毫没有停杯的意思，还是天天拉着他喝，眼看性命都要搭上了，副手的老婆心急如焚，最后迫不得已，竟然一纸讼状告到了衙门，才终于在寇准的酒杯下救出自己的丈夫。

至于玩，寇准也是花样百出，什么都喜欢玩，什么都会玩。每当生日，他都会早早搭起彩棚，广发请帖，大摆宴席，十分铺张。酒醉饭饱之际，他还穿着黄道服，头上插花，胯下跑马，与朋友们嬉戏玩乐，花样不断翻新。然而，黄道服毕竟只有皇帝才能穿，加上吃喝玩乐的标准接近皇帝，宋真宗知道后火冒三丈，他叫来宰相王旦，大发脾气，说："寇准什么都效仿我，这怎么行？"好在王旦理解寇准，他呵呵一笑说："寇准什么都好，就是偶尔不明事理，有点傻。"王旦这样说，皇帝不好再发怒，只得尴尬地说："是的，的确有点傻。"

寇准虽然是个"公子哥儿"，但口碑还不错。后来，宋仁宗时期的宰相夏竦也追求豪华，生活奢侈，但议论的人很多，他十分不解，对家里的门客说，寇准生活奢侈，生前死后皆无非议，到了我这里，为什么那么多人讲怪话呢？

门客给夏竦讲了一个故事：寇准做官，经常与下属一起郊游、野餐，有一次喝得正起劲，路上传来一阵驴车铃声，派人一问，原来是一个任期已满的外地县令从此路过，虽然素昧平生，寇准却像对待老朋友一样，热情地邀请县令同席，开怀畅饮，其乐融融。寇准对待陌生的路人都相敬如宾，而您身为宰相，对待部下同僚却连最基本的礼节都没有，遑论其他，评价不同，这是理所当然的事啊！

寇准对生活质量要求极高，但私心不算太重，不营私产，有酒大家喝，有福大家享，光明磊落，有情有义。据宋代夷门君玉的《国老谈苑》卷二说，寇准出将入相三十年，自己从没置过房产，处士魏野曾经赠诗曰："有官居鼎鼐，无地起楼台。"寇准因此得了一个"无地起楼台相公"的雅号。

魏野此诗还流传到了辽国，契丹人十分佩服寇准的精神。宋真宗末年，契丹使者访问京城，点名要拜见"无地起楼台相公"，当时寇准正被贬职偏远之地，害得宋真宗立即把他召回，重新委以重任。

"公子哥儿"不一定都是"败家子"，在寇准身上得到了印证。

家天下时代的"棍棒式教育"

　　陈省华三个儿子，陈尧叟、陈尧佐、陈尧咨，都是科举考试的佼佼者，尧叟、尧咨还考了天下第一，分别高中宋太宗端拱二年（989）己丑科和宋真宗咸平三年（1000）庚子科的状元。后来，尧叟、尧佐分别出任过宋真宗和宋仁宗时期的同中书门下平章事，官至宰相，尧咨则被任命为节度使，相当于将帅。一个普通的官宦家庭，培养状元本不容易，培养出将相更是难得，而一门培养出一将二相，便近乎奇迹了。

　　父亲陈省华也是进士出身，经历过寒窗苦读，深深懂得成才的不容易，非常注重儿子们的学习。他是北宋阆州新井县人，县城即今天四川省南充市南部县大桥镇。该镇东北方有一天然岩洞，当地人叫它漱玉洞。据说，三个儿子幼时，陈省华让他们带上一些日常用品，到漱玉洞中读书学习，谁不认真，必然棍棒伺候。漱玉洞如今还残存一突出小石锥，相传为陈氏兄弟当年"头悬梁，锥刺股"、刻苦攻读留下的遗迹。

　　陈省华后来调任济源县（今河南济源）任县令，县城有一座延庆寺，环境幽静，适合读书，陈省华又把三子安置寺内。每当夜晚，昏黄的灯光下，儿子们埋头读书，母亲冯氏，则夜夜陪读，一手握棍，一手持香，一边严加督促，一边焚香祈告："不求金玉贵，但愿子孙贤。"《二十四孝图》中的"冯母烧夜香"，说的就是冯氏陪读的故事。

　　在父母的严格管教下，三个儿子相继金榜题名，接连得到朝廷重任，一个比一个有出息，陈家家教远近闻名，宋真宗甚至因此而把陈省华召到宫里，安置在太子身边，任命为太子中允。

　　儿子们出息了，一个个八抬大轿，威风凛凛。然而，不要以为他们外面风光，回到家里也像老爷一样，衣来伸手，饭来张口。在陈家，尊卑次序丝毫不能乱。据《宋史·陈尧叟传》记载，宋真宗主政时，尧叟任枢密使，尧佐直史馆，尧咨知制诰，都是朝廷重臣，皇帝身边的红人。然而，每当宾客造访，三兄弟必会侍立父亲身后，端茶倒水，毕恭毕敬，害得那些来访的客人如坐针毡，浑身不自在，只好找这样那样的理由告辞。这时，陈省华常常哈哈一笑说："大人们谈正事，小字辈一旁伺候，这是人情之常啊。"

小儿子尧咨虽是一介书生，却喜欢使枪弄棒，尤其擅长射箭，他曾以铜钱作靶子，一箭贯穿其中，人称"小由基"（由基指春秋时楚国人养由基，善射），初中课本里的《卖油翁》，说的就是陈尧咨的故事。据王辟之《渑水燕谈录》卷九记载，宋真宗景德中，陈尧咨任荆南府（今湖北荆州）知府，一次休假回家，母亲问道："你在地方上为老百姓都做了哪些事，有什么政绩呢？"陈尧咨得意扬扬地回答说："荆南要冲之地，来访的官员多，宴集频繁，我经常在宴会上表演百步穿杨的技艺，客人莫不叹服。"母亲听后不但没表扬他，反而大声斥责说："你父亲教育你忠孝辅国，如今你身为朝廷大臣，不以施仁政为己任，竟以炫耀雕虫小技为乐，怎么对得起你父亲呕心沥血的教导呢？"说完，举起棍棒就朝尧咨打去，把皇帝赏赐给他的金鱼佩饰都给打落了。

人到中年又是朝廷要员，还被母亲棍棒相加，可见陈家家教的严厉，严厉到不论年龄，不论官阶。不过，儿子们之所以有出息，或许与这种"棍棒式教育"不无关系，这也是家天下时代再正常不过的教育方式，"棍棒底下出孝子"嘛。当然，对于陈家"棍棒底下出将相"的教育经验，只能当成一种特例，不能完全照搬的。

宋朝那些老规矩

历朝历代，都会有一些明文规定或约定俗成的老规矩，史书上称之为旧制、故事或典故等。虽说有些老规矩实则是"潜规则"的代名词，影响了社会的公平正义，但也有些老规矩，在一定范围和程度上规范了官员的行为，约束了权力的泛滥，有的甚至管住了贵族的嘴、皇帝的手，宋朝就有这样的老规矩。

我们惯见在豪华酒店吃吃喝喝的，非官员即商贾，升斗小民是无钱这样奢华消费的。但在宋朝，尽管京城开封餐饮业很发达，豪华酒店遍布大街小巷，官员却不敢进酒店吃喝，因为宋朝有一个老规矩，"官员不入酒肆"，官员一旦在酒店杯觥交错，不管公款私款，马上就会遭到御史的弹劾，不是罢官免职，就是纪律处分。据欧阳修《归田录》卷一记载，宋真宗时的太子谕德（官名。唐、宋时置为东宫官，有太子左、右谕德，简称谕德）鲁宗道，有一次老家来了客人，因为家里酒具不齐备，只好换了便装，领着客人到附近的仁和酒店招待，混迹于士绅豪客之间，躲躲闪闪。恰好这天宋真宗有急事召见他，当他迟迟赶到宫里谢罪时，宋真宗劈头就责问："何故私入酒家？"还说："卿为宫臣，恐为御史所弹。"倘不是鲁宗道实话实说，认罪态度又好，差点儿丢官。

宋朝还有一条老规矩，就是王公贵族"不得取食味于四方"，意思是当权者不得向各地索要地方特产和美味佳肴，旨在防止横征暴敛。宋代邵伯温《闻见录》卷八记载，宋仁宗有一次病了，皇后想找江淮一带的特产糟白鱼给皇帝补补身子，但寻遍京城，一无所获。愁眉不展之际，恰巧宰相吕夷简的夫人到宫中给皇后请安，皇后想起吕夷简是寿州（今安徽凤台）人，家里也许有，便对吕夫人说："上好食糟淮白鱼，祖宗旧制，不得取食味于四方，无从可致。相公家寿州，当有之。"吕夷简家果真有，吕夫人回去后，赶紧把糟淮白鱼送至宫中，了却了皇后的这桩心愿。可见，一个不显眼的老规矩，只要执行得好，就能管住哪怕是至高无上如皇帝的嘴。

宋朝执行时间最长、执行效果最好的老规矩，便是那个人人熟知的宋太祖的誓词："不得杀士大夫及上书言事人。"据陆游《避暑漫抄》记载，建隆三年（962），宋太祖于太庙寝殿的夹室立下"誓碑"，上刻三行字，一曰："柴氏子孙有罪不得加刑，纵犯谋逆，止于狱中赐尽，不得市曹刑戮，亦不得连坐支属"；二曰："不得杀士大夫及上书言事人"；三曰："子孙有渝此誓者，天必殛之。"誓碑的核心内容是"不得杀士大夫及上书言事人"。尽管这条誓词不过是制度与法律之外的一则祖宗家规而已，但却比任何政策法律都执行得好，宋朝前后三百余年，的确鲜见对文人士大夫和批评朝政的人开刀，甚至多次因为这条老规矩而朝令夕改，刀下留人。

宋神宗是个励精图治的皇帝，希望通过改革，来实现宋王朝的崛起和振兴。但当他的"熙宁变法"措施在全国铺开之后，却遭到了一些士大夫的反对，特别是苏东坡这种"意见领袖"的反对。当时，苏东坡在基层工作，耳闻目睹新法的执行情况，特别是"青苗法"在执行中严重走样，损害了百姓利益，多次上书提意见。然而，宋神宗求胜心切，听不进不同意见，而且对苏东坡提出的意见，内心不快。于是，御史李定、舒亶以苏东坡诗文中有讥谤皇帝、攻击新法之语弹劾他，苏东坡因此被捕入狱，史称"乌台诗案"。在入狱的百天时间里，李定、舒亶们不断向宋神宗提交苏东坡诗文中的"罪证"，最后几乎按罪当诛。就在屠刀即将举起之际，宋神宗猛然想到"不得杀士大夫及上书言事人"的祖训，最后只好强压内心的怒火，主动说服御史，把苏东坡贬官降级了事。苏东坡也因这条老规矩，从黄泉路上捡回了一条性命。

帝制时代，皇帝也是最高法院院长，杀人和赦罪之令，都得他签字才能生效。据南宋高文虎《蓼花洲闲录》记载，宋神宗因陕西与西夏交兵失利，追究责任，要斩首一漕运官，而且已经签好字，安排立斩。第二天上朝后，宋神宗问宰相蔡确："我昨天批出的斩首令，是否执行？"蔡确说："没有。"宋神宗奇怪地问："有何疑问？"蔡确说："祖宗以来未尝杀士人，臣等不欲自陛下始。"宋神宗沉吟良久，终于收回斩首令，免了漕运官的死罪。

宋朝不仅主张不杀士大夫和上书言事人，而且这一免死的"丹书铁券"还辐射到了整个读书人群体，成为士子们的"护身符"。宋仁宗时代，四川举子向成都知府献"把断剑门烧栈道，西川别是一乾坤"的反诗，宋仁宗听后，不过一笑了之。

孔子说："君子有三畏：畏天命，畏大人，畏圣人之言。"说明人要有敬畏之心。宋朝这些老规矩之所以一以贯之，倒也不是这些祖宗的规矩就果真比政策法律还威严，宋朝皇帝在自己需要时，改变祖宗规矩常常是毫不犹豫的，像宋仁宗的"庆历新政"和宋神宗的"熙宁变法"，都是对老规矩的改弦更张。之所以"不杀士"，不过是这些锦衣玉食的皇帝，还心存一丝敬畏罢了。而一个手操生杀大权而又不受监督的皇帝，一旦缺乏敬畏，私欲就容易战胜公德，邪恶就容易战胜正义，冲动就容易战胜理智，头脑发热之际，势必人头滚滚，血流成河，历代暴君如夏桀、商纣、秦始皇、朱元璋者，莫不如此。

林逋：宋朝士大夫的精神坐标

林逋《山园小梅》诗曰：

> 众芳摇落独暄妍，占尽风情向小园。
> 疏影横斜水清浅，暗香浮动月黄昏。
> 霜禽欲下先偷眼，粉蝶如知合断魂。
> 幸有微吟可相狎，不须檀板共金樽。

此诗不仅写出了梅的形，而且写出了梅的神，把梅花不畏严寒、傲雪凌霜的高贵品格，表现得淋漓尽致。谁能如此深刻地理解梅花？谁又能如此细腻地解读梅花呢？任何作品都是志向与追求的表达，唯有那种以梅花高格自勉、自励、自期的人，才能写出如此俏丽的华章，才能奏出如此美妙的绝响。

林逋（967—1028），字君复，杭州钱塘县（今浙江杭州）人。《宋史·林逋传》说他："少孤，力学，不为章句。"好学上进，但并不学究似的辨章析句，拘泥于书本。青年时期，林逋浪迹天涯，放游江淮之间多年，闲云野鹤一般。中年后，他厌倦了漂泊，回到故乡杭州，"结庐西湖之孤山，二十年足不及城市"，过上了极其清苦的隐居生活。

虽说隐居清苦，但林逋丝毫没有寂寞之感。他好梅，也种梅，据说他在孤山种植了数百株梅花，赏玩之余，也采摘一些梅花出卖，获取微薄收入，支撑自己的日常开销。他无妻无儿，隐居孤山后，养了两只白鹤，日子一久，白鹤竟通了人性，即使林逋打开鸟笼，让它们盘旋云霄，纵情飞翔，不久它们又会主动回到笼内，忠诚如伴侣。有客到访，倘若林逋不在家，守门的童子也不着急，而是一边泡茶迎客，一边放出白鹤，鹤鸣长天之际，便是林逋动身归家之时，次次灵验。林逋蛰居孤山二十载，可谓"采于山，美可茹；钓于水，鲜可食"，生活怡然自得。因为钟情于梅，亲昵于鹤，人称"梅妻鹤子"。

林逋喜写诗，善填词，却常常随写随丢，率性而为。有人问他："何不录以示后世？"他回答说："吾方晦迹林壑，且不欲以诗名一时，况后世乎！"（《宋史·林逋传》）生前名还不在乎，还会在乎那死后之名么？他书画双绝，令同时代的人们赞叹不已。陆游也是书法大家，曾说："君复书法，又自高胜绝人，予每见之，方病，不药而愈，方饥，不食而饱。"（陆游《渭南文集·卷三十·跋林和靖帖》）对林逋的书法推崇备至。不过林逋画画写字亦如写诗填词，自娱自乐，从不轻易示人。

宋代隐居名山者不乏其人，既有耿介拔俗、潇洒出尘之士，也有走"终南捷径"、以获取高官厚禄的投机取巧之徒，像比林逋大十二岁的种放，就通过"假容于江皋"的经历，明作隐士，暗地里跑官要官，最终得到了宋太宗、宋真宗的关注，当上了朝廷的谏议大夫。而林逋却从来没想过要走"终南捷径"，他隐得率真，更隐得彻底。

景德四年（1007），宋真宗听说了林逋的事迹后，特意安排杭州知州王济去孤山，专程探望林逋，有意征他出山。大中祥符五年（1013），宋真宗又派人送来粮食和布帛，要求地方政府定期给予接济。天圣三年（1025），宋仁宗也安排人送钱送物，表达慰问之情。按说，有了两代帝王的垂青，只要稍有仕途之念、富贵之想，实现目的并不是一件什么难事，何况宋真宗的确曾经派人来征求过他出山的意见呢。

然而，林逋不是缨情于好爵之人，正如《宋史·林逋传》中所说："性恬淡好古，弗趋荣利。"他的向往不在仕途，更不在富贵，人们多次劝他出仕，均被他婉拒，他说："吾志之所适，非室家也，非功名富贵也，只觉青山绿水与我情相宜。"对于林逋来说，富贵如浮云，荣华如尘芥。晚年时，他自造墓于庐侧，题诗于墓壁说："湖上青山对结庐，坟前修竹亦萧疏。茂陵他日求遗稿，犹喜曾无封禅书。"以没有写过御用文章而自诩，体现了他不媚权贵、忘怀得失的高贵节操，他的生命与灵魂，早已与西湖、孤山的山山水水融为一体了。

林逋虽然性情率真，但并不孤傲，虽然隐得彻底，但并不偏激，他性情温和、宽容有度，与当时一些高僧和德才兼备的文人士大夫们唱和交往，结下了深厚的友情。他经常划着小舟，出入古刹，"逋常泛小艇，游西湖诸寺"，在晨钟暮鼓中与高僧们探讨宇宙人生的精深学问。杭州数任知府，包括薛映、李及等，也多次乘船上孤山，造访林逋的草庐，与他终日清谈，乐不知返。范仲淹、欧阳修、梅尧臣等许多当时的青年才俊，更是不远千里来到孤山，拜访他们最尊敬的林逋处士，交流心得，诗酒流连，留下许多优美的唱和之作。范仲淹在《寄赠林逋处士》一诗中说："唐虞重逸人，束帛降何频。风俗因君厚，文章至老淳。"表达了他对林逋的敬慕之情。林逋虽隐居孤山一隅，但他德高望重，交游颇广，志同道合者甚众，这说明"孤山不孤"。

天圣六年（1028），林逋在孤山寂静地离世，如同林壑间一片树叶的飘落。他去世后，宋仁宗"嗟悼不已"，安排人前来吊唁，并赠他谥号"和靖先生"。皇帝对一个布衣隐士赠谥号，足见林逋生前对宋朝士大夫阶层产生了重大影响：一个毫无影响、老死于苍山老林间的隐士，是不可能得到皇帝如此优待的。

林逋故后，仍然在士大夫间产生着影响，那些敬重他的人们，绵延不绝地赶往孤山，把孤山当成精神圣地虔诚朝拜。多年以后，对他高山仰止的苏东坡，曾在《书林逋诗后》中盛赞林逋的才华说："诗如东野不言寒，书似西台差少肉。"他认为林逋的诗比唐代孟郊才高一等，字比宋代李建中更胜一筹。苏东坡因未能当面向林逋讨教而深感遗憾，他在杭州任职时，常常去孤山林逋墓前祭拜。尤其难得的是，苏东坡对林逋精神境界的深刻理解和由衷感佩。据宋代阮阅《诗话总龟》卷九载，苏东坡与王居卿、孙巨源等一帮文友在扬州（今江苏扬州）聚饮，大家一起讨论林逋的《山园小梅》，王居卿开玩笑说："'疏影横斜水清浅，暗香浮动月黄昏'，此林和靖梅花诗，然而为咏杏与桃李皆可。"意思是这两句虽然有名，但用它来咏杏或桃李也可。苏东坡听后，呵呵一笑，大不为然地说："可则可，但恐杏李花不敢承当！"是啊，这样的雅到极致、美到极致的诗句，俗如杏桃李之类的花儿怎么敢当呢？这不是把高山流水当成了靡靡之音，把圣洁的林逋当成了跑官的种放么？《山园小梅》不仅是写梅，更是写林逋自己，不仅是写花，更是写精神、写追求、写灵魂，这梅花之魂又何尝不是林逋之魂呢？就对诗句的理解来说，苏东坡堪称林逋的隔世知交。

无论生前死后，林逋的才华和操守，都得到了人们的赞叹和景仰，他以自己特殊的处世姿态，给世界留下了一个卓然独立的背影，这个背影如同一个精神坐标、一座道德高峰，显得异常醒目，让宋朝那些文人士大夫们，在钻营奔竞者塞途的现实面前，找到了一种不至于让自己迷失的支撑和力量。

史上最幽默的宰相

历史上那些宰相，常常喜欢把江山社稷挂在嘴边，把严肃正经贴在脸上，仿佛拒人千里之外。而宋代宰相石中立却和蔼可亲，幽默至极，颇为另类，堪称史上最幽默的宰相。

还是任职郎官的时候，他与同僚们一起参观皇家动物园里畜养的狮子，大家边观赏狮子，边聊起了狮子的喂养。主管畜养的人说："一头狮子每天要喂五斤肉。"这群工资收入不高、一年难得闻几次肉香的穷公务员连连咋舌，纷纷叹息道："我们这些人，连一头狮子都不如。"言下之意，待遇低呀。石中立马上接茬说："这当然，我们都是员外郎（园外狼），'园外狼'的待遇怎能和'园中狮'相比呢？"众人捧腹。

宰相章得象与他十分友好，前人戴嵩因牛画得好，人称"戴嵩牛"，韩干因马画得好，人称"韩干马"，他便拿章得象的名字开玩笑说："昔有名画'戴嵩牛''韩干马'，如今又出了个'章得象'！"没大没小，一时在士大夫间传为笑谈。

朋友间说说笑笑也就罢了，但更多的时候，他讲话不分场合、不管轻重、不看对象，稍见不平，怪语迭出。一次，大臣杨亿家大办丧事，真是群贤毕至，少长咸集，来的不是宰相就是翰林，不是王公大臣就是贵族子弟。杨亿给他们每人发一件白襕衫，不过，他是按地位高低和身份贵贱来分配，高贵者发绫罗衫，地位稍低者发绢衫，等级不同，质地不一。上香吊孝还分个高低贵贱，石中立看不过去了，突然在人群中放声痛哭，同僚错愕不已，忙问其故，石中立说："我想起了我父亲。"又问为什么？石中立回答说："倘若父亲他老人家还健在的话，我今天一定能穿上高贵的绫罗衣服了。"他父亲石熙载，那可是宋太宗时代的一品大员啊。同僚们禁不住掩嘴遮脸，一旁暗笑。

尤其听到人家夸夸其谈地表功、言不由衷地表白时，石中立更是按捺不住，常常不顾对方颜面，一针见血地捅破。侍郎刘子仪三入翰林，当了多年的侍从官，眼巴巴地垂涎于宰相的职位，但一直没什么动静，心情颇不快，做了两句诗说："蟠桃三窃成何事，上尽鳌头迹转孤"，并称病在家，闭门不出。同僚们前去探望，询问病情，推荐药方，极尽关切，唯独石中立轻描淡写地说："小病而已，只需服一剂清凉散即可痊愈。"石中立是在嘲笑刘子仪病根在心而不在身，清凉散，"清凉伞"也，是宋代宰相专用的仪仗呀。同僚们听后面面相觑。

宋仁宗康定年间（1040—1041），西夏犯边，宋军节节败退，朝廷一筹莫展。当时，宰相张士逊告老，朝中一些大臣友好都赶去祝贺他光荣退休。张士逊举行家宴，款待大家，喝到酣畅处，他感叹道："我本是一介小民，见遇明君，终于功成名就，衣锦还家。如今海晏河清，天下太平，我也算知足了。"一副居功自傲、得意洋洋的样子。谁知，石中立不仅没有顺着他的口气恭维一番，反而冷声冷气地说："如今呀，只有西边还战火纷飞，胡虏未除。"众宾客顿时失声喷饭，杯盘跌落一地。

宋仁宗景祐四年（1037），石中立鬼使神差地当上了参知政事，即副宰相，成了最高行政长官之一。俗话说，到哪山唱哪山的歌，当了宰相之后，应该注意一下身份了，该打官腔时还得打打官腔，树立领导权威嘛，可是他依旧口无遮拦。一次，他不小心从马上摔下来，左右吓了一大跳，赶紧扶起他，他却拍拍身上的灰尘，戏言道："幸亏是'石参政'，倘是什么'瓦参政'，早就化为齑粉了。"全然没有宰相的样子，真是本性难移。

作为百官之首，他的言行颇让同僚好友们担心，朝士上官辟曾语重心长地劝导他说："您如今位居'宰执'，名位至高，为什么还整天嘻嘻哈哈没正经呢？"石中立一听，马上笑呵呵地反问道："你管好'上官辟（鼻）'就行了，何必还要管'下官口'呢？"让对方哑口无言。

石中立就是这样，不故作正经，不冠冕堂皇，不会像他的同事们一样故作高深、拿腔作调。但他不知道，当官不打官腔就像演员没化妆、和尚没剃度、耍魔术的没有道具。当官不仅要会打官腔，而且要大打官腔、打大官腔，只有通过打官腔，把同僚打服了，把部下打蒙了，把百姓打傻了，才能树立领导的威严、威信、威风。而作为百官之首的宰相——即便他这样的副宰相，更要像弥勒佛一样，容天下难容之事，"宰相肚里能撑船"嘛。对于钻营的，装聋。对于谋私的，作哑。见人讲人话，见鬼讲鬼话，你好我好大家好，这才有利于团结。像石中立这样，一不会打官腔，二不会拍马屁，三不讲政治，遇卖乖者，他揶揄，遇矫情者，他讥笑，遇贪财恋权者，他嘲讽，栽棘种刺，率性而为。你说这样的人，怎么能当宰相呢？迟早会祸从口出。果然，谏官韩琦就在宋仁宗面前参了他一本，说他身为宰执大臣，嬉皮笑脸，信口开河，有失朝臣威仪，有损领导干部形象。是啊，不会打官腔，还当什么宰相？

于是，当了没几个月，石中立这个副宰相就被罢免了。

当文人倔脾气撞上官场潜规则

杨亿早慧，聪明过人。《宋史·杨亿传》说他："七岁，能属文，对客谈论，有老成风。"真是天才。国人一向喜欢追捧天才，尤其是那种一目成诵、下笔千言的天才，连阅人无数的皇帝也不例外。

雍熙元年（984），宋太宗听说年仅十一岁的杨亿乃稀世之才，特让江南转运使张去华专程护送至京，他要好好看看这天才少年究竟有何过人之处。宋太宗连续三天面试杨亿，杨亿连写五篇诗赋，篇篇一蹴而就，意境俱佳，如《喜朝京阙》云："七闽波渺邈，双阙气苕峣。晓登云外岭，夜渡月中潮。愿秉清忠节，终身立圣朝。"宋太宗赏异不已，称他"越景绝尘，一日千里，予有望于汝也"，当即封他为秘书省正字（正九品），堪称史上最年轻的领导干部。

皇帝面试过的人，当然是天子门生了，这是一种荣耀，更是一种身份，何况他还是皇帝寄予过厚望的人呢？淳化三年（992），十九岁的杨亿被宋太宗赐进士第，升光禄寺丞，不久直集贤院。宋真宗继位，杨亿刚刚二十四岁，又被重用为左司谏、知制诰，成了皇帝的秘书。他"文格雄健，才思敏捷"，才华被公认当时第一，独领风骚，是"西昆体"诗歌流派的卓越代表。那些文人墨客，争相拿着诗文集请他品评，经他品评的人，往往一夜成名。同僚向皇帝进呈表疏，每每出重金请他润色。他精通典章制度，起草的诏书规范而优美，同僚们有什么岗位异动的要求等，都要等到他值班的时候提出，好让自己的名字出现在他那文采斐然的诏书中。

有了两代帝王的发现与栽培，加上才华出众，杨亿平步青云的前途是可以预见的，先秘书、修撰，再学士、翰林，然后入府拜相，一步登天，成就"致君尧舜上"的人生辉煌，这种预见几乎真实到触手可及。然而，官场是一个最说不清道不明的"场"，这个"场"的规则看不见摸不着，只可意会，不可言传，你顺应它就能步步高升，你违反它就会寸步难行，如同不善飞翔的公鸡，有了翅膀也无济于事。

官场讲究团结，而潜台词往往是团结共事，共同谋利，见人讲人话，见鬼讲鬼话，看不惯的要笑脸相迎，瞧不起的要亲热有加，无条件顺从，无原则迁就，你好我好大家好。然而，杨亿为人孤僻、刚介，只结交才德卓绝者二三人。这样的做人原则，在官场无疑不合时宜，甚至自讨苦吃。比如，宋真宗身边有一个红人，想拉拢杨亿，杨亿是清流嘛，官场再坏的人也想与清流拉关系，他对杨亿拍马屁道："君子知微知章，知柔知刚。"面对这张迎面而来的笑脸，杨亿却正言厉色道："小人不耻不仁，不畏不义。"在笑脸上泼了一盆冷水。

又比如，王钦若和丁谓皆因善于吹捧而骤贵，他们齐心鼓动宋真宗"东封西祀"，大搞劳民伤财的面子工程，大唱英明神武的颂圣赞歌，在士大夫间口碑极差。不过，对于这种行为，大多数官场滑头只会看在眼里记在心里而不说出来，但杨亿眼里容不得半点沙子，态度挂在脸上，鄙夷说在嘴里。杨亿与王钦若同在史馆上班，王钦若前脚进，杨亿就后脚出，其他同僚聚会文人雅集的场合，也是如此，根本不屑与王钦若照面。丁谓出任参知政事，同僚们纷纷赶去祝贺，杨亿却冷冷地说道："骰子选耳，亦何足道哉！"讥笑他升官靠运气而不是才华，充满蔑视。杨亿到处树敌，终于遭到王钦若、丁谓、陈彭年等人的联手排挤。母亲病重，他请假后匆忙起程，人家告他一状，说"不俟命而去"，要给予处分；他起草诏书，皇帝作了修改，人家参他一本，说他起草的诏书要经皇帝修改，理应降职。

当然，与同事处不好，这在官场倒也不是什么大忌，因为对于官员来说，一言九鼎的皇帝说你行你就行，不行也行。然而，要皇帝说行的，必须俯首帖耳，对皇帝唯命是从。而最要命的是，杨亿非但不投其所好，反而摸倒毛，批逆鳞，违背皇帝的旨意，让皇帝老大不高兴。宋真宗景德四年（1007），郭皇后病故，宋真宗想册封最宠爱的刘德妃为后，安排杨亿起草封后诏书，倔强的杨亿竟然要原则不要前途，固执己见，认为刘德妃无论是德行和出身，都比不上已故宰相沈伦的孙女沈才人，公然拒绝为皇帝起草诏书，逼得皇帝只好另外安排他人起草。

如果说与同僚为敌是自寻烦恼的话，那么与皇帝作对，就无异于自掘坟墓。终于有一天夜里，宋真宗在皇宫一小阁召见了杨亿。首先，宋真宗问这问那，与他拉家常，叙旧事，反常的亲切。接着，搬出几个装满了文稿的小箱子，宋真宗手捧这些文稿对杨亿说："卿识朕书迹乎？皆朕自起草，未尝命臣下代作也。"（欧阳修《归田录》卷一）意思是，你不认得我的笔迹吗，这些文稿可都是我亲自起草的，从来没有命人捉刀代笔啊。杨亿一听，马上明白皇帝已经不再信任他了，皇帝身边的大学士、大笔杆子却弄得皇帝亲自操刀，那还要你有何用？于是，杨亿开始佯狂，装疯卖傻，自甘堕落，然后请病假，出奔阳翟（今河南禹州）。归去，归去，狼狈如丧家之犬。

杨亿少有大志，理想远大，然身在官场，施展不开，总是两日一批评，三日一处分，一路磕磕绊绊，跌跌撞撞，上上下下，沉沉浮浮，仕途坎坷，命运不佳，最后抑郁而终，年仅四十七岁。他的失败，其原因可归结为脾气太倔，性格太直，即《宋史·杨亿传》所谓"性耿介，尚名节"者也。而最为关键的，还是书读得太多了，读呆了，读傻了，书生气十足。在实用主义、利己主义、潜规则畅行的官场，唯识时务者才可能纵横驰骋，挥洒自如，至于书呆子，是不会有什么大作为的，百无一用是书生嘛。

"书痴"钱惟演

钱惟演聪明好学，才华卓绝。有一次，宋真宗召集朝会，临时安排钱惟演起草诏令，他当即在朝笏上起草，迅即而就，而且文理俱佳，让宋真宗以及满朝文武赞不绝口。钱惟演像当时许多有才华的士大夫一样，把"致君尧舜上"作为自己的毕生理想，希望当上一人之下万人之上的宰相，为此，不断攀附权贵。丁谓任宰相，他与丁谓联姻；丁谓失势，他转身趋附寇准；刘太后"垂帘听政"，他想方设法与刘太后攀亲。尽管他后来也的确官至翰林学士、枢密使，权倾一时，但他攀龙附凤、朝秦暮楚的品格，颇为时论所鄙薄，在士大夫间口碑和声誉颇不佳。

不过，这样一个声誉不佳之人，却有一个让士大夫们非常钦佩的爱好，那就是爱读书、爱藏书、爱编书、爱写书，近乎痴狂。《宋史·钱惟演传》记载他："于书无所不读，家储文籍侔秘府。尤喜奖厉后进。"高度概括了他的三个特点。

"于书无所不读"，说明他涉猎书籍之多，阅读范围之广，非一般士大夫仅为一纸进士"文凭"而读书的狭窄与浅薄可比拟。欧阳修《归田录》卷二载："钱思公（钱惟演谥号文思）虽生长富贵，而少所嗜好。在西洛（西京洛阳）时，尝语僚属言：'平生惟好读书，坐则读经史，卧则读小说，上厕则阅小词，盖未尝顷刻释卷也。'"钱惟演，吴越王钱俶之子，随父纳土归宋后，历任直秘阁、知制诰、翰林学士、太子宾客、工部尚书等，官至枢密使。他虽出身富贵之家，但平生并无不良爱好，惟钟情读书，他的理由是："学士备顾问，不可不赅博。"要当好皇帝的参谋，学问不能不渊博，因此，他坐着时读经史，躺着时读先秦百家和历代杂记，连蹲在厕所里都要吟诵几首小令，到了逢书必读、手不释卷的程度。

钱惟演不但爱读书，更爱藏书。他家藏书极富，堪与秘阁——皇家图书馆相媲美，是历史上有名的藏书家。他曾参与"宋四大书"之一《册府元龟》的编修，为这一史学巨著的完成，奠定了基础。钱惟演平生著述较多，著有诗歌集《典懿集》三十卷，还有《枢庭拥旄前后集》《伊川汉上集》《家王故事》《金坡遗事》等一系列散文随笔集。

钱惟演尊重人才，提携后进，曾对欧阳修、梅尧臣、尹洙等一批青年才俊给予过许多帮助，不遗余力。他在西京洛阳任使相期间，欧阳修是他的部下。一天，欧阳修与同僚畅游嵩山，到达龙门时突然下起了雪，不知如何是好之际，却发现有人冒着风雪渡过伊水而至，原来是钱惟演派来的厨子和歌伎。钱惟演让厨子和歌伎转告他们，府里公事简易，用不着急忙赶回去，派来厨师和歌伎，为他们赏雪助兴。钱惟演这一无微不至的关心，让欧阳修一行感动不已。如果说，作为领导，对部下的关心爱护体现了一种责任的话，那么对读书人的惺惺相惜，以培养读书种子为己任，促成读书种子薪火相传，便是一种精神了，难能可贵。所以，不论人们对钱惟演的评价如何，欧阳修一直把钱惟演当成自己的恩师，对其知遇之情毕生不忘。

爱书之人，即使是对书桌上的文具，都爱得痴狂。《归田录》卷一还记载了这样一则趣事：钱惟演有一个珊瑚笔架，置于案头，十分珍惜。他生性严格，持家节俭，孩子们平时不能多花一分钱。为此，孩子们想出了一个馊主意，"有欲钱者，辄窃而藏之"，缺钱花的时候，就把父亲的笔架藏起来。钱惟演发现笔架丢了，心急如焚，无奈之下，"乃榜于家庭，以钱十千赎之"，只得在家里贴出寻物启事，悬赏找寻笔架。藏笔架的孩子故意拖延两天，然后佯装找来的，把笔架送还他，他"欣然以十千赐之"，果然兑现赏金。于是，这成了一条生财之道，谁缺钱花，就藏笔架，一年总有那么五七回，孩子们乐此不疲，而且屡试不爽，钱惟演也始终没有觉察到这是个"圈套"。说完，欧阳修还信誓旦旦地说："余官西都，在公幕亲见之"，可见此事千真万确。

钱惟演去世后，朝廷为给他赠谥号争论不休。开始，根据《谥法》："敏而好学曰'文'，贪而败官曰'墨'"的规定，拟谥号"文墨"，颇有鄙夷；后来改成"文思"，有所改进；宋仁宗庆历年间（1041—1048），再改为"文僖"，充满尊敬。谥号越改越好，是影响越来越大、地位越来越高的表现，这说明，士大夫渐渐忘却了攀龙附凤的钱惟演，记住了勤勉好学的钱惟演。

爱书如痴，也能名垂青史，这或许是他当初没有想到的。

低调做人的杜衍

杜衍是宋仁宗时期颇负盛名的贤相之一，资历深，口碑好。庆历七年（1047），杜衍上书请求挂印退休，得到宋仁宗的批准。

杜衍为政清廉，平时从不营殖私产，比如利用手中权力购置良田、经营房产什么的，以至于退休后，几间像样的房子都没有，只好寄居在南京应天府（今河南商丘）的回车院。宋代各地都建有回车院，有的作为官员卸任后等待接任者到来的临时住所，有的作为驿站之用，相当于官员招待所。杜衍在回车院一住就是十年，吃住简陋，寄人篱下，却从无抱怨。杜衍不好酒，即便有客造访，也只是："粟饭一盂，杂以饼饵，他品不过两种。"（叶梦得《岩下放言》卷下）简简单单，丝毫没有玉食笙歌的做派。杜衍一向为人低调，退休后的他，更是朴实如田夫野老，有人劝他着居士服，他却说："老而退休，哪能以高士自居呀！"他或出游，或读书，或吟诗，还开始练习草书，追求精神的丰满，不追求物质的奢华，过着清贫自乐的生活。

然而，低调做人的他，在退休的日子里却发生了两件让人啼笑皆非的事情。

据宋人朱彧《萍洲可谈》卷三记载，一次西京河南府（今河南洛阳）举行宴会，作为退居二线老领导的杜衍应邀出席。酒席筵前，习惯于不事冠带的杜衍，戴着居家便帽，穿着深色便装，端坐一隅，默不作声。事也凑巧，河南府尹有事出去一会儿，府里的差役又不认识这位名声显赫的老宰相，这时，门口的差役报本路"运勾"到。当时的路相当于现在的省，河南府隶属京西北路，运勾是"转运使司勾当公事"职务的省称，为京西北路转运使司属官，相当于财政或税务厅领导，官不大，实权大。于是，大家纷纷起身，向这位财神爷打招呼，套近乎。运勾是个年轻人，靠长辈的恩荫当上了转运使司官员，典型的"官二代"，他少年得志，职务不大，脾气不小，见一糟老头既不打躬也不作揖，像钉子一样钉在凳子上不动，不禁火冒三丈，厉声问道："足下前任甚处？"杜衍头也不抬，轻声回答："同中书门下平章事（宰相）。"真是不鸣则已，一鸣惊人，"官二代"顿时面红耳赤，呆若木鸡。

还有一次，一位名列前茅的新科进士，被朝廷安排到边关出任副职，路经应天府，知府王举正得知他才华出众，年少登科，估计前途无量，把府里那些"牙兵、宝辇、旌钺"全部安排出来，为这位新贵禁卫开路。应天府的街道上顿时热闹了起来，只见彩旗飘飘，鼓声阵阵，场面盛大，引得老百姓驻足围观，纷纷猜测，这是哪位朝廷要员来我们南京视察呢？正好杜衍出门归来，与新贵的队伍狭路相逢，无路可避，杜衍拉下帽檐，竖起衣领，放慢马步，靠边让路。两个仆人也拉住马，停于路旁。然而，新贵却因杜衍一行没有下马而十分恼怒，没好气地问身边的随从，这是谁呀？随从回答，这是退休宰相杜太师啊……

杜衍居回车院十年，最后逝于其中，可谓低调开始，清苦至终。《宋史·杜衍传》记载，杜衍去世前留下遗言，要求儿子们在自己死后不得铺张浪费，仅以一枕一席、低小的坟墓殓葬。虽然位极人臣，他人之将死还如此低调行事，无疑给那些一得志就忘形的人上了很好的一课。

角色错位

太监周怀政虽然在皇宫禁苑工作了很多年，但他为人处世却一直没什么长进，常常自作聪明。

宋仁宗赵祯当年做太子时，喜欢写字画画，尤其爱好画马。他的老师张士逊曾经向他求一张马图，赵祯说，我怎么能给师傅画马呢？便泼墨挥毫，取《尚书·周官》"贰公弘化，寅亮天地，弼予一人"（他们副贰三公，弘大道化，敬信天地之教，以辅佐我一人）之句，写下"寅亮天地弼予"几个赞誉有加的字，恭恭敬敬地送给了老师。朝廷的大臣们知道这件事后，纷纷向张士逊祝贺。周怀政听说后，对张士逊艳羡不已，因为赵祯与自己在一起笑闹时，曾经亲热地称呼过自己哥哥，以为关系铁，也向赵祯求字，赵祯拿他开涮，字是写了，内容却是"周家哥哥斩斩"。周怀政碰了一鼻子灰，自讨没趣不算，还吓出了一身冷汗。

周怀政没搞懂的是，自己作为一个太监，怎么能和身为太子谕德的张士逊相提并论呢？在赵祯眼里，张士逊是朝廷大员，是自己最尊敬的老师，而你不过是一个端茶倒水的下人而已，闲时拿你开开心就当了真，真是东施效颦。周怀政没看清这一点，聪明反被聪明误，以致后来竟然胆大包天，在赵祯他爸宋真宗病倒的时候，策划谋杀宰相丁谓，强逼真宗退休，企图让赵祯提前接班，结果被人告发，身首异处。赵祯先前送给周怀政的玩笑话，竟一语成谶。

赵祯后来当了皇帝，他身边又出了一个与周怀政一样自作聪明的宫女。

一天，宋仁宗退朝后，急急忙忙奔回寝殿，因为他头痒得不行。他匆忙摘掉头巾，连龙袍还没来得及脱，就大声喊宫女给自己梳头。宫女帮皇帝梳头的时候，见他怀里揣着东西，随口问："那是什么。"皇帝说："谏官的奏章。"宫女又问："说的什么事啊？"皇帝说："连月来，暴雨不断，灾情严重，谏官们怀疑是皇宫宫女太多，阴气太重，上天惩罚的缘故，建议我适当裁减。"宫女边梳头边阴阳怪气地说："中书省和枢密院那些大臣们，哪位家里不是歌女舞女多到无数，官职稍稍升迁，还纷纷增添，您贵为皇帝，身边只有这么几个，就说什么阴盛，难道只许他们快活，不许皇帝开心？"

宋仁宗听完，有些不快，但并未发作。过了一会儿，宫女又问："真的要按他们说的做吗？"皇帝说："谏官的话，怎敢不听呢？"宫女平日在皇帝面前骄气惯了，见天天耳鬓厮磨还抵不上外面那些人放个屁，负气地说："若真是这样，那就从我开始裁起吧！"这话简直在威胁皇帝，宋仁宗听了雷霆震怒，头也不梳了，立马起身，召集内侍和掌管宫籍的人到寝殿，拿着册子点人，并命令看门人严守大门，皇后也不得擅自进来。接着，第一个就削了这位宫女的籍，并宣布从她以下三十人，全部卷铺盖走人。

这时已过晚饭时分，皇后正焦急地等待皇帝吃饭，但宋仁宗一定要等到这些宫女全部离宫后才吃，皇后赶忙命人遣散了这些宫女，然后飞报皇帝知道。等宋仁宗吃完饭，皇后呈上茶水，才小声问："梳头宫女是您宠爱的人，为何把她作为第一个遣送出宫呢？"宋仁宗没好气地说："她竟然劝我拒绝大臣们的进谏，这样不知天高地厚的奴才，怎么能留在我的左右呢？"怒气未消，丝毫不悔。

周怀政因为太子经常同他嬉闹，随意索字，宫女依仗皇帝的宠幸，乱吹"枕边风"，企图左右皇帝，二人都没好结果。在皇帝眼里，即便是条狗，也要分个高低贵贱的，谁大谁小、孰轻孰重，一目了然。太监和梳头宫女，再宠幸也只是个打杂的，倘因皇帝几句玩笑话语、一二亲昵动作，就认定他会百依百顺，那还不让人笑话？给老师那么高的评价，是因为那是一个树立自己尊师重道形象的好机会，听从谏官们的意见，更无异于宣传自己从谏如流、贤明公允的美名，这都是四两拨千斤的事，何乐而不为？再说，朝臣与皇帝才是一条绳上的蚂蚱，他们一个个火眼金睛，之乎者也，一句话可以传遍朝野，一个意见可以影响朝政，不把他们养肥了、喂足了，并言听计从，那皇帝如何能摆平他们，并让他们兢兢业业、忠心耿耿为自己卖命呢？所以，太监和宫女的下场是必然的，因为他们摆错了位置，打错了算盘，角色错位导致了无法挽回的悲惨结局。

夏竦戍边

夏竦打小就非常聪明，好学上进，写得一手漂亮文章。《宋史·夏竦传》说："竦资性明敏，好学，自经史、百家、阴阳、律历，外至佛老之书，无不通晓。为文章，典雅藻丽。"然而，这样一个博学多才的文人，却与使枪弄棒的武夫行当结下不解之缘，让他别扭难当，受尽了嘲笑与攻击。

夏竦（985—1051），字子乔，江州德安县（今江西德安）人。父亲夏承皓，禁军将领，宋真宗景德元年（1004），契丹入侵，他率军阻击，不幸死于战场，朝廷出于抚恤烈士家属的考虑，赏了夏竦一个"三班差使"的小武官。

这是夏竦参加工作的第一站，给派了个武官差事，让他十分不快，一来他喜欢舞文弄墨，不喜欢使枪弄棒；二来隔行如隔山，跨马横刀、行军布阵非他所长，难以施展才华。于是，夏竦干着武官的差，却想着文人的事，思量着如何改变自己的命运。

他绞尽脑汁之后，决定毛遂自荐。某日，他守候在宰相李沆下朝必经之地，等到李沆路过时，他拿出自己的得意之作，献于马前。李沆是爱才之人，收了夏竦的诗作，回家就仔细阅读，当他读到"山势蜂腰断，溪流燕尾分"一句时，不禁拍案叫绝。第二天，李沆把诗作藏于袖内，议完事后随即呈给了宋真宗，高度赞扬夏竦的才华，希望皇帝量才录用，给他换个文职。宋真宗听从了宰相的建议，安排夏竦出任丹阳县（今江苏丹阳）主簿。

做文臣，是夏竦梦寐以求的，这里才有他驰骋的疆场和奋斗的目标。在后来的二十多年间，夏竦凭借自己的才华和能力，工作干得风生水起，仕途也步步高升，先后任过光禄寺丞、国史编修官、知制诰。宋仁宗即位后，又历任翰林学士、龙图阁学士、参知政事，甚至还出任过短短几天的宰相，重要部门的领导岗位他几乎干了个遍，而且深得宋仁宗的欣赏与信赖。不过，还有一类职务，即边帅之职没干过，对此，夏竦想都没想过，他不爱武装爱长衫，不是领兵打仗的那块料。

然而，有些事你越不愿意面对，它越会落到你头上，让你欲罢不能。宋仁宗宝元元年（1038），党项族首领元昊（李元昊）自立为帝，国号"大夏"，史称西夏，与宋朝分庭抗礼，并多次率兵攻打宋朝。边事吃紧之际，宋仁宗想到了夏竦这位各项工作都干得不错的大臣，安排他到陕西前线，出任奉宁军节度使、知永兴军，接着又任忠武军节度使、知泾州（今甘肃泾川），让他率军痛击屡屡进犯的党项大军。

突然要率军戍边，这对于以道德文章发家的夏竦来说，内心别提有多难受了，他辞了几次，但皇帝相中了他，辞不掉，无奈之下，很不情愿地开始了他的戎马生涯。说起写诗作文，夏竦可谓才思敏捷、出口成章，但说到行军打仗，则如同铁匠绣花，纯粹一个外行。他不会打仗，更不想打仗，身在前线，他却丝毫也没有与敌开战的打算，他在给皇帝上书中极言出战不利，说什么当年元昊父亲李继迁反叛，宋太宗命五路大军征讨都无功而返，如今元昊无论财力还是兵力，均远胜李继迁时代，而宋军将不如前猛、兵不如前勇，主动出击势必自取灭亡，"臣以为不较主客之利，不计攻守之便，而议追讨者，非良策也"（《宋史·夏竦传》）。

只是，当时朝廷内外主战的呼声很高，宋仁宗也倾向于主动出击。所以，夏竦此言一出，舆论哗然，对他的批评之声不绝于耳，大臣们纷纷上书说："竦在泾原守城垒，据险阻，来则御之，去则释之，不闻出师也。竦惧战或败衄，托以兵少为辞尔。"（《宋史·夏竦传》）什么今不如昔，什么兵微将寡，都不过是托词，无非是胆小怯懦罢了。

在舆论的压力下，夏竦只好赶鸭子上架，勉为其难地准备出兵。他避开所有闲杂人员，召集手下的文官武将，用了五天五夜的时间，密谋进讨方案，从兵马调动、粮草供给到进攻路线，事无巨细，均一条一条草拟成文件，这些文件捆绑在一起，两个壮汉都抬不起来。你说，这哪是部署军事，简直是在著书立说。夏竦把这些文件藏在一个大柜子里，落锁贴封条，严加看守。尽管如此机密，但不知什么原因，这些文件忽然一夜之间遗失殆尽，后来又神不知鬼不觉地回到了柜子里，像是上演特工电影。于是，进攻因泄密而作罢。也幸亏作罢，否则以夏竦这种摇头晃脑、纸上谈兵的行事方式，去进攻西夏的精兵强将，必定有去无回。这一事件不仅成了士大夫们批评他的有力证据，而且也成了大家茶余饭后最开心的谈资。

夏竦戍边的笑话还远不止这一个。北宋孔平仲《谈苑》卷一记载，西征期间，夏竦曾经张榜于市，花巨资买元昊的头，榜云："有得赵元昊（李元昊先世曾被宋朝赐赵姓，故称）头者，赏钱五百万贯，爵西平王。"乖乖！元昊听说后，暗笑不已，立马派出特工，装扮成卖荻箔（编席子的材料）者，混入宋军驻扎的边城，故意把荻箔遗失在饭店门外。陕西一带荻箔很贵，拾得者如获至宝，展开一看，里面却藏着元昊发布的悬赏文书："有得夏竦头者，赏钱两贯文"，把夏竦大大嘲弄了一番，气得七窍生烟的他，急忙安排人四处收缴这些悬赏文书。然而，文书可以收，但这条消息早已道路流布，远近皆知，无论怎么封锁也无济于事了。

被人家看足了笑话，夏竦深深感到屈辱和疲惫，身在前线，心却在朝廷，他连连上书请求解除自己的兵权："竦雅意在朝廷，及任以西事，颇依违顾避，又数请解兵柄。"（《宋史·夏竦传》）庆历年间，宋仁宗终于同意他回来，甚至还准备提拔他为枢密使，连诏书都拟好了。但那些痛恨他的谏官、御史们听说后，几乎群起而攻之，反对的文书雪片般飞向皇帝的案头，他们罗列了夏竦的种种笑料和罪状上奏说："竦在陕西畏懦不肯尽力，每论边事，但列众人之言，至遭敕使临督，始陈十策。尝出巡边，置侍婢中军帐下，几致军变。元昊尝募得竦首者与钱三千，为贼轻侮如此，今复用之，边将体解矣……"（《宋史·夏竦传》）

连元昊悬赏的流言蜚语，都成了他们攻击的理由，还有什么罪名不能罗织呢？反正提拔了夏竦，便朝将不朝，国将不国。甚至在夏竦进入京城，即将拜见皇帝之际，那些人还在不断上书，请求皇帝拒见，罢他的官。为了避免因公愤引发事端，宋仁宗只得忍痛割爱，放弃提拔夏竦的初衷，改任他为亳州（今安徽亳州）知州，不升反降，害得夏竦到亳州赴任后，赶快向皇帝上了一封"万言书"，为自己辩护。但皇帝理解又能如何？朝廷内外，对夏竦的反对之声从来就不曾停止过。

宋仁宗皇祐三年（1051）九月，夏竦奉旨监修黄河，因为长时间冒雨指挥，随即一病不起，当月就因病去世。夏竦去世后，宋仁宗非常惋惜，准备给他赠谥号为"文正"，这是宋代文臣死后的最高礼遇，可见皇帝对他的尊重与信任。然而，太子中允、直集贤院刘敞等人却说："世谓竦奸邪，而谥为正，不可。"

即使夏竦已经入土为安，他们都还纠缠不放，宋仁宗又只好依从，把赠予他的谥号改为"文庄"，降了档次。

这世界常常阴差阳错，一个毫无将帅之才的人，却偏偏一再让他领兵打仗，以致闹出许多笑话，受到许多攻击。任用文人领兵，这是宋朝抑制藩镇割据的奇招，对于巩固政权、稳定江山的确起到了至关重要的作用。不过，物极必反，好政策推行到一定的程度，便会露出种种弊端，文人带兵往往争论过多而决断太少，勇气不足而柔弱有余，从而导致军备削弱、组织涣散、战斗力缺乏，最后积重难返。没有一支能够抵御外来入侵的军队，外敌侵扰贯穿整个宋代数百年，便不是一件什么奇怪的事了。

《岳阳楼记》——范仲淹不得不说的话

　　与其说岳阳楼成就了《岳阳楼记》，倒不如说是《岳阳楼记》成就了岳阳楼。北宋名臣范仲淹的《岳阳楼记》以其华美精练的文字、抑扬顿挫的韵律、跌宕雄浑的气势，把浩浩荡荡、气象万千的"巴陵胜状"表现得淋漓尽致，感人至深，并成为中国历代文学作品中的瑰宝而流传千古。正如郁达夫《乙亥夏日楼外楼坐雨》诗所言："楼外楼头雨似酥，淡妆西子比西湖。江山也要文人捧，堤柳而今尚姓苏。"范仲淹的《岳阳楼记》，使得本身就巍峨雄伟的岳阳楼因了文化的厚重而益发驰名中外，名震古今。

　　史书上没有范仲淹游历岳阳楼的记载。查阅清代范能濬所编《范仲淹全集》，唯一记载了范仲淹与岳阳比较接近的生活地是在澧州安乡县（今湖南安乡）。范仲淹两岁丧父，家道中落，贫无所依，母亲谢氏带着儿子改嫁淄州长山县（今山东邹平）朱文翰。宋太宗时期，朱文翰担任过短期的安乡县令，范仲淹随继父侍读，在安乡度过了一段少年时光，并留下了"书台夜雨"的读书佳话。然而，作为现建制隶属常德市的安乡县，与位于现岳阳市城西的岳阳楼隔湖相望，陆路交通遥远、曲折、坎坷，洞庭湖烟波浩渺，巨浪滔天，以当时的骡马帆舟，来回十分艰险，岳阳楼恐怕也只能遗憾地与范仲淹这文坛巨子失之交臂。不过，安乡正位于洞庭一角，历来钟情山水的范仲淹，常常流连于洞庭湖畔，在湖风涛声里读书和思考倒是十分可能。"衔远山，吞长江"的洞庭湖深深扎根在他的记忆里，霏霏淫雨以及春和景明的湖光山色，在他脑海里俯拾即是，信手拈来。因此，通篇《岳阳楼记》，除了浩渺多姿的洞庭湖景，我们看不到岳阳楼的结构和色彩，远近和高低。

　　岳阳楼相传为东汉建安年间，鲁肃操练水军的阅军楼。唐代张说官岳州（今湖南岳阳）时，在阅兵台旧址建了一座楼阁，取名岳阳楼。宋代以前，虽然大诗人李白、杜甫等曾在这里留下过诗篇，但因缺少扛鼎之作，岳阳楼名轻声微。

直到《岳阳楼记》横空出世，波澜壮阔的洞庭湖和拔地而起的岳阳楼，才以其奔腾不绝的气势和忧国忧民的情怀，进入士大夫视野，他们争相传阅，岳阳楼从此声名鹊起，天下闻名。

然而，范仲淹为何能在一篇短短三百余字的楼记中，写出了如此厚重的上忧邦国、下忧黎元的华章，而且声情并茂、传唱不衰呢？结合范仲淹当时所参与的政治生活，细细考究他在北宋政坛的升降浮沉，会发现最直接的灵感触发点是因为他领导的"庆历新政"，可以说，没有"庆历新政"，就没有如此荡气回肠的《岳阳楼记》。

范仲淹入仕的时候，宋王朝已历经七八十年的发展，朝廷因循苟且，承平累日，特别是大中祥符初以来的近四十年间，国家进入了矛盾和斗争的激化期，而以宋仁宗为首的统治阶层，在官吏们报喜不报忧的盛世谎言中迷醉，贪图享乐，奢靡浪费，横征暴敛，无视军备，导致了北宋中叶"积贫积弱"的局面。北方虽然与辽国签订了"澶渊之盟"，但辽军依然兵不解甲，虎视眈眈；西边的西夏国乘机崛起，侵略不断；国内的形势也十分严峻，官吏横暴，寇盗四起，老百姓处在水深火热之中。宋仁宗时期的宋王朝，犹如一条庞大的帆船，经过多年的航行奔波，越来越显示出臃肿和破败的光景，危机四伏，险象环生，随时都有土崩瓦解的可能，非"大修"不可。在这种情况下，庆历三年（1043）四月，宋仁宗火速将范仲淹、韩琦从陕西前线调回京城。同年八月，擢范仲淹为参知政事，富弼为枢密副使。九月，宋仁宗开天章阁，在案几上摆上笔墨纸砚，督促范仲淹、富弼就朝廷当务之急无须顾忌地条对，一副对除弊革新决心很大信心很足的样子。

范仲淹是历史上德才和器识兼备的能臣，对宋王朝"官雍于下，民困于外，夷狄骄盛，寇盗横炽"（《答手诏条陈十事》）的积弊了然于胸，而且像当时许多以天下为己任的士大夫一样，对现实夙夜忧虑，深感不安。多年的仕宦生涯，使他对时局的诊断犹如良医，出手即知脉理病情，并迅速开出了数剂良方，提出"明黜陟、抑侥幸、精贡举、择官长、均公田、厚农桑、修武备、减徭役、覃恩信、重命令"十项改革措施，拉开了"庆历新政"的序幕。这些改革措施中，有的是使民休养，如厚农桑、减徭役；有的是固边强兵，如修武备；有的是革新吏治，如明黜陟、择官长等。这些措施，无一不是给内外交困的宋王朝对症下药、正本清源。但当改革措施在部分地区逐步实行后，影响了许多官员和皇族的既得利益，改革各项措施无一例外地受到了上下内外的夹攻，加上仁宗的有始无终，朝廷大臣的瞻前顾后，守旧势力的顽固阻挠，使改革半途夭折，"庆历新政"以失败告终。

而作为"庆历新政"主角的范仲淹，自从改革把他推向政治生活的风口浪尖后，他便成了众矢之的，受尽了阴风浊浪的袭击。先是夏竦因与史称"宋初三先生"之一的石介有隙，诬称范仲淹、富弼、石介合谋废帝，疯狂攻击改革派；接着，宰相章得象及其党羽以"挟诈要君"的罪名弹劾范仲淹；还有那些被新政影响了既得利益的朝臣皇族们，也纷纷落井下石，并利用了打击政治异己惯用的"撒手锏"，诬蔑改革派为"朋党"，欲置其于死地。

范仲淹青年时期就树立了远大的理想——"不为良相，则为良医"，这两种人生设想，一为救世，一为救民，都是以忧国忧民为出发点的。入仕以来，范仲淹看到了仕宦阶层的循默守旧、不思进取，看到了满目疮痍、民无噍类，他担心大宋江山这千里之堤溃于蚁穴。在《邓州谢上表》中，他对宋仁宗不无忧虑地说："革姑息之风，则谋身者切齿；尚循默之体，则忧国者寒心。"他对支撑宋王朝正常运转的黎民百姓所承受的灾异、饥荒更是心急如焚，他在给老师晏殊的信中吐露心迹说："某连蹇之人，常欲省事，及观民患，不忍自安。""庆历新政"前前后后，他一再主张和推行的改革措施，以及他对大宋王朝的耿耿忠心，无一不是以这两方面为立足点和出发点的。但是，那些以一己之私或者一家之私甚至一集团之私为追求的同僚们，会让范仲淹的抱负施展吗？宋王朝的当家人宋仁宗会善始善终吗？事实是，那些告范仲淹御状的官僚们像蚊子一样，天天在皇帝的耳边飞舞、交鸣，动摇了他的改革信心，加上宋和西夏暂时形成和议局势，使主战的改革派转瞬成了首当其冲的牺牲品，备受压制和打击。与后来宋高宗为顺利向金屈膝求和而定计杀抗金名将岳飞的心理类似，急于向西夏求和的宋仁宗，迅速将范仲淹、韩琦、富弼、欧阳修等改革先锋一一逐出京城。庆历五年（1045）正月，五十七岁的范仲淹落职邠州（今陕西彬州），十一月迁邓州，踏上了他政治生涯中的第四次迁贬远途。前三次分别是：第一次上书请求刘太后还政宋仁宗，触怒刘太后而贬河中府（今山西永济）；第二次谏阻宋仁宗废郭皇后，惹恼宋仁宗而贬睦州（今浙江建德）；第三次弹劾宰相吕夷简专权，反被状告"离间君臣"而贬饶州（今江西鄱阳）。

一系列的排挤和打击，使范仲淹成了折翼的大雁，无法为国尽匡扶之志，无法为民尽康济之心，郁郁寡欢，心情灰暗到了极点。在邓州漫长的日日夜夜，范仲淹认真思索了自己的仕宦生涯，细细梳理了改革的前前后后，有失望，有怀疑，有矛盾，有悲愤，各种情绪就像波涛撞击着海岸一样撞击着他的心，此起彼伏，汹涌澎湃，迫切需要一种寄托和宣泄，甚至需要一种精神上的化蛹为蝶。

庆历六年（1046）九月，谪守岳州的同年挚友滕子京让人快马加鞭送来一封求援信，请范仲淹为刚刚重修落成的岳阳楼写一篇记，并随札附呈《洞庭晚秋图》。范仲淹读过来信，端详完《洞庭晚秋图》，仿佛醍醐灌顶，眼前一亮，他感到前所未有的清醒和澄明，所有的焦虑、折磨、痛苦都挥置脑后，他终于找到了一片与他新政以来的心情完全契合的风景。

是夜，范仲淹徘徊于自己修建的百花洲书院，在那寂静清幽的庭院中踱步，时而抬头仰望星空，时而低首凝视池水，他想到了自己为展鸿鹄之志，而在长白山醴泉寺"划粥断齑"、苦心求学的艰难岁月；他想到了自己为救邦国于危难，而放言无忌，宁死不默的惊险经历；直到"庆历新政"在全国的推行，叱咤风云，激浊扬清，那种理想即将实现的瞬间真是豪情万丈啊！他甚至想象着新政推行后，百姓不再流离、士气激昂振奋、夷狄远遁塞外的理想图景。然而，让他万万没有想到的是，同僚们会为一己之私而弃国家安危于不顾，给改革设阻置障；他更没料到皇帝宋仁宗会手持改革图强和屈膝求和的两张牌玩自欺的游戏，虚与委蛇，首鼠两端，甚至不惜牺牲一大批股肱之臣的忠贞。

范仲淹内心的激荡和奔腾，是明月和流水无法理解的，他的人生理想和政治理想有多高，他此时的心理落差就有多大。他是政治上舍我其谁志可断腕的壮士，而壮士的内心永远是孤寂的，加上逐臣的身份际遇，故旧见之，真如毒药猛兽般不敢与接。他无法向任何人诉说自己的失落、痛苦和憋屈，心头压着重石一样难受。迨至接到滕子京的来信，他才惊喜于自己无形中获得了一个释放长久阴霾屈辱心情而又不会授人以柄的契机，他终于拥有了一个任他挥洒的楼、任他遨游的湖，这个楼和湖与《洞庭晚秋图》毫无关系，这是他心中的楼、心中的湖，是他一生的楼、一生的湖，是他能够彻底宣泄、证明自我、表达理想、棒喝宵小的楼和湖。心中的感情是如何奔涌的，他笔下的墨水就是如何挥洒的；心中的理想有多崇高，他文章的气势就有多峻伟。于是，因为改革的道路布满荆棘和坎坷，才会有《记》中的"阴风怒号，浊浪排空"，才会有"薄暮冥冥，虎啸猿啼"。因为小人得志、忠良见弃，才会有《记》中的"忧谗畏讥，满目萧然，感极而悲"。邦国兴衰、黎民冷暖如影相随，使他心灵深处的忧虑就像海底的暗流，时时涌动，使他"居庙堂之高，则忧其民；处江湖之远，则忧其君"。但是，作为久习儒学、熟谙《易》理、历经人生大恨大痛的范仲淹，他的"学"与"行"，"器"与"识"，"志"与"气"是真正骨肉相连血脉相通的，无论道路上的风雨多么急骤，他总能做到坚如磐石，总能做到"不以物喜，不以己悲"，总能做到"心旷神怡，宠辱皆忘"。而那"先天下之忧而忧，后天下之乐而乐"的轰鸣之声，更是范仲淹心中那八百里洞庭激荡出来的超越时代的强音！

种世衡的妙计

范仲淹担任边帅的时候，手下曾有两员虎将，一个是狄青，另一个是种世衡。狄青因为后代小说、戏剧、评书的渲染，家喻户晓，声名远播。不过，在当年抗击西夏的战争中，种世衡的名声和功绩丝毫也不逊色于狄青，范仲淹评价他为"国之劳臣"，欧阳修说"兵兴以来，所得边将，惟狄青、种世衡二人"，对他们均给予了极高的评价。后来让西夏闻风丧胆的"种家军"，就是种世衡和他的儿孙们一手创建的。他不但打仗勇猛，而且头脑里蓄满了计谋，这些计谋被他广施于抗击西夏的战争中，尤其是"苦肉计""美人计""离间计"三条计策的巧妙运用，成功打击了西夏的嚣张气焰，打乱了西夏的战略部署，实现了他保家卫国的盖世功勋，堪称北宋"小诸葛"。

"苦肉计"智取敌情

宋仁宗庆历年间，种世衡驻守清涧城。清涧城位于抗夏前线延州东北，原为宽州（今陕西清涧），因为连年战争，宽州被朝廷放弃，成为废墟。康定元年（1040），范仲淹主帅西北前线，种世衡是他麾下鄜州（今陕西富县）从事，觉得宽州作为军事锁钥，地位重要，便建议在宽州废墟上建一座新城，左可确保河东运往前线粮草的安全，右可巩固延州的防务，北可谋取被西夏占领的银州（今陕西榆林）和夏州（今陕西靖边）。范仲淹觉得很有道理，遂派种世衡率军修城。种世衡一边抓紧修城，一边抵御西夏军队的不断进攻，他边修边战，边战边修，在极其困难和惊险的情况下，终于把这座废墟建成为西北前线的坚固堡垒。建成后，此城命名为清涧城，种世衡也因此而被朝廷任命为内殿崇班、知城事，具体负责延州东北的防务。

两军交战，短兵相接，情报最重要，敌情掌握得准确，有时胜过千军万马，种世衡深知这一点。据司马光《涑水记闻》卷九说，在驻守清涧城的过程中，种世衡手下有一员番将，曾经犯了一个小过错，惹得种世衡暴怒，他一反平时爱兵如子的常态，拿出轻易不用的军杖，命令士卒对他施以杖刑，而且杖杖打在脊背上，番将求饶不听，部下说情也不听，直到皮开肉绽，鬼哭狼嚎。种世衡的杖刑，彻底打掉了番将的一片忠心，伤势还未痊愈，他便不辞而别，投奔到西夏首领元昊帐下。元昊见他伤痕累累，又对种世衡恨之入骨，便把他收为心腹，后来甚至准许他自由出入于最高军事机关枢密院。谁知，一年过后，番将竟然神不知鬼不觉地回到了清涧城，并给种世衡带回了大量西夏的军事机密。事后人们才恍然大悟，原来种世衡暴打番将，是周瑜打黄盖，一个愿打，一个愿挨。种世衡小施"苦肉计"，换来了知己知彼的战略先机。

"美人计"义收羌酋

据《宋史·种世衡传》记载，宋夏交恶时期，西北边境各少数民族的地位非同小可，是宋朝与西夏争相拉拢的对象，他们倒向于谁，谁就在战争中处于优势，所以，在宋夏战争中，争取各少数民族的归顺与支持，成了另一场没有硝烟的战争。当时的慕恩部，是羌族中最强大的部落，一天晚上，种世衡热情邀请酋长慕恩到军帐中饮宴，推杯换盏之际，种世衡又唤出一名美丽的侍女出来劝酒，慕恩顿时兴致大增。酒过三巡，种世衡故意起身走到里间，从门缝暗中细细观察慕恩的一举一动。果然不出所料，慕恩真的乘种世衡离开之机，对侍女动手动脚，调戏于她。这时，种世衡突然夺门而入，很意外和震怒的样子，慕恩大惊失色，羞愧难当，赶紧伏地请罪。种世衡转怒为喜，笑着说："酋长喜欢她？"随即就十分爽快地把侍女送给了慕恩。从此，慕恩对种世衡忠心耿耿，以死力效。羌族中凡有二心者，种世衡便安排慕恩率军征讨，攻无不克，战无不胜。羌人兀二族已接受了西夏册封的官职，种世衡召之不至，命令慕恩进兵征讨，果然使兀二族归顺。别看一个小小的"美人计"，它却使种世衡在收服西北少数民族过程中达到异常顺利的效果。从慕恩部开始，种世衡采用这种恩威并施的办法，逐渐收服大大小小的部族百余个，对宋朝缓和民族矛盾、抵抗西夏入侵，均起到了重要的作用。

"离间计"巧除敌将

种世衡在经营清涧城的过程中，曾结识一位名叫王嵩的和尚，王嵩勇猛非常，善于骑射，又熟知前线的山川要道，种世衡收服番部的过程中，多以他为向导。后来，种世衡干脆把他收至门下，当贵宾看待。王嵩虽然当过和尚，但他比俗人更俗，吃喝嫖赌，无所不为，种世衡非但不制止，反而倾其所有，恣其所欲，让他过着神仙一般的日子。

元昊手下有两员虎将，是亲兄弟，兄叫野利旺荣，弟叫野利遇乞，是元昊的左臂右膀，也是宋朝抵御西夏过程中的心腹之患，倘能除去，无异于釜底抽薪，将给西夏以致命打击。为此，种世衡想到了王嵩。某日，种世衡忽然怒斥王嵩说："我待你不薄，而你却暗结西夏，图谋不轨，这难道不是背信弃义吗？"不由分说把王嵩绑起来，铺天盖地打他的板子，打得他皮开肉绽，死去活来。这样拷问了一个多月，王嵩始终牙关紧咬，死不承认，并且正义凛然地对种世衡说："我是顶天立地的大丈夫，您听信他人对我的诬陷，我是不会屈服的，我宁愿清白受死，决不会屈打成招，留下不忠不义的名声。"种世衡终于发现这个好色好酒之徒，同时也是视死如归的忠义之士，于是，赶忙为王嵩松绑，把他引入密室，一边抱歉不迭，一边好生宽慰、耐心解释，他说之所以严刑拷打，只不过是试一下他的忠心，因为想派王嵩去完成一个艰巨的任务。王嵩了解实情后，接受了这一堪比赴死的任务。

王嵩拿着种世衡亲笔写给野利旺荣的蜡书，受命潜入西夏，设法找到了野利旺荣。野利旺荣打开蜡书一看，种世衡亲笔信的意思是说，朝廷早知您野利大王有归降之心，已经封您为夏州节度使，月俸一万贯钱，并附上代表官衔的旌节，敦促他率军起事。野利旺荣读完信后，大惧，汗如雨下，心想这不是置我于死地吗？赶忙快马加鞭，把书信、旌节以及奸细王嵩一并送到了元昊跟前，希望以此澄清。然而事与愿违，元昊看了蜡书，疑心顿起，不准野利旺荣回营，把他软禁在自己身边，把王嵩打入大牢。王嵩在牢里受尽了折磨，但坚贞不屈。见不能从王嵩处打开缺口，元昊又生一计，立刻派手下大臣李文贵，让他假扮野利旺荣的使者，前去种世衡军营接头，说是来商量起事的具体事宜。在种世衡这个高手面前玩谍战，简直是关公面前耍大刀，种世衡一眼就看出李文贵是奸细，将计就计，高规格接待，假装与其议定起事细节。李文贵回到西夏之后，随即就使野利旺荣的脑袋搬了家。野利遇乞也因为是野利旺荣的亲弟弟而受到了猜疑，被关进了大牢，后来种世衡又略施小计，中计的元昊又把野利遇乞给杀掉了。野利兄弟被杀后，元昊失去了左臂右膀，一度一蹶不振，不得不再次向宋朝称臣。

种世衡作为守边将领，以自己三条妙计，在抵抗西夏入侵中强大了自己，削弱了敌军，出奇制胜，屡建功勋。种世衡的经历告诉我们，宋朝并不是没有勇将，也不是没有帅才，反而是一个英雄辈出的时代。然而，种世衡功高如此，但在生前仅只出任过环庆路兵马钤辖之类的小官，在许多人为他抱不平的情况下，死后也不过赠予相当于从五品的成州团练使而已，可谓功高而命薄。之所以出现如此反差，是因为宋朝的皇帝们被五代时期的军阀割据吓怕了，担心武夫专政，大权旁落，一直采取崇文抑武的政策，不但文人治国，而且文人带兵，使那些真正有将帅之才的人埋没于草莽之间，牺牲于战场上而不被重任。这种政策在一定的时期有效抑制了武夫篡位的危险，使宋朝不至于重蹈五代兵变频仍的覆辙。但凡事有利则有弊，在外敌步步紧逼、国土不断沦丧的情况下，仍然执行这种偏激的政策，无异于倒行施逆，宋朝最后灭亡在蒙古的铁蹄和武力之下，是让人一点也不觉得奇怪的事情。

那一袭远去的青衫

"东南形胜，三吴都会，钱塘自古繁华。烟柳画桥，风帘翠幕，参差十万人家。云树绕堤沙，怒涛卷霜雪，天堑无涯。市列珠玑，户盈罗绮，竞豪奢。

重湖叠巘清嘉，有三秋桂子，十里荷花。羌管弄晴，菱歌泛夜，嬉嬉钓叟莲娃。千骑拥高牙，乘醉听箫鼓，吟赏烟霞。异日图将好景，归去凤池夸。"

柳永一阕《望海潮》，把北宋杭州的繁华富庶和自然美景描绘得淋漓尽致，堪称词作中的《清明上河图》。此词一出，迅即传播四方，不仅大宋臣民唱，还传到了北方的金国。据说，金主完颜亮读罢《望海潮》，被江南美景弄得茶不思、饭不想、夜不寐，遂起挥师南下、投鞭渡江之志，后来果然大举攻宋。一首小词，引发一场南北大战，这恐怕是柳永作词之初无论如何也不会想到的。这就是柳永，一个词作一出就洛阳纸贵的千古词家。

柳永才气卓绝，独步北宋文坛。但遗憾的是，一部《宋史》，洋洋千万字，传叙千百人，唯独没有这位天才文豪的一席之地，宋代笔记里，也仅只言片语的零星记载，真是"千秋万岁名，寂寞身后事"，如同《金瓶梅》跻身四大奇书之首，却不知道兰陵笑笑生何许人也，《红楼梦》作为中国小说的巅峰之作，却无法窥探曹雪芹现实生活中的蛛丝马迹一样，世事注定要残缺到让人纠结？张爱玲有三恨：一恨海棠无香，二恨鲥鱼多刺，三恨红楼梦未完。而柳永的"骨灰级粉丝"们，恐怕会要续上一恨：柳永无传。因此，一代又一代的考据家，不得不把头深深埋进浩如烟海的资料中，旁求博考，追本溯源。然而，大都费力不讨好，柳词的背后，永远是一袭远去的青衫和一张模糊莫辨的面孔。

我们知道的，他是崇安县（今福建武夷山）人，原名柳三变，后改名柳永，因排行第七，又称柳七。他是官宦世家出身，父亲柳宜曾仕南唐，官至监察御史，降宋后任过费县（今山东费县）县令，官至工部侍郎。父亲在南唐任职多年，南唐兴词，后主李煜便是一位填词大家。柳永是否通过父亲听到过后主的故事，不得而知，但他一定读过："剪不断，理还乱，是离愁，别是一般滋味在心头"；一定读过："问君能有几多愁？恰似一江春水向东流。"家学的熏陶，贰臣的感受，在开封父亲的官舍里，少年柳永的心灵或许接受过这样的精神投影。同时，柳永十三岁时父亲就去世了，这给柳永留下了阴影，也养成了他沉默好思的习惯。少年丧父的孩子是不是特别容易形成文人异禀？范仲淹两岁丧父，欧阳修四岁丧父，姜夔十四岁丧父……他们都成了文坛巨匠。

柳永大致生活在宋太宗、真宗、仁宗时期。有宋一代，奉行崇文抑武政策，文人士大夫的地位被提高到从未有过的高度，往往一首小诗、一篇小文，就能名扬天下。然而，单有才气、名气，是不可能轻易进入官僚阶层的，即使靠运气或者祖上的荫德受了官爵，也会因为功名来得太轻巧而被人耻笑和鄙薄。文人要堂堂正正步入上流社会，成为峨冠博带中的一员，必经科举考试，这在当时，是"自古华山一条路"，别无他途，有些恃才傲物的文人哪怕已经受恩荫封了官，也仍然坚持参加科考，不屑于坐享其成。而文人一旦金榜题名，则从此锦衣玉食，一世无忧，而且腰板挺得笔直，踌躇满志。宋真宗《劝学诗》中就有"书中自有颜如玉，书中自有黄金屋"的名句，引得莘莘学子爬梳剔抉，皓首穷经，十年磨一剑。

青年时期的柳永亦不例外，读书破万卷，满腹学问，还填得一手好词。当然，学习的同时，他还经常出入勾栏瓦肆，与风尘女子结下深厚友谊，他填词，她们演唱，到处流行。柳永二十出头，信心十足，准备进军科场。但天下学子千万，能够上得了华山的毕竟凤毛麟角，诗写得好，还要人家识货，词填得好，还要人家欣赏，哪怕拥趸再多，天下女子齐唱柳词，上头说不行，努力也枉然。

那些掌管着士子前途和命运的人，说柳永"好为淫冶讴歌之曲"，深恶他的浮艳虚薄，俚俗不堪，有人甚至称其词有"野狐涎之毒"。他去拜访宰相晏殊，其实晏殊年龄比他还小几岁，不过人家成名早、官职大，既是皇帝面前的红人，又是当朝文坛大佬，新秀经他品题，立马朝野闻名，身价百倍。柳永也是抱着这个目的，想得几句好评，想听几句佳话，科举之路肯定好走许多。晏殊问他："贤俊作曲子么？"回答说："也像您一样爱好。"晏殊哼哼，说："我虽作曲子，不会作什么'绿线慵拈伴伊坐'。"柳永一听，转身退出——还有什么可说的？于是，几场考试考下来，名落孙山。等几年，再考，依然榜上无名。愤懑之际，一曲《鹤冲天》喷涌而出：

"黄金榜上，偶失龙头望。明代暂遗贤，如何向。未遂风云便，争不恣狂荡。何须论得丧。才子词人，自是白衣卿相。

烟花巷陌，依约丹青屏障。幸有意中人，堪寻访。且恁偎红翠，风流事，平生畅。青春都一饷。忍把浮名，换了浅斟低唱。"

这首词流行之快、流布之广，出人意料，甚至传到了宫里，摆上了宋仁宗的案头。柳永终于出了一口恶气，心里舒坦多了。然而，这首词给他带来了名声，也带来了厄运。后来一次科考，他过五关斩六将，遥遥领先，殿试发榜之际，宋仁宗拿起试卷，一看是柳永，随手御笔批下："且去浅斟低唱，何要浮名？"一锤定音，掷地有声，甚于法官的判词。

柳永成了天涯浪子，从此自称"奉旨填词柳三变"。

科场摸爬滚打，几试牛刀，他仍然是华山下遥望的落魄秀才，转眼，就过了不惑之年。这些年，唯一得到的心灵慰藉，就是那些被他那妙词感动得脸颊绯红、几落珠泪的勾栏姐妹和市井文人。"凡有井水饮处，即能歌柳词"，他的作品，比皇帝的谕旨还传播得快。然而，科场纵有千种弊端，但它就如今天的高考，毕竟是最为公平的竞争方式之一，有才，你就考，凭真本事。因此，柳永一方面颇为失落，穿行于闾巷草野之间，另一方面始终没有忘记科场，奔波于漫长的科考征途，他要向世人证明自己的才华，继续应试。

宋仁宗还算是一个爱才、惜才而又比较宽容的君主，纵观他四十二年的从政经历，很少有明确表示厌恶的文人，多是赞叹有加，欣赏不已，柳永是个特例。不过，尽管他当初的确表示过不喜欢柳词，但最后还是为柳永开启了一扇入仕之门，宋仁宗景祐元年（1034）甲戌科，年近五十的柳永，终于梦想成真，高中进士。

既能处江湖之远，又能居庙堂之高，柳永最终向世人证明了自己！

入仕后，柳永曾出任睦州掾官、定海（今浙江宁波）盐官、屯田员外郎之类的小官，所过之地，不乏良好政声。但良好的政声，似乎对他的前途起不到丝毫作用，仕途经年，久不升迁，柳永一直在散官闲职上徘徊，这是否与当初宋仁宗对他的评价有关？皇帝给了定评的人，即使特别欣赏柳永才华的，也不敢去推荐，谁会愚蠢到给自己贴上一张不讲政治的标签？宋代张舜民《画墁录》

说："柳三变既以调忤仁庙，吏部不放改官"，就是证明。

文人喜欢扎堆，宋代文人尤甚。但在当朝文坛，柳永似乎没几个真正的良朋好友，那帮文人都唯晏殊、范仲淹、欧阳修、司马光们的马首是瞻，对柳永这个皇帝和宰相均不看好的"通俗歌手"，往往顾左右而言他。甚至一些人对他还非常不屑，晏殊自不待言，张先讥讽他的早行词"语意颠倒"，苏东坡因秦观的词沾染柳词风气而大发脾气，王安石因诗作《和御制赏花钓鱼二首》中有："披香殿上留朱辇，太液池边送玉杯"之句，被指剽窃柳词《醉蓬莱》"太液波翻，披香帘卷"而受尽嘲弄，这样的例子简直不胜枚举。虽然宋代文人最喜诗酒唱酬，最好相互提携，但柳永又是一个特例，他只能远远地观望，那个圈子不属于他。

文人圈子不属于他，官场圈子则更不属于他。官场游走，宦海沉浮，柳永始终没法融入体制内。他多次在词中表达对官场的厌倦之情，如《长相思》："又岂知、名宦拘检，年来减尽风情。"又如《定风波》："奈泛泛旅迹，厌厌病绪，迩来谙尽，宦游滋味。"他顶多只能算一个在官场外围溜了一圈的"门外汉"，他不是主人，只是过客，便纵有千种风情，更与何人说！

然而，柳永有他自己的圈子。寻常巷陌，市井人家，都喜欢他，甚至僧道之流亦不例外。邢州（今河北邢台）开元寺法明和尚，平生有三好：好酒好赌好柳词。人家请他做法事，一律拒绝，召饮，则欣然而往，一饮辄醉，醉了就唱柳词，如此十数年，附近里巷小儿都叫他"疯和尚"。一天，他忽然对寺内众僧说："我明日当圆寂，你等不必送行。"众僧以为笑谈。谁知，第二天早起，法明果真沐浴更衣，安然就座，对大家说："我去了，当留一曲。"众僧惊愕，只听得法明唱道："平生醉里颠蹶，醉里却有分别。今宵酒醒何处，杨柳岸晓风残月。"唱完，溘然而逝。

柳永骨子里是平民诗人、市井词家，那里才有他驰骋的江湖，才是他缱绻流连的梦乡。醉卧花丛，寄情风月，青楼处处为他敞开怀抱。官场数十载，史传无片言，游历数十年，辞章冠天下，杭州、苏州、扬州、长安……柳永一到，市井欢腾，到哪都有家的感觉。

文坛无友，官场无友，青楼知音无数。陈师师、赵香香、谢玉英……一个个冰雪聪明，色艺双绝，独把柳永当知交："不愿穿绫罗，愿依柳七哥；不愿君王召，愿得柳七叫；不愿千黄金，愿得柳七心；不愿神仙见，愿识柳七面。"

为何她们全都如此倾心于柳永这样一个庶僚小官、不得所谓正统承认的词人呢？因为在柳永的心底，她们是亲人姐妹，她们是知心爱人，不但词曲相伴，而且精神相依。俯视的怜悯永远不如平视的欣赏让人怦然心动，她们以心相许。

世人多以"放荡不羁，穷困潦倒"给柳永画像，这不过是针对他仕途不畅和死无恒产来定义的，恐有失当。对于官场来说，柳永确有升迁之望，然而梁园虽好，不是久恋之家，他的秉性和气度与官场极不相融，渐行渐远再也正常不过了；而死无恒产，也是性格使然，天天流连于歌舞楼台，大手挥金，大把烧钱，金子、银子、镯子、链子，一掷千金，只为红颜一笑，留下恒产何用？柳永的精神来源于市井，又提升了市井，身上自有一股烟火气、人情味，但又绝不颓靡低俗，而是慷慨激昂，给人潇洒出尘、玉树临风之感，"白衣卿相"由此而来。说放荡，实是放而不荡；说潦倒，实是潦而不倒。他身上没有士大夫那股沾沾自喜的轻浮气，相反，他有精神非常明亮的一面，光彩照人。

宋仁宗皇祐五年（1053），柳永逝于润州，年约六十七岁。

晏殊为何不喜欢欧阳修

　　晏殊的身上的确闪耀着太多足以令欧阳修眼花缭乱的光环和艳羡不已的精彩。

　　晏殊早慧，七岁能文，曾被江南安抚使张知白目为"神童"，并推荐于朝。十四岁，与全国千余考生一起参加了殿试，他"神气不慑，援笔立成"，受到宋真宗的嘉赏，赐同进士出身，授秘书省正字，成了少年进士和年龄最小的领导干部。

　　他的词家喻户晓，如"昨夜西风凋碧树，独上高楼，望尽天涯路""无可奈何花落去，似曾相识燕归来，小园香径独徘徊"等等，都是让人奉为圭臬的经典名句，到处传唱。

　　仕途上，晏殊顺风顺水，历任太常寺丞、太子舍人、知制诰、翰林学士、枢密副使、参知政事，后来还被宋仁宗任命为集贤殿学士、同中书门下平章事兼枢密使，出任宰相，而且文武一肩挑。在士大夫和才子们眼里，晏殊的经历简直就是一个传奇。

　　欧阳修幸运，人生第一站遇到了晏殊。宋仁宗天圣八年（1030），二十四岁的欧阳修参加了礼部举行的全国大考会试（省试），晏殊是主考官，出题《司空掌舆地之图赋》，面对这过于僻涩的命题，众考生不是偏题就是走题，唯欧阳修不光扣题精准，而且文采飞扬。于是，晏殊慧眼识才俊，把欧阳修擢为"省元"，即第一名。从此，欧阳修对晏殊以门生自称，执弟子礼。

　　欧阳修中进士后，出任西京河南府留守推官。做官之余，他与钱惟演、尹洙、梅尧臣等文坛圣手们诗酒征逐，佳作不断，一时文名大震。当时，晏殊的词、梅尧臣的诗、欧阳修的文章，堪称文坛三绝。

　　晏殊、欧阳修之间的缘分不可谓不深，作为有知遇之情的师生，作为一朝为官的上下级，作为共领时代风骚的文坛巨擘，二人完全可以惺惺相惜，结忘年之契，生出许多美谈让人津津乐道的。然而，这段师生情开始早，结束也早，虽然欧阳修对晏殊非常尊敬，但晏殊却不喜欢欧阳修，甚至一度到了厌恶的境地，不能不说是一个历史的遗憾。

据宋代魏泰《东轩笔录》卷十一载，宋仁宗庆历初，西夏犯边，战事吃紧，作为辅佐皇帝管理军政的枢密使晏殊，应是案牍劳烦，日理万机。欧阳修时任馆阁校勘，担心老师过于辛苦，在一个大雪纷飞的日子里，与诗人陆经结伴去看望老师，希望给老师一丝安慰。谁知晏殊家里欢声笑语，热闹非凡，轻松得很，毫无军情紧迫之象，见他们来了，还在花园摆酒置茶，开怀畅饮起来。欧阳修深感意外，即席赋诗《晏太尉西园贺雪歌》曰："晚趋宾馆贺太尉，坐觉满路流欢声。便开西园扫征步，正见玉树花凋零。小轩却坐对山石，拂拂酒面红烟生。主人与国共休戚，不惟喜悦将丰登。须怜铁甲冷彻骨，四十余万屯边兵。"诗中饱含学生对老师的善意规劝，意思是国难当头，作为军机大臣的晏殊，肩负重任，不应该花天酒地，闲如散官。

晏殊读后，差点儿没背过气去，愤然对人说："昔者，韩愈亦能作言语，每赴裴度会，但云：'园林穷胜事，钟鼓乐清时。'却不曾如此作闹。"当年韩愈赴宰相裴度聚会，也最多只说"园林穷胜事，钟鼓乐清时"。同种情境下，欧阳修却极尽讽刺挖苦之能事，朋友尚不可开这种过火的玩笑，何况对老师？果然，欧阳修善意的诗句，使晏殊背上了只顾享乐，不顾天下安危和社稷苍生的恶名，成了他人生的污点。晏殊明确表示："吾重修文章，不重它为人。"宋代邵博在《邵氏闻见后录》卷十五中也十分肯定地说："晏公不喜欧阳公。"

对于晏殊的愤怒，欧阳修十分不解，颇感委屈和纠结。皇祐元年（1049），时任颍州知州的欧阳修给晏殊写了一封信说："修伏念曩日相公始掌贡举，修以进士而被选抡；及当钧衡，又以谏官而蒙奖擢。出门馆不为不旧，受恩知不谓不深。然而足迹不及于宾阶，书问不通于执事。岂非漂流之质愈远而弥疏，孤拙之心易危而多畏？动常得咎，举辄累人，故于退藏，非止自便……"（《欧阳修全集卷九十六·与晏相公书》）虽有感激，但更多的是抱怨，抱怨老师对自己的冷遇，有一种追根究底的索问之意。然而，晏殊阅后，却当着宾客的面，敷衍几句话，要文书代为作答。宾客说欧阳修也是当今才子，文章名贯天下，如此回答，恐太草率。晏殊冷冷地说，对于一个科考门生，这几句话已经够看得起他了。可见，晏殊的确不喜欢欧阳修。

118

然而，晏殊不喜欢欧阳修，难道仅仅是因为那首规劝诗吗？这对于一个具有领头雁风范的文坛宿将和"肚里能撑船"的宰相来说，未免小气。从晏殊平日扶持后辈不遗余力的习惯来看，也不至于。那么到底是什么原因导致晏殊对欧阳修由喜到厌呢？

　　从性格上看，晏殊闲静平和，崇尚道家，守成忌变。《宋史·晏殊传》说他"殊性刚简，奉养清俭"，可见他是一个非常保守的人。他任相十余年，始终延续着吕蒙正、李沆、王旦等人的执政风格，尚宽简，不苛细，清静无为，垂衣而治，遂有"太平宰相"之名。欧阳修却耿介而切直，执拗而刚烈，好论时弊，好争长短，且以风节自持。正如《宋史·欧阳修传》说："修平生与人尽言无所隐"，无论对象是谁，有批评就说，有意见就提，毫不忌讳。比如范仲淹因言被贬，高若讷作为司谏不仅不谏阻，反而推波助澜，欧阳修便写信痛骂高若讷"不复知人间有羞耻事"。晏殊任相期间，提拔欧阳修出任谏官，面对又一次有恩于自己的老师，他依然言辞激烈，常常让晏殊下不了台，"殊初入相，擢欧阳修等为谏官，既而苦其数论事，或面折之。"（清代毕沅《续资治通鉴》卷四十七）这样两个性格迥异的人，要维持良好的师生关系几乎不可能。

　　从政见上说，尤其对于"庆历新政"的态度上，二人分歧严重。庆历年间，北方的辽国和西北的夏国不断侵略边境，战火燃起，纷争不断。在这两个游牧民族的入侵过程中，宋朝始终处于劣势，经常吃败仗。而战争失败除了带来版图缩小、贡输增加、生灵涂炭的后果之外，同时也带来对制度的拷问和反思，从而催生了北宋王朝第一次涉及朝野官民范围最广的改革——"庆历新政"。其核心内容是改革吏制、壮大财力、增强武备，由参知政事范仲淹、枢密副使韩琦、富弼主导，时任翰林学士的欧阳修也紧随其后，摇旗呐喊。

　　在改革不断推进的过程中，欧阳修连连向宋仁宗上书，弹劾十余名反对改革的官员，爱憎分明，措辞激烈，使得朝野震惊。对于改革，作为宰相的晏殊虽然没有高调反对，但他却是态度最为暧昧的高官之一。人家改革如火如荼，他却仍然品酒填词，舒舒服服地当他的"太平宰相"。从"庆历新政"的开始到失败，几乎看不到晏殊明确表态的历史记载。作为宰相，在面对这场涉及政治和经济变革问题上不明确表态，不明确支持，这本身就意味着反对，这是无声的反对。而欧阳修追随改革的态度和异常激进的言论，更加导致了晏殊的反感，于是，晏殊干脆外放欧阳修为河北都转运使，眼不见为净。这遭到了谏官们的反对，他们上《乞留欧阳修札子》说："任修于河北而去朝廷，于修之才则失其所长，于朝廷之体则轻其所重。"强烈要求让欧阳修留任，晏殊不为所动，明确表示"不许"。谏官们也不善罢甘休，马上联名弹奏晏殊，致使晏殊罢相，而他的罢相，又是因为欧阳修，他们之间的裂痕已然越来越深。

不过，尽管老师对自己成见日深，意见渐大，欧阳修对自己的言行却从来没有表露过一丝悔改，当初怎么说，一生都怎么说。他经常对人说："晏公小词最佳，诗次之，文又次于诗，其为人又次于文也。"晏殊逝后，欧阳修为老师献上了一首《挽词》，一句"富贵优游五十年，始终明哲保身全"，表明了他对晏殊一辈子的态度。老师都入土为安了，他还直话直说，还不肯掩饰自己过于苛刻的看法，晏殊当初不喜欢他，看来不是误传。

"红杏尚书"的运气

　　小宋的运气不够好，比如费了九牛二虎之力中了状元，最后却不得不拱手让给自己的兄长。宋仁宗天圣二年（1024），宋祁与兄长宋庠同时参加礼部考试，宋祁考了第一，宋庠名列第三，名次报到"垂帘听政"的刘太后处，刘太后以弟不可先兄为理由，把第三名的兄长拔到第一，把第一名的弟弟降至第十，"与兄庠同时举进士，礼部奏祁第一，庠第三。章献太后不欲以弟先兄，乃擢庠第一，而置祁第十。人呼曰'二宋'，以大小别之。"（《宋史·宋祁传》）从此，人们称兄弟俩为"二宋"，兄为大宋，弟为小宋。

　　小宋笔参造化，才气过人，以一曲《玉楼春》在高手如云的北宋词坛笑傲群雄，卓然独立，词曰：

　　"东城渐觉风光好。縠皱波纹迎客棹。绿杨烟外晓寒轻，红杏枝头春意闹。

　　浮生长恨欢娱少。肯爱千金轻一笑。为君持酒劝斜阳，且向花间留晚照。"

　　写春景，赞春光，落墨随意，娴雅风流，尤其"绿杨烟外晓寒轻，红杏枝头春意闹"一句影响广远，清代王士祯说："'红杏枝头春意闹尚书'，当时传为美谈。"近代王国维说："著一'闹'字而境界全出。"此词遂成千古绝唱，宋祁因得"红杏尚书"美称。

　　大宋的才气不如小宋，运气却远胜小宋。他是状元，又是刘太后看中的人，于是，先任大理评事，随即破格升为太子中允，再迁左正言、知制诰、参知政事，官至执政，称得上平步青云。宋仁宗皇祐元年（1049），还被提拔为兵部侍郎、同中书门下平章事、集贤殿大学士，当上了宰相。而小宋虽然历任军事推官、直史馆、龙图阁学士、知制诰，但从未得到过与其学养声誉相匹配的重任，始终在散官闲职的岗位上徘徊，上也不上，下也不下，有他不多，无他不少，与他的理想抱负相去甚远。

　　不仅大宋不但才气不如小宋，就是能力和政绩，也不如小宋。宋朝进入仁宗时代，由于经济的发展和社会的繁荣，导致了享乐思想的泛滥，机构臃肿，人满为患，用度奢华，开支陡增。同时，北有契丹威胁，西有党项骚扰，一旦开边衅，启战端，以当时的军备与国力，恐无法抵挡。小宋敏锐地察觉到了这一点，尽管官位不显，然而心忧天下，他向宋仁宗上奏，力陈"朝廷大有三冗，小有三费，以困天下之财"，主张裁减冗官、冗兵、冗僧"三冗"，道场斋醮、京师寺观、使相节度"三费"，首度提出了后世熟知困扰北宋多年的"三冗""三费"概念，倡导节约公务开支，杜绝铺张浪费，可谓眼光精准，切中时弊，成为当时朝廷最有影响的奏章之一。宋仁宗康定年间，西夏果然入侵，战火复燃，他又上《御戎论》七篇，为御敌强兵提建议、献良策。他还与欧阳修合作撰写《新唐书》，前后长达十余年，为成就这一部卷帙浩繁的文化遗产做出了卓越贡献。仅此一书，小宋足以影响当时，名垂后世。

而大宋一生，最有影响的政绩不过是在知审刑院任上，曾经不顾宰相陈尧佐的阻挠，一举打掉了密州（今山东诸城）"黑社会老大"王滹犯罪团伙，依法判处王滹死罪，在群众中引起轰动。但大宋后来出任宰相多年，墨守成规，毫无建树。宋真宗、宋仁宗时期名相迭出，大宋却是最不出名的一位。《宋史·宋庠传》说他"慎静为治""沉浮自安"，几乎是不着痕迹的批评了。为什么墨守成规、毫无建树的大宋能当宰相，能力卓越、有所作为的小宋却英雄无用武之地呢？

一看性格，二看运气。

大宋虽然政绩平平，但他为人尚简，雍容有度。《宋史·宋庠传》载："庠为相儒雅，练习故事"。说明他宽容通达，熟悉典故，凡事能以惯例处置，内外和谐，上下融洽。这种人当宰相，大都是事找他，他不找事，不求无功，但求无过，任凭风浪起，稳坐钓鱼台，当得好。而与大宋相比较，小宋性格迥异，正如《宋史·宋祁传》所说："祁兄弟皆以文学显，而祁尤能文，善议论，然清约庄重不及庠，论者以祁不至公辅，亦以此云。"小宋文章虽好，但好议论，喜品评，自视甚高，傲世轻物，不如大宋"清约庄重"。性格决定命运，大家都认为小宋最终没当上宰相，这是一个重要原因。

小宋在生活上也不检点。据明代蒋一葵《尧山堂外纪》卷四十六载："小宋好客，会宾于广厦中，外设重幕，内列宝炬，百味具备，歌舞俳优相继，观者忘疲，但觉更漏差长，席罢已二宿矣。名曰'不晓天'。"其歌舞升平耽于享乐若此。尤好美姬，喜欢媵婢环侍的感觉。宋代魏泰在《东轩笔录》卷十五中记载，小宋任成都知府其间，曾与同僚聚饮于锦江之上，夜半时分，寒意渐浓，便命人回去取"半臂"（无袖上衣），妻妾们争相去取。不多时，一人手里拿着一件，送到了小宋跟前的"半臂"，竟达几十件之多。小宋担心有厚薄之嫌，一件都不敢穿，最后只得忍冻而归。小宋还有一个特别的习惯，就是每到读书时，必左右环抱二女，方可静心入书，这种习惯据说他一直保持到晚年也没有改变。生活中的小宋就是这样，歌舞相继，妻妾成群，奢侈放纵，堪称娱乐致死的典范。

同时，升官是诸多条件与机会的积累，才好，还要运气好。小宋的官运，却伴随着太多倒霉的因素，有时简直"喝水都塞牙"。

一是兄长当大官，老弟受影响。《宋史·宋祁传》中有几条与大宋有关的线索："庠罢，祁亦出知寿州，徙陈州……庠复知政事，罢祁翰林学士，改龙图学士、史馆修撰……"不难看出，大宋一升降，小宋就受影响，或因避嫌，或遭牵累，不是平调，就是降职，在升迁的路上，兄长成了一个绕不过去的障碍。

二是不讨宰相喜欢。宋仁宗嘉祐年间（1056—1063）的宰相韩琦，就对这位生活不够检点的下属极不感冒，宋代叶梦得《石林诗话》载："宋景文公子京（宋祁字子京，赠谥景文）不甚为韩魏公（韩琦封爵魏国公）所知，故公当国，子京多补外。"宰相不喜欢，当然只能在地方上混混。

三是一不小心得罪了贵妃。庆历八年（1048），宋仁宗准备册封宠妃张美人为贵妃，小宋当时为翰林学士，正好轮到他撰写制书，他没等下达圣旨、举行仪式，就写好制书、盖好图章，直截了当送给了张美人。而张美人正盼望着在册封仪式上风光一把，结果被一个小小的翰林搅了好事，张美人勃然大怒道："何学士敢轻人？"把制书丢在地上不肯接受。从此，小宋成了这位宠妃的眼中钉。

最为关键的是，小宋好言大事、臧否人物的性格，在皇帝宋仁宗那里留下了不好的印象。宋代朱弁《曲洧旧闻》记载："或有荐宋莒公（宋庠封爵莒国公）兄弟可大用者，昭陵（宋仁宗）曰：'大者可，小者每上殿来，则廷臣更无一人是者。'已而莒公果作相，而景文竟以翰长（对翰林学士的敬称）卒于位。"有人向宋仁宗建议，说二宋兄弟可堪大用，都能当宰相。宋仁宗说，大宋尚可，小宋一到朝堂之上，大臣中便没一个人是正确的。正因为宋仁宗的这个评价，大宋当了宰相，小宋却以翰林告终。连皇帝都不喜欢的人，还有机会当宰相么？

当然，小宋也有运气亨通的时候。南宋的《花庵词选·宋子京》中记载了一桩逸事，说小宋翰林某日路过京城繁台街，恰遇宫内出来一队车马，某车内某宫女揭开车帘，一见讶异地唤了声："小宋！"小宋回头，惊鸿一瞥，久久不能释怀，归家后填词一首《鹧鸪天》曰：

"画毂雕鞍狭路逢。一声肠断绣帘中。身无彩凤双飞翼，心有灵犀一点通。

金作屋，玉为笼。车如流水马游龙。刘郎已恨蓬山远，更隔蓬山几万重。"

词辗转到了宋仁宗手头，他追问，何人呼小宋？那位惊呼小宋的宫女怀着视死如归的决心，毅然站出来请罪自陈说："我曾在侍奉御宴时见过小宋，所以出宫揭帘偶见，脱口而出。"

宋仁宗召来小宋，说起《鹧鸪天》，徐徐吟道："画毂雕鞍狭路逢……"小宋一听，顿时吓得魂飞魄散，宋仁宗却仁慈地笑道："蓬山不远啊！"随即把那位美丽的宫女赏赐给了他。

宋仁宗非但没有因为自己对小宋的成见借题发挥，反而成就了一段美好姻缘，倒也不失为一位宽容的君主。小宋以为是个错误，不想原来是个美丽的错误，无怪乎清代才子王士祯由衷感叹道："小宋何幸得此奇遇，令人妒煞！"填词竟能抱得美人归，怎能不让那些还在绞尽脑汁寻章摘句的文人们"妒煞"呢？

孤臣包拯

南宋思想家朱熹与学生谈论"交际之道"时，讲了包拯的一个故事，说包拯年轻时，曾与一李姓同学就读于家乡庐州合肥县（今安徽合肥）某僧舍，每次从家里往返僧舍，必须经过一富翁家。包拯与李生品学兼优，前途无量，都是"潜力股"，富翁很想亲近他们。某日，当他们路过富翁豪宅，富翁邀请他俩进屋做客，包拯和李生委婉拒绝了。过了一段时间，富翁又特备酒宴，热情邀请他们去家里吃饭。李生碍于情面，打算接受邀请，包拯却厉声说："彼富人也，吾徒异日或守乡郡，今妄与之交，岂不为他日累乎！"（《朱子语类》卷第一百二十九）

包拯这句话的意思是，如果不注意小节，与富翁吃吃喝喝，称兄道弟，那么将来学有所成，万一回乡做官，这些人情债难道不会影响处事的公正吗？人家在生意往来时要求关照一下，在官司缠身时要求放他一马，怎么办呢？于是，又一次拒绝了富翁的盛情。事也凑巧，多年以后，包拯果真被朝廷安排回乡，出任庐州知州，因为以前没欠人情债，故断案执法，皆能公正无私，留下千古美名。

包拯为人做官，一贯严格自律，既不傍大款，更不攀权贵。宋仁宗康定元年，四十二岁的包拯出任端州（今广东肇庆）知州。端州产砚，中国四大名砚——端砚尤以石质优良，雕刻精美居首，被朝廷钦定为贡品。那些附庸风雅的权贵，均以能得到端砚为荣。因此，在端州任职的官员，似乎找到了一条升官的捷径，纷纷打着纳贡的幌子，以多出数十倍的数目征收，假公营私，拿着公家的东西去结交打点，以取媚于权贵，谋取自己的进身之阶。然而，包拯到端州任职后，首先想到的是减轻农民负担，有权不用，自断这条升官捷径，悉数减去多余的征敛，仅征收进贡的数目，领导也好，故交也好，批条子也好，打招呼也好，一概不理。他还在端州州衙墙壁上写下《书端州郡斋壁》一诗："清心为治本，直道是身谋。秀干终成栋，精钢不作钩。仓充鼠雀喜，草尽兔狐愁。史册有遗训，毋贻来者羞。"他认为做官当谋直道而去贪欲，以做清官为荣，以做贪官为耻，这就是他的人生观和价值观。于是，包拯当了三年知州，"岁满不持一砚归"。

包拯不会种花，只会栽刺。他与张尧佐是一对冤家，张尧佐是外戚，其侄女张贵妃备受宋仁宗宠幸，因此官运亨通。开始，张尧佐被任命为三司使，包拯向宋仁宗说，像张尧佐这样的人，连做小官都不合格，遑论三司使这种朝廷大臣，表示反对。几年后，在张贵妃的软磨硬泡下，宋仁宗提出任张尧佐为节度使，再后来又提出任他为宣徽使。包拯认为这样的提拔速度太快，不符合干部升迁制度，以"不可骤升"为理由，前后七次上书弹劾张尧佐，甚至在朝堂之上当面顶撞宋仁宗，硬是在势单力薄的情况下，让张尧佐的升迁受阻。

包拯最重官员操守，最恨以权谋私。宋仁宗嘉祐三年（1058），他出任右谏议大夫、御史中丞。当时，三司使张方平利用手中的权力，廉价套购某商人住宅，从中渔利。包拯认为，三司使总国计，掌四方财赋出入，通管盐铁、度支、户部，是朝廷最高财政官员，地位仅次于执政，人称计相，权柄极重，动辄牵动各方利益，非廉洁之士不能胜任。张方平巧取豪夺，不适合担任这么重要的职务，包拯因此上书弹劾张方平，致使张方平随即被罢。

包拯就是这样，做官行事，只论是非，不论利害，只论荣辱，不论得失。他端方亮直，不虚情假意，不随声附和。他的心里只有朝廷纲纪和百姓冷暖，不想因交往而影响公正，那些门生故吏和亲朋好友，谁也别想通过他捞到任何好处，因此"故人、亲党皆绝之"，大家纷纷离他而去。在人情关系的力量远远胜过纲纪国法的官场，包拯形影相吊，门可罗雀，显得那么孤立。然而，孤独一生的他，却一直是那些贪官污吏眼中的煞星，《宋史·包拯传》说："拯立朝刚毅，贵戚宦官为之敛手，闻者皆惮之。"是啊，这样一个铁面无私而又六亲不认的人，叫人如何不忌惮，甚至害怕呢？

尹洙的"龙图硬性"

　　在家天下时代，站队常常决定着一个人的前途和命运。队站对了，荣华富贵，唾手可得；队站错了，轻则贬官降职，重则身败名裂。范仲淹因"庆历新政"失败而被逐出京城后，在朝中不怕排挤、不怕打击，仍然力挺范仲淹的，尹洙算最积极的一个，为此，他付出了惨痛的代价。这件事，既反映出尹洙人格上的信义，不见利忘义，也反映出他性格上的坚贞，不见风使舵。

　　尹洙，字师鲁，河南府（今河南洛阳）人，年轻时以儒学知名于世。天圣二年考上进士，从此步入仕途，历正平县主簿，光泽知县，馆阁校勘，太子中允等职。当时，正值范仲淹领导的"庆历新政"功败垂成，朝廷以宰相吕夷简为首包括大臣夏竦、贾昌朝、章得象等一帮反对变革者对改革派进行排挤打击，范仲淹、富弼、欧阳修等人被诬为朋党，推动改革的宋仁宗闻朋党而色变，纷纷将改革者贬官外放，朝廷上下，一时道路以目。但是，小京官尹洙不避斧钺，上书说："仲淹忠亮有素，臣与之义兼师友，则是仲淹之党也。今仲淹以朋党被罪，臣不可苟免。"（《宋史·尹洙传》）面对被朝廷放逐的范仲淹，尹洙不仅不敬而远之，与之划清界限，反而自认朋党，以罪臣范仲淹的"师友"而自豪，无疑自树众敌，结果可想而知。随后，他被赶出京城，贬为崇信军节度掌书记、监唐州酒税。

　　在贬官的那段人生低谷，尹洙依然铁骨铮铮，初衷不改，而且时刻关注着国家的前途和民族的命运。尹洙文人出身，以才名于世，以学闻于朝，甚至对军事也有自己独特的见解。面对咄咄逼人的西夏进攻态势，尹洙忧心如焚，向宋仁宗连续上了《叙燕》《息戍》《兵制》等十余篇奏折，总结历史，分析形势，权衡利弊，进献良策，"仁宗嘉纳之"。尽管宋仁宗贬了尹洙的官，但这并不妨碍宋仁宗打心底里对他才华和能力的欣赏。庆历年间，宋仁宗重新启用尹洙，任命他为太常丞、泾州知州，不久又以右司谏出任渭州（今甘肃陇西）知州，兼领泾原路经略安抚使，让他领兵守边。

据宋代文莹《湘山野录》卷中记载，尹洙担任安抚使期间，曾因营建"水洛城"一事，与上司陕西四路都总管郑戬产生了矛盾。郑戬考虑到水洛地处边境地区，又是渭州与秦州（今甘肃天水）的联络点，战略地位较为重要，决定在此处修城驻军，并已动工建设。而尹洙认为宋夏之战，弱势在于兵力分散，建了新城，势必要从别处调军驻守，无疑削弱了其他地区的力量，所以坚决反对修建"水洛城"。两人为此争议不休，期间甚至还发生了一系列的不快，惊动了朝廷，朝廷召尹洙回京说明情况。

回到京城，尹洙兴冲冲赶去中书省，向宰相汇报。当时，吕夷简任首相，晏殊任次相。吕宰相是"庆历新政"最坚定的反对者，范仲淹、欧阳修、尹洙被贬，便是他一手推动，对他们一向不怎么待见。尹洙在便厅等候时，他老人家正在中书省的厅堂里津津有味地品茶，听说尹洙来汇报，随意安排小吏端杯茶送去，还对小吏说："请转告尹龙图（尹洙曾任'直龙图阁'一职），我今日没时间接待他，让他喝杯茶吧。"把尹洙晾在一边。晏殊听了吕夷简的话，玩笑道："尹龙图莫说是喝茶，就是浆水也咽不下去啊。"酸中带饥，隔岸观火。晏殊的嘲笑分外刺耳，尹洙一墙之隔，听得清清楚楚，西边战事吃紧，宰相们却在喝悠闲茶、说风凉话，他心里本就窝着火，听了这句，更是气不打一处来，管你宰相不宰相，拿起毛笔用力往桌上一掷，厉声道："是何委巷猥语辄入庙堂，真治世之不幸也！"是哪个僻陋小巷来的野狗放臭屁，这种人也配居庙堂之高，真是治世之不幸！把晏殊骂了个狗血淋头。不过，虽然泄了愤，但他这次又贬官庆州（今甘肃庆阳），后来还贬官均州（今湖北丹江口）。

尹洙习孔孟之道出身，走上仕途，靠的是真才实学，既不媚俗，也不阿世，即使多次遭受谪贬，依然本性难移。因此，当有人向范仲淹反映尹洙执拗而难相处时，范仲淹评价说："尔辈岂知，此是龙图硬性！"真是知音之语。这样刚直的性格，自然难容于"潜规则"大行其道的官场，人越贬越远，官越贬越小。柔者易伤，刚者易折，满腔抱负的尹洙，最后终于不堪屈辱，在贬所均州抑郁而终，年仅四十七岁。

梅尧臣的官运

　　鉴于做官是宋朝读书人比较单一的就业方向，进馆、入阁、点翰林、当学士（宋朝置"史馆""秘阁""资政殿"等，分掌图书经籍和编修国史等事务，通称馆阁），是封侯拜相走向人生巅峰的必然前站，故成了他们可望亦可及的理想，也成了他们事业上成功与否的一种标志。在宋朝，一个才子，尤其是天下公认的大才子，如果没能进馆入阁，那是要被惋惜和讥笑的，大诗人梅尧臣就是如此。

　　梅尧臣出身于官宦之家，从小爱好诗歌，《宋史·梅尧臣传》说他："工为诗，以深远古淡为意，间出奇巧。"给予了精准的评价。他一反宋初西昆体诗歌表面的浮艳和内容的空洞，注重平淡、含蓄、深远，给北宋诗坛带来一股清新之风。不过，有才的人不一定都能考上进士，正如史学家唐德刚先生所说："帝制时代考科举，原是十考九不取的。屡考不取，才是正常现象；考取了才是反常和意外。"所以，尽管梅尧臣"工为诗"，有才名，但他在科考道路上却坎坷崎岖，屡试不第，最后只好"拼爹"，通过父辈的功劳荫补入仕，授太庙斋郎、河南主簿。

　　这个小官开头运气不错，刚出道就遇到了好领导钱惟演。宋仁宗天圣年间（1023—1032），钱惟演以同中书门下平章事出任西京洛阳府留守，称"使相"，与宰相平级。钱惟演是朝中大臣，身份高贵，但他更懂得尊重人才，提携后进，堪称伯乐。他曾对当时在洛阳任职的部下梅尧臣、欧阳修、尹洙等一批青年才俊给予过许多帮助，尤其对梅尧臣和欧阳修，更是高看一眼，厚爱一筹，经常与他们诗酒唱和，切磋技艺，又在同僚中"到处逢人说项斯"，广为延誉。梅尧臣、欧阳修因此被世人并称为"梅欧"，名满天下。上至宫廷，下至闾巷，到处传诵梅尧臣的诗歌，甚至在西南少数民族的衣服上，都织有他的《春雪诗》，可见他的影响之广。

　　只是，梅尧臣这个小官在钱惟演眼里是人才，在民间有诗名，在朝廷却既无政声，又无能名，朝廷始终没有把他当成干才。洛阳任满后的岁月里，他还在江西、浙江、陕西等多地任过职，历任县令、监税、监仓等职，一干就是三十年。像他这样文名显赫，又经过多地任职、多岗位锻炼的，老在区区胥吏的岗位上徘徊不前，颇为少见。很多士大夫认为，像梅尧臣这样的大才子，不进馆入阁，真是枉费其才，纷纷为其抱屈。嘉祐元年（1056），翰林学士赵概等十余人甚至联名向宋仁宗上书要求重用梅尧臣。

在大家的惋惜、褒扬以及轮番推荐之下，宋仁宗决定面试一下这个闻名天下的诗人。一试，果然才华出众，遂赐他进士出身，任国子监直讲，后任尚书都官员外郎。然而，这个员外郎虽然相当于今天的某部副司长，但在当时不过是个六品寄禄官，所谓"不预司务"，只寄禄，不参与实务，仍只是个上不了台面的闲职散官，副宰相石中立就曾打趣说"园外狼（员外郎）不如园中狮"。员外郎还不如皇宫里一个天天有肉吃的狮子，可见地位之低。更让人遗憾的是，梅尧臣在都官员外郎任上没几天，即撒手人寰，阖然而逝了。追悼会上，人们唏嘘不已。后来南宋诗人滕珂到他墓前赋诗致吊道："百年诗老卧空山，犹忆当时语带酸。赢得儿童叫夫子，可怜名位只都官。"仍在替他喋喋抱屈。

不过，梅尧臣对自己的仕途通达与否，似乎并没有过高的期望值。嘉祐年间，宋仁宗征召他编修《新唐书》。接到皇帝的征召之后，他不仅没有欣喜，反对妻子刁氏半开玩笑半认真地说："吾之修书，可谓猢狲入布袋矣。"（欧阳修《归田录》卷二）好动的猴子，被塞进布袋，该多难受？表达了他颇不情愿的心态。知夫莫若妻，刁氏的回答更直接："君于仕宦，亦何异鲇鱼上竹竿耶！"世界上谁见到过能爬上竹竿的鲇鱼呢？注定仕途不通，官运不畅。

这说明，对于做官，梅尧臣有自知之明。事实也是如此，大凡诗文写得好的，在政治上常有其天生欠缺的一面。因为真正的好诗文，都是个性、坦诚、率真的表达，而政治却讲究妥协、利益、折中，与写诗有其对立或不协调的一面。所以，文人治国，诗人从政，常常不是幼稚到可笑，便会狂妄到自大，幼稚处不讲科学，狂妄时没有理性，往往把国家引向歧途或灾难的深渊，像之前的南唐李煜，之后的宋徽宗赵佶，莫不如此。

梅尧臣在基层工作三十年，很少在意自己的官运，每天履行职责，按部就班，工作之余，吟诗作赋，不亦乐乎。据宋代孙升《孙公谈圃·下》记载说，梅尧臣无论是吃饭睡觉，还是游山玩水，无时无刻不思索吟咏。他随身携一贮放纸张笔砚的"算袋"，灵感一来，即使座有贵宾他也不顾，兀自离开，从"算袋"中取出纸笔，奋笔疾书。有人偷看他的纸片，发现上面书写的都是诗歌，或一联，或一句，以后，这些苦吟得来的断章，便成了梅尧臣诗歌中的警句甚至"神来之笔"，据说他的名句"作诗无古今，惟造平淡难"，便出自他的"算袋"中。可见，梅尧臣的名头不是随随便便得来的，那是日日夜夜、念兹在兹、心无旁骛、专心致志的结果。

大文豪欧阳修一辈子佩服的人不多，但他对梅尧臣心悦诚服，"自以为不及"，还以"穷而后工"对其人其诗进行了高度评价，认为是仕途的坎坷和生活的艰辛造就了梅尧臣和他旷世绝代的诗歌。对于奔竞于途的人，官运通达，或许是好事，但对于诗人来说，官运不通，倒也不见得是坏事，多一个明心见性诗人，总比多一个碌碌无为的庸官要好。

文彦博的"大臣之风"

古代有"文彦博数豆"的故事，说少年文彦博为自己准备了两个罐子，做了错事就在罐中放黑豆，做了好事就在另一罐中放红豆，天天检查红豆和黑豆的数目，日积月累，红豆越来越多，黑豆却几无增长。这说明，文彦博从小就注意自己的品行和修养，后来他辅佐北宋四朝皇帝，出将入相五十年，始终坦诚、谦让、宽厚、包容，获得上下一片赞扬之声，成了一代名相。不过，这位名相清白一世，曾经被人以走"夫人路线"跑官买官为由弹劾，如同白璧之瑕，留下人生"污点"。

文彦博（1006—1097），字宽夫，汾州介休（今山西介休）人，进士出身，历任知县、通判、监察御史、枢密直学士、枢密副使、参知政事、枢密使。庆历八年（1048），四十三岁的文彦博被宋仁宗重用为同中书门下平章事、集贤院大学士，出任宰相。而御史状告文彦博，就是因为这个宰相的任命。

据梅尧臣《碧云騢》记载，宋仁宗贵妃张氏的父亲张尧封，曾是文彦博父亲文洎的门客。为了巩固自己的地位，张贵妃"欲以士大夫为助"，遂以通家之好主动结交文彦博，希望在后宫争宠中获得更多的外力支持。欲以文彦博助力，当然得为文彦博的升迁献计出力，好在将来真正需要时文彦博能使得上力。于是，张贵妃采取"诱进"之计，主动创造让文彦博获得宋仁宗嘉勉的机会。庆历三年（1043），文彦博以枢密直学士知益州（治今四川成都）。有一次临近上元节，张贵妃示意文彦博进献灯笼锦。蜀锦天下闻名。成都别名锦官城，是因三国蜀汉时管理织锦之官驻此得名。锦江原名流江、汶江，相传古人织锦濯其中，较他水鲜明，故名。皆可见织锦文化之悠久绵长，深厚独特。蜀锦又尤以成都灯笼锦为最，灯笼锦纹样以灯笼为主体，配饰流苏和蜜蜂，寓意"五谷丰登"，寓意吉祥，质地高贵，制作精美，乃蜀锦中的极品。张贵妃一声招呼，文彦博马上安排专人负责，选购上好的灯笼锦，赶在节前送达京师。

上元节那天，张贵妃特意穿着灯笼锦制的衣服去见宋仁宗，宋仁宗果然惊呼：

"何处有此锦？"张贵妃回答说："这是成都文彦博让人织来的蜀锦，献给陛下您的。"宋仁宗听后颇高兴，从此开始留意文彦博。不久，宋仁宗就把文彦博调回，出任枢密副使，随后又被重任为参知政事，重用为宰执。

庆历七年（1047）冬，贝州（今河北清河）王则起义，占领贝州，周遭震恐。朝廷派枢密直学士、左谏议大夫明镐率军弹压。过了两三个月仍无进展，宋仁宗因贝州离京较近，深为忧虑。一日，他在后宫自言自语道："执政大臣无一人为国家分忧者，日日上殿无有取贼意。"此话恰被张贵妃听见。说者无心，听者有意，她立刻命人转告文彦博，明天上朝如此这般。第二天，文彦博果然主动请缨，宋仁宗大喜。庆历八年（1048）正月，文彦博以参知政事兼河北宣抚使，挂帅去贝州平叛。不过，当文彦博赶到贝州之时，明镐已经打败王则，平定了起义。捷书刚至，宋仁宗又任命文彦博为宰相，明镐也提拔为参知政事。故梅尧臣在《碧云騢》中开篇即言："文彦博相，因张贵妃也。"

然而，事过三年后，监察御史唐介连连上章弹劾文彦博，说他走"夫人路线"，用灯笼锦贿赂张贵妃，当上参知政事，又在平定贝州战斗中抢了前帅明镐的功劳，得以升迁宰相。这次弹劾在朝廷上下闹得沸沸扬扬，纵有张贵妃从中弥缝亦无用。结果以文彦博贬许州（今河南许昌），唐介贬春州（今广东阳春），各打五十大板收场。第二年上元，宫内有人作了一首诗，中有"无人更进灯笼锦，红粉宫中忆佞臣"之句，把文彦博走"夫人路线"跑官一事揶揄了一番。

以上就是《碧云騢》记载的情况。那么，文彦博拜相，决定因素是否真是张贵妃呢？参照《宋史·文彦博传》，中间还是颇有些出入的。一是献蜀锦是不是能得一个参知政事？二是统军破贼到底是谁的功劳？关于第一个问题，可以作一个假设，如果献蜀锦能谋得到参知政事，那献山珍的呢？献海味的呢？恐怕一天安排一个参知政事都安排不过来。文彦博进士出身，在地方工作多年，干过行政，任过军职，颇有政绩。他任河东转运副使，河东路下辖的麟州（今陕西神木）与西夏相邻，运饷道路迂回曲折，他带人修复废弃的故道，又在麟州囤聚了足够的粮草，后来西夏元昊率军进攻，看到守军准备充分，只好无功而返。尤其是针对当时冗兵、冗费过多，朝廷不堪重负，文彦博提出"淘汰冗兵、减省冗费"等一系列建议被宋仁宗采纳，为朝廷解决了一大难题。所以提拔他任参知政事，应该是实干所得，众望所归。关于第二个问题，《宋史·文彦博传》说得明白："贝州王则反，明镐讨之，久不克。彦博请行，命为宣抚使，旬日贼溃，槛则送京师。"具体情况是，文彦博至贝州后，经过反复观察和分析，决定以"声东击西"之法，一面让官军猛攻北城，麻痹敌军，另一方面派人在南城挖地道，直通城里。十来天，地道挖通，官军如从天降，一举拿下了贝州，王则被捕，起义平息。说文彦博抢了明镐的功劳，显然是不实之词，这也是宋仁宗贬文彦博于离京较近的许州，却将唐介远贬至岭南春州那不毛之地的原因。

然而，在遭到唐介弹劾的前前后后，我们始终没有看到文彦博的任何辩解之声，无论《宋史·文彦博传》也好，野史笔记也好。不但如此，后来还发生了一件让许多同僚对文彦博更加刮目相看的事情。至和二年（1055），宋仁宗思贤心切，起复文彦博为同中书门下平章事、昭文馆大学士，重新任命他为宰相。然而，文彦博上书宋仁宗说："唐某所言正中臣罪，召臣未召唐某，臣不敢行。"（宋代邵伯温《闻见录》卷十）把唐介的前程看得像自己一样重要，如果皇帝不起复唐介，自己宁肯继续受委屈，几乎是"逼迫"宋仁宗起复唐介。宋仁宗知其为国举才，不计恩仇得失，乃公忠体国的表现，乐于成全，遂用唐介为潭州（今湖南长沙）通判，不久复为监察御史。熙宁元年（1068），唐介被宋神宗擢为参知政事，与宰相文彦博一同为宰执大臣，二人"相知为深"，关系融洽如知己。

从遭弹劾、被贬至起复过程来看，文彦博堪称谦谦君子。人不怕有污点，瑕不掩瑜，怕只怕有污点时矢口否认，伺机报复。而文彦博面对唐介的弹劾，不但没争辩，反而坦言对方弹劾的事情有部分属实之处，甚至因爱惜唐介之才向皇帝举荐，不惜牺牲自己的利益而鼎力相助，其为人上的大度宽容，其品性上的谦虚坦诚，令人叹服。这就是文彦博一生能辅佐四位皇帝，出将入相五十年并得崇高声誉的根源所在。脱脱在《宋史·文彦博传》后论曰："文彦博立朝端重，顾盼有威，远人来朝，仰望风采，其德望固足以折冲御侮于千里之表矣。至于公忠直亮，临事果断，皆有大臣之风。"的确是公允的评价。

公款吃喝毁了前程

北宋庆历年间，发生了一个震惊朝野的事件，事件的起因很简单，源于一次同僚聚饮、文人雅集。

京城汴梁有个习俗，每年春秋两季都会举行"赛神会"，无非是拜神谒祖、敬香祈福。每当这天，京城大街小巷往往人烟辏集、热闹非凡。那些六部衙门里的大小官吏，也会利用这个节日，把平日里一些拆开的信封、废旧的纸张、不用的资料搜集起来卖掉，换点钱，你几钱，他几两，大家凑份子，点菜沽酒，开怀畅饮一番。庆历四年（1044）秋，刚刚出任监都进奏院不久的苏舜钦，就牵头组织了一次这样的聚会。

苏舜钦（1008—1048），字子美，祖父苏易简，曾经任参知政事，父亲苏耆，曾任工部郎中，岳父杜衍还是当朝宰相，可谓世家望族出身。虽为贵公子，但苏舜钦没有沉迷肤浅的享乐，而是志存高远、苦读诗书。十多岁时，作为名门之后，他被朝廷荫补为太庙斋郎，任荥阳（今河南荥阳）县尉。只是，靠祖上的荫德坐享其成，这既不符合他的理想，也不符合他的性格。不久，他参加科举考试，凭真才实学考上了进士，改任光禄寺主簿、长垣（今河南长垣）知县。

苏舜钦有才气，有识见，也有个性。他"诗书双绝"，其诗豪迈高远、热情奔放，文坛领袖欧阳修对他十分赏识，曾把他与大诗人梅尧臣合称为"苏梅"；他的书法也别具一格，"草书尤俊快"，常常"落笔争为人所传"，与当时著名书法家周越齐名。只是，苏舜钦不以此为荣，反以此为屈，曾说："吾不幸写字为人比周越，作诗为人比梅尧臣，良可叹也。"（宋代魏泰《东轩笔录》卷十一）认为别人对自己的评价太低，颇见性格中自负的一面。

庆历四年（1044），正将"庆历新政"推动得如火如荼的范仲淹，为延揽人才，加快改革在各地落地生根，特举荐苏舜钦出任集贤校理、监都进奏院。都进奏院"总领天下邮递"，职掌全国诸路监司及所属州、府、军、监与朝廷上下往

135

来邮递事，是一个上传下达的机构，负责朝廷与地方的信息沟通和公文传递。这样一个文件累积资料成堆的地方，废纸、废信封、废资料，多了去了，苏舜钦作为都进奏院长官，因此吃喝不愁。于是，这个秋季的赛神会，他主动做东，邀请了一些像他一样傲世轻物的同僚和才气超然的文人，商量好以卖废纸的钱会餐。为了避嫌，他还主动出钱，自掏十贯，同时要求朋友们也象征性地出点钱。被邀请的人包括王洙、于约、王益柔、梅尧臣等十数位满腹经纶的青年才俊。苏舜钦之所以主动邀请他们，无非政见趋同、性情相近，大家在一起吹牛也好，瞎掰也好，谁也不见外，不生分，无所顾忌。他们边喝酒，边吟诗，议论时政，臧否人物，酣畅淋漓，激情澎湃。喝到高潮，他们又乘兴唤来两名歌伎助兴，那真是"开琼筵以坐花，飞羽觞而醉月"，乐声、歌声不绝于耳，饮酒、吟诗通宵达旦。

彼时，文人聚会，是雅事，人人向往之，尤其是那种徘徊于边缘的同僚，更希望在这种聚会中露露脸，博得高雅之名。太子中书舍人李定曾向苏舜钦示意，表示想参加这次盛会。苏舜钦平时与李定就不投缘，何况李定又是靠荫补入仕的，更为他所鄙薄。因此，苏舜钦回答说："乐中既无筝、琶、笙、笛，坐上安有国、舍、虞、比。"（宋代洪迈《容斋三笔》卷十六）意思是我们下级一起喝闷酒，怎么好邀请您这样的大领导屈尊呢？绵里藏针，高调拒绝，让李定碰了一鼻子灰。

如果苏舜钦找个其他理由婉拒，李定也许不会较真，但苏舜钦酸中带讥、话中有话，不但把他排除在雅士清流之外，还明显带有侮辱之意，让他不禁怒火中烧，久久不能平复。既然你不仁，就别怪我就不义了。李定设法打听到聚饮的详细情况，再无中生有、添油加醋，把当日的场景描绘得不堪入耳，到处散布。于是，京城内外，对苏舜钦等人的流言蜚语，一时甚嚣尘上。

这事很快就传到了王拱辰耳朵里，他是御史中丞，其职责就是纠察百官，肃正纲纪。出了这么一件公款吃喝、伤风败俗的事，岂能坐视不管？加上苏舜钦为"庆历新政"主将范仲淹极力举荐，又是改革支持者、刚刚拜相的杜衍乘龙快婿，而王拱辰对于"庆历新政"十分反对，正以"朋党"之罪为武器猛攻范仲淹，这群"小跟班"作风上出了问题，无异于意外得到一个"神助攻"，这种好机会怎能放过？王拱辰打听到那班文人小吏当时不仅召妓，而且殿中丞、集贤院校理王益柔还在酒会上作《傲歌》一首，中有"醉卧北极遣帝扶，周公孔子驱为奴"的句子，简直是坏名教而乱礼法，立即鼓动刘元瑜等一班御史联名，组织材料，罗织罪名，一下告到了宋仁宗那里。宋仁宗闻之雷霆震怒，最后以"监主自盗"的罪名，将苏舜钦削籍为民。心比天高的苏舜钦自取其咎，一腔报国热情从此付诸东流。然而，他的自毁前程，是因为一次平时谁也不会在意的公款吃喝，颇出人意料。

其实用卖废纸的钱吃吃喝喝，在京城各衙门实在是再寻常不过的事情。苏舜钦的获罪，根源不在吃喝，也不仅仅因为政治斗争，关键在性格。恃才傲物是文人的通病，加上好出奇言、好作怪论、好以天下为己任，便近乎天真了。宋仁宗天圣年间，玉清昭应宫被焚毁于火灾，年仅二十一岁的苏舜钦向宋仁宗上书言事，开篇即是："烈士不避斧钺而进谏，明君不讳过失而纳忠，是以怀策者必吐上前，蓄冤者无至腹诽……"（《宋史·苏舜钦传》）自诩"烈士"，威逼皇帝，言下之意，听我的谏言就是纳忠明君，不听则是无道昏君，这样的言语出自一位官僚世家子弟的口中，不仅天真，而且幼稚。

文人讲究个性、心灵，而政治讲究利益、妥协，这是两个方向，两条道路，永远也不可能并轨，以文人的"个性"去较真政治的"妥协"，就像安徒生童话里的那个说皇帝什么衣服也没有穿的孩子，是迟早要栽跟头的，即便苏舜钦今天不因公款吃喝而罢官，明天还会因为某些乖谬行止而削籍，其结局是注定的。

千古伯乐欧阳修

欧阳修文章锦绣，为人却耿介切直，放达不羁，以致树敌无数，屡遭同僚诟病和围攻。对他才华十分欣赏的宋仁宗曾遗憾地表达美中不足道："如欧阳修者，何处得来？"他的老师晏殊甚至对人说："吾重修文章，不重它为人。"可见，欧阳修在做人上的确有过于刚直的一面，刻薄有加，宽容不足。但这样一个对同僚刻薄的人，对有真才实学的后生表现出异乎寻常的大度，极尽赞美，竭力推荐，使一大批当时还默默无闻的才俊脱颖而出，名垂后世，堪称千古伯乐。

宋仁宗庆历二年（1042），当时籍籍无名的曾巩参加了当年的礼部试（省试），考试前向文坛泰斗欧阳修写了一封信：《上欧阳学士书》，并献《时务策》，展示自己的才情，表达自己的政见。欧阳修读了曾巩的文章，激赏不已。不过，曾巩虽然才气过人，但因其擅长古文策论，轻于应举骈文，故屡试不第，一直埋没于草莽而无声无息，这次考试依然名落孙山。为此，欧阳修愤愤不平，在曾巩落第归乡之前，特作《送曾巩秀才序》相赠。在《序》中他说："若曾生之业，其大者固已魁垒，其于小者亦可以中尺度，而有司弃之，可怪也。"充分肯定了曾巩文章的思想性和艺术性，对礼部弃而不录表示不满，为其叫屈。又把曾巩纳入门下，当成最堪造就的学生，悉心教导，后来还盛赞曾巩说："过吾门者百千人，独于得生为喜。"（曾巩《上欧阳学士第二书》）勉励有加，广为延誉。在欧阳修的培养和帮助下，曾巩终于在嘉祐二年（1057）高中进士，一鸣天下知。

苏洵、苏轼、苏辙父子之所以能够成就如日中天的文名，也得益于欧阳修这位伯乐。苏洵二十七岁才开始发愤为学，即《三字经》所谓："苏老泉，二十七。始发愤，读书籍。"苏洵后来进军科场，却连连落榜。性格倔强的他，干脆把自己以前写的文章付之一炬，闭门谢客，埋头读书。经过数年磨砺，终于文章大进，下笔千言。据宋代叶梦得《避暑录话》卷下记载，宋仁宗嘉祐元年（1056），四十七岁的苏洵整理行装，携二十一岁的苏轼、十八岁的苏辙从家乡眉山（今四川眉山）出发，进京赶考，拟参加当年开封府举行的乡试，俗谓"秋闱"。若被录取，即有资格参加来年的礼部试，俗谓"春闱"。

路过成都，苏洵以文章为"敲门砖"，拜访了益州知州张方平，希望得到这位文坛宿将的举荐。张方平谦虚地说："吾何足以为重？其欧阳永叔（欧阳修字永叔）乎？"文章方面，我人微言轻，欧阳修乃当今文坛泰斗，此事非他莫属。张方平写了一封推荐信，让苏氏父子去京城拜访时任翰林学士的欧阳修。

在政治上，欧阳修与张方平曾因主张不同而交怨，一向合不来，但当欧阳修读了苏洵的文章后，不但没有因为他是政敌的推荐而稍有怠慢，反而击节称叹道："后来文章当在此！"嗣后，又向宋仁宗上《荐布衣苏洵状》说："伏见眉州布衣苏洵，履行淳固，性识明达，亦尝一举有司，不中，遂退而力学。其论议精于物理而善识变权，文章不为空言而期于有用。其所撰《权书》《衡论》《几策》二十篇，辞辩闳伟，博于古而宜于今，实有用之言，非特能文之士也。其人文行久为乡闾所称，而守道安贫，不营仕进，苟无荐引，则遂弃于圣时。其所撰书二十篇，臣谨随状上进。伏望圣慈下两制看详，如有可采，乞赐甄录……"在皇帝和士大夫间极力推誉，苏洵从此名动京师。

欧阳修发现苏轼的故事，也是一段文坛佳话。嘉祐二年（1057），欧阳修以翰林学士知贡举，担任这一年礼部试的主考官。策论一场，欧阳修出题《刑赏忠厚之至论》，点检试卷官梅尧臣批阅试卷时，发现其中一篇特别精彩，颇具"孟轲之风"，随即呈给欧阳修阅。欧阳修眼睛一亮，觉得无论文采和观点，都堪当压卷之作，可以毫无争议地列为第一。但"入室弟子"曾巩也参加了这场会试，当时为杜绝徇私舞弊，确保公平公正，对考卷采取"弥封"和"誊录"之法，糊掉名字，重抄答案，文章属于谁，不得而知。欧阳修猜想这篇文章可能是曾巩所写，担心把自己的弟子列为第一会遭人闲话，遂与梅尧臣商量将此文考生列为第二。复试时，欧阳修又见到一篇《春秋对义》，赞叹之余，毫不犹豫地将此生列为复试第一名，确定为会元。发榜时，欧阳修才知道，初试、复试给他留下深刻印象的两篇文章，均出自苏轼之手，让他惊叹不已。后来，他在给梅尧臣的信中盛赞苏轼说："读轼书，不觉汗出，快哉快哉！老夫当避路，放他出一头地也。可喜可喜。"（《欧阳修全集卷一百四十九·与梅圣俞四十六通》）看到后生才情勃发，年逾知命的欧阳修竟兴奋得孩童一般，信誓旦旦，宁可自己降尊纡贵避退一旁，也要让苏轼出人头地，爱才之情，溢于言表。

苏轼只是欧阳修主持嘉祐二年（1057）科考的一个侧影，当年共录取进士三百八十八人，不但包括苏轼、苏辙、曾巩等文坛巨匠，还包括张载、程颢、吕大钧等旷世大儒，真可谓群星灿烂，千载一时。之所以一次考试就能录取这么多名动当时、影响后世的人才，与欧阳修的学识、眼光和胸怀是密不可分的，他慧眼独具，古道热肠，为人梯，作嫁衣，不遗余力，一生桃李满天下。王安石、司马光等留名青史的人物，年轻时都得到过他的激赏与推荐。"唐宋八大家"，除他本人外，其余宋代五人均出自他的门下。其中很多都是在布衣屏处，未为人知的时候，被他相中、推介、提携而名扬天下的。《宋史·欧阳修传》说他："奖引后进，如恐不及，赏识之下，率为闻人。"高度概括了他的求才之渴、爱才之切、识才之准、举才之功，称他为千古伯乐，应该不是过誉之词。

"钓鱼宴"背后的政治玄机

每当暮春时节，阳光明媚，百花绽开，饱食终日的皇帝便会召集一定级别的官员到皇宫，在亭台水榭间赏花、钓鱼、赋诗、习射，大家戴宫花，品佳酿，会桃李之芳园，序君臣之乐事，这就是宋朝文人士子们做梦都想参与的"钓鱼宴"。

"钓鱼宴"，也叫"赏花钓鱼宴"，是皇帝牵头举办的大型文娱活动，好似"宫廷春晚"。宋太祖陈桥兵变取天下后，经常召来自己亲近的官员，赏花习射于宫苑之中，这是钓鱼宴的最初发端。不过，当时参加的人数不多，规模不大，不定期，很随意。雍熙二年（985），宋太宗正式把钓鱼宴参加的人员、规模、程序确定下来，作为朝廷定例，年年如期。"雍熙二年四月二日，诏辅臣、三司使、翰林、枢密直学士、尚书省四品两省五品以上、三馆学士宴于后苑，赏花、钓鱼，张乐赐饮，命群臣赋诗习射。赏花曲宴自此始。"（《宋史》卷一百十三）。

那么，宋朝皇帝为什么要年年举行这样的文娱活动呢？简单地说是试才华、拉关系、稳政权、听赞歌。立国之初，人才是本，皇帝们求贤若渴，除了开科取士之外，又想出这一高招，在赏花赋诗中吸引人才、发现人才、提拔人才。同时，宋朝取后周而代之，大多数官员都是后周旧臣，即宋太祖、宋太宗原来的同事，地位的改变有许多心理与礼制层面的问题要解决，君臣有隙，邦国不宁，提高部下的向心力，构建新的上下级关系，维护自己的核心权威，是朝廷当务之急，正如后来宋孝宗与大臣们交谈时所说："祖宗时，数召近臣为赏花钓鱼宴，朕亦欲暇日命卿等射弓饮宴……君臣不相亲，则情不通。早朝奏事，止顷刻间，岂暇详论治道！故欲与卿等从容耳。"（清代毕沅《续资治通鉴》卷一百四十二）要稳固皇权，必须把官员们牢牢捆绑在自己的周围，形成稳定的上下级关系，钓鱼宴恰好提供了这个平台。加上建百代之功勋，创万世之基业，帝王们都会飘飘然，得意到忘形，让一班人围着、黏着、捧着，吹牛皮，唱赞歌，众星攒月，马屁声声，翕然称颂。这些，都是钓鱼宴的题中之意。

钓鱼宴年年举行，一批人才从这个宫廷春晚中脱颖而出。据宋代孔平仲《谈苑》卷四载："赏花钓鱼，三馆维直馆预坐，校理以下，赋诗而退。"宋太宗规定，钓鱼宴中，三馆（昭文馆、集贤院、史馆）官员只有直馆（级别在校理之上，学士之下）以上的才能赋诗参宴，校理以下只赋诗不参宴，把诗交上去就走人。集贤校理李宗谔因为不能参加宴会，赋诗道："戴了宫花赋了诗，不容重见赭黄衣。无聊却出金门去，还似当年下第时。"内心不平，颇有牢骚。谁知，宋太宗阅后却惊异于李宗谔的才华，非常高兴，"特诏预宴，即日改官"。不仅特批他赴宴，还马上提拔。其他宋朝大文人如杨亿、姚铉、王禹偁等，或通过钓鱼宴引起皇帝的注意，或通过钓鱼宴博得皇帝的垂青，都得到了重用提拔。钓鱼宴，成了皇帝网罗天下人才的宴会。

十年寒窗，读书破万卷，还只弄个进士出身，陪皇帝钓一次鱼，赋几句诗，就能连升数级，一步登天，无异于一本万利，这让大家对钓鱼宴趋之若鹜，都希望在钓鱼赋诗中，把自己最优秀的一面表演给皇帝看。参加钓鱼宴也是身份与地位的象征，那些曾经在禁苑陪皇帝钓过鱼、赋过诗的，更是以此为荣，到处宣扬。像欧阳修、范仲淹、司马光等一大批政治家、文学家，都在致友人的书信或诗歌中反复提及和咏叹，得意之色溢于言表。

钓鱼宴一般都会提前确定举行的日期和赋诗的题目，先让大家准备准备，如同公务员的开卷考试。每当通知下发之后，无论是学士翰林，还是六部首长，纷纷对着诗题，挑灯夜战，撕了又写，写了又撕，不厌其烦，直到自己满意，然后背得滚瓜烂熟，了然于心。到了那天，大家峨冠博带，踱着方步，一个个踌躇满志。因此，每次钓鱼宴所献的诗歌都清一色地工整，而且不跑题，不走调。

当然，也不是所有的钓鱼宴都开卷，开卷考试有时候不仅试不出真才，也试不出真心，更不能体现皇帝手持胡萝卜和大棒的奖罚权威。宋仁宗天圣八年（1030）举行钓鱼宴，宴前本来已经把诗题通知了大家，恰巧当时地方上进贡一批"山水石"，宋仁宗灵机一动，取消了原定题目，改用"山水石"为诗题。这下可把那些诗歌准备得好好的大臣们弄蒙了，吓傻了，手足无措，半天找不到感觉。大家抓耳挠腮之际，宫廷优人（以乐舞、戏谑为业的艺人）还出来戏弄大家，手拿毛笔做吟哦状，其中一人假装被石头绊倒在地，众人扶起后，他叹息道："累日来作一首'赏花钓鱼诗'准备应制，却被这石头绊倒。"（宋代阮阅《诗话总龟》

卷之四十八）大家笑也不是，不笑也不是，表情十分尴尬。这次，整体诗歌水平较以往大幅下降。其中，度支员外郎、秘阁校理韩羲更是行为鲁莽，诗歌粗俗，被评价为"鄙恶"，惹得宋仁宗震怒，马上降其为司封员外郎、同判冀州，把他赶出了京城。看来，钓鱼宴也不能保证人人都有好运气。

钓鱼宴不仅要赋诗，当然还得钓鱼。但在皇宫禁苑钓鱼，既无太公的坦然，亦无村夫的闲适。禁苑钓鱼有严格的程序和纪律，简而言之："天子未得鱼，侍臣虽先得鱼，不敢举竿。"（宋代司马光《涑水记闻》卷第三）意思是皇帝没有钓到鱼，大臣们即使有鱼咬钩，也不得起竿。而且皇帝钓的鱼要用红丝网装，大臣钓的鱼只能用白丝网，丝毫不能乱套。有一次钓鱼宴，宋仁宗钓到鱼后，大家纷纷道贺，侍从用红丝网帮皇帝装好。接着，宰相中有得鱼者，侍从用白丝网装好。这时，尚书左仆射兼侍中（首相）曹利用得鱼，侍从用红丝网为他兜鱼，他居然不推辞。曹利用平时就居功自傲，又做出这种出格事，更让上上下下侧目而视。不久，不可一世的曹利用获罪被贬，先贬随州（今湖北随州），再贬房州，连连降职，深感屈辱的他，最后在去房州的路上，用一根绳子了结了自己，真是伴君如伴"钓鱼翁"，在皇帝身边，即便是钓鱼这种娱乐活动，也如走钢丝一样凶险，稍有不慎就会万劫不复。

所以，宫廷禁苑钓鱼，不是平凡意义上的钓鱼，它钓的是规矩，钓的是政治，钓的是权威，钓的是上下有别，尊卑有序。其实，整个赏花钓鱼宴，无论赏花也好，赋诗也好，又何尝不是一次精心设计的钓鱼活动呢？钓者是皇帝，鱼儿是大臣，最后收入网中的，是一颗颗被俘获和奴役的心。

狄青：英雄是被吓死的

北宋众多在抗击外族入侵战争中成长起来的将帅，狄青是最具传奇色彩、最赫赫有名的一个。

狄青，字汉臣，汾州西河县（今山西汾阳）人。他家无背景，出身卑微，"宋史列传"中的传主，绝大多数来自于簪缨世族，而且都有父母的记载，独狄青没有，这是很少见的。但狄青运气不错，据宋代张舜民《画墁录》记载，狄青曾在西河县衙任主办文书的佐史，"逋罪入京"，犯了事，潜逃至京城汴梁，后被刺字充军进了军队，因勇武善骑射，选作了皇帝的卫兵。

宋仁宗宝元二年（1039），党项首领元昊又一次与宋朝翻脸，发动了战争。宋仁宗决定从皇宫禁卫中择优选用一批卫兵从边，狄青被选中，随大军开赴抗战最前线延州，开始了他日渐走向人生辉煌的行伍生涯。

狄青被选中之时，朝廷任命他的官职是三班差使、殿侍、延州指使，别看身兼数职，其实只是个低级军官而已，甚至离九品芝麻官还有一段距离。地位低下的狄青，打起仗来却非常勇猛。开战之后，延州打得十分惨烈，当时将佐率军迎敌，常被西夏军队击败，士兵们提着脑袋跟在一群败军之将后面，不免胆战心惊，狄青却总是出山猛虎一样，每战必戴铜制面具，披头散发，一马当先，异常醒目。在保卫延州的四年时间里，他所向披靡，前后参战二十五次，中箭八次，热血洒遍残酷的战场，也赢得了前线众将士的一致称赏。狄青的骁勇善战不但在宋军中有名，在西夏军队中更有名，屡屡让他们闻风丧胆，纷纷猜测"延州指使"是个什么官儿，竟称之为"天使"，狄青一出现，他们即惊呼"天使"，斯须之间作鸟兽散。

倘若只有一股猛劲，那不过是一介莽莽武夫，仕途不可能走得太远。狄青的成长，得益于范仲淹的知遇。据《宋史·狄青传》载，当时尹洙任陕西经略判官，把他推荐给时任陕西经略安抚副使的上级韩琦、范仲淹二人，范仲淹一见狄青，顿觉眼睛一亮，认准他是个将才，遂收至门下，授以《左氏春秋》，还说："将不知古今，匹夫勇尔。"寄予厚望。于是，狄青这位庶民出身的勇士，开始在范仲淹的谆谆教导下折节读书，悉通秦汉以来将帅兵法，遂由一个仅具匹夫之勇的士兵，成长为能谋善断的帅才。

随着官职、学识和能力的提升，狄青带领自己的部队，攻破金汤城、宥州（今内蒙古鄂托克旗），烧毁西夏粮草，夺其帐篷、牲口盈千累万，击败毛奴、尚罗、庆七等许多依附于西夏的少数民族部落。又在桥子谷筑城，在招安、丰林、新寨、大郎等地修建堡垒，有效阻挡了西夏的进攻势头，打击了他们的嚣张气焰，取得了与西夏作战以来少有的辉煌战绩。狄青以战功累迁泾原路经略招讨副使、侍卫亲军步军副都指挥使、侍卫亲军马军副都指挥使、彰化军节度使知延州，后擢枢密副使，当上了二品大员，位列宰执。

狄青身历戎行，屡立功勋，却念念初始，不忘根本。《宋史·狄青传》载："青奋行伍，十余年而贵，是时面涅（脸上刺字留下的瘢痕）犹存。"宋仁宗赏识狄青，"尝敕青传药除字"，狄青却指着面涅诚恳地对皇帝说："陛下以功擢臣，不问门地，臣所以有今日，由此涅尔，臣愿留以劝军中，不敢奉诏。"皇帝开恩，殷殷关爱，特赐药除涅，狄青为什么敬谢不敏呢？出身卑微，经历耻辱，因卑微而上进，以耻辱而自奋，之所以显贵，知耻而后勇也，狄青内心透彻着呢！什么是不忘初心？这就是。

宋仁宗皇祐四年（1052），广西壮族首领侬智高反叛，组建了一支五千人的军队，迅速攻占了邕州（今广西南宁），包围了广州，岭南骚动，岌岌可危。闻鼙鼓而思良将，朝廷遂将曾在湖南平乱战功卓著的老将杨畋迁调广西，负责剿匪。但深孚众望的杨畋抵达前线后损兵折将，久而无功。狄青因向宋仁宗主动请缨，挂帅南征，得到批准。狄青受任于败军之际，一方面整肃军纪，处决了擅自出兵导致大败的将军陈曙，使军威大振。另一方面又从各地调拨、囤积了大批粮草，佯作长期驻军的样子，麻痹敌人。侬智高果然中计，放松了警惕。皇祐五年（1053）正月十五夜，狄青乘侬智高不备，突然率军出击，以迅雷不及掩耳之势夺取了昆仑关，占取了有利地势，趁热打铁从左、中、右三路发起进攻，一举消灭了侬智高的主力，取得了决定性的胜利。侬智高见大势已去，竟一把大火烧了邕州城出逃，不知所踪。

南征的胜利，消除了宋仁宗的心腹之患，带来了朝廷大局的暂时稳定，朝廷上下欢欣鼓舞，狄青因而成了大宋王朝的功臣，无往不胜的英雄，随即被宋仁宗提拔为枢密使，相当于与宰相平起平坐的三军司令，达到了一个朝臣可能达到的仕途巅峰，这年，狄青年仅四十六岁。正当盛年，狄青精力充沛，若无意外，他必将给军备空虚的宋朝增强实力，提振信心，不让外族小觑，自己亦能享尽荣华。然而，出人意料的是，祸端却由此开始。

任枢密使以前，朝廷上下对狄青几乎一片赞扬声，但在出任枢密使的短短四年间，却谣言四起，议论不断。比如，士大夫们说，狄青姑息士卒，袒护部下，每次率众出门，随从们常常狐假虎威，骄傲自夸，每得衣粮赏赐，均口出狂言说："此狄家爷爷所赐。"

京城消防抓得严，无论富贵门庭还是贫贱之家，夜半必须灭烛，即使谁家醮祭须半夜后烧钱纸，亦须事先向管片的厢官报告申请。某晚，狄青设坛夜祭，仆役忘记报告厢官，结果三更半夜巡逻的兵丁看到火光，以为失火，飞奔报告厢官及开封府，当一群人气喘吁吁赶到狄枢密府灭火时，才发现原来一场误会。这本来是一场虚惊，大可一笑了之，然而第二天京城却盛传狄枢密家夜有怪光，按照当时的理解，只有出皇帝的地方，才可能怪光冲天呀。所以，知制诰刘敞便同权知开封府王素议论说："昔朱全忠居午沟（今安徽砀山东北），夜多光怪出屋，邻里谓失火，而往救之，今日之异，得无类乎？"（宋代魏泰《东轩笔录》卷十）当年叛唐自立的朱温居午沟时，家里也常常夜出怪光，害得邻居纷纷过去救火，狄枢密家的情况，不也有些类似吗？这些谣言流布于士大夫间，不绝于耳，间或传到狄青耳朵里，句句都似身后射来的暗箭，让他胆战心惊。

难道狄青真的有失检点？非也。虽然功高如此，狄青却从不居功自傲，无论是带兵打仗还是在协助皇帝处理朝政的工作中，他始终胸怀宽广，谦虚谨慎，丝毫也没有武夫的暴躁脾气和骄横性格。有一次在定州（今河北定州），作为副帅的狄青宴请主帅韩琦，同时邀请了当地名士刘易作陪。刘易乖戾，易怒，稍不如意便攻击人。酒席筵前，艺人讲儒生们的段子，有讥笑之意，刘易以为是狄青故意安排来讽刺他，勃然大怒，把狄青好一顿臭骂。骂讫，砸碎杯盘，拂袖而去。刘易因误解而责骂时，狄青一直神态自若，温语相劝。第二天，狄青还主动到刘易府上回访，表达谢意，极见涵养。

他处事缜密，行军布阵、对敌交战必先确定有十足把握后，方率军一鼓作气拼杀；他身先士卒，与士兵同饥寒，共甘苦；他领军严明，赏罚得当，每每临敌，冲锋陷阵的士兵往往前赴后继；他不揽功诿过，南征得胜，有人报告敌军死者中有穿金龙衣者，大家都说侬智高已死，他却说："安知非诈邪？宁失智高，不敢诬朝廷以贪功也。"（《宋史·狄青传》）当时，孙沔以安抚使协同作战，班师后，朝廷论功行赏，他却把功劳全部算在孙沔的头上，"沔始叹其勇，既而服其为人，自以为不如也。"其谨慎谦虚的品格，以诚待人的态度，简直到了常人无法理解的境地。

然而，狄青要当枢密使，就断然没有好日子过。宋朝被五代时期武夫乱国的情势吓怕了，确定了与文人共治天下的基本国策，建国以来，除了开国元勋曹彬曾以武将出任过枢密使外，绝无其他行伍出身者坐过这把交椅，全是文人担任。枢密使这个一人之下万人之上的位置，对于文人来说，是个舒服的宝座，对于武夫来说，却是个烫手的山芋。武夫要坐这把椅子，那他就是与国策为敌，与文人为敌，与整个朝廷为敌。所以，哪怕狄青这样一个做人完美、劳苦功高的大英雄亦不例外，他因此成了士大夫们的眼中钉、肉中刺，时时被谣言所笼罩，被猜忌所包围，唾沫星如暴风骤雨般敲打在他身上，让他百口莫辩，无法招架。

皇祐四年（1052）他刚被任命为枢密副使时，御史中丞王举正、左司谏贾黯等人就连连上书说不可。南征后出任枢密使，宰相庞籍更是坚决反对。嘉祐元年（1056），京城发大水，狄青携家搬到相国寺大殿上避水灾，一次穿着浅黄色的袄子在殿上指挥士卒忙活，京城马上风传皇帝坐殿了，欧阳修连上《论狄青札子》和《论水灾疏》，希望宋仁宗"罢青机务，与一外藩"。同年，宰相文彦博借口士兵对狄青的拥戴，也力劝宋仁宗免去他的枢密使职务，建议以两镇节度使外放。面对言路汹汹，狄青愈不自安，向宋仁宗自陈："无功而受两镇节麾，无罪而出典外藩。"（宋代王栐《野老记闻》）既谦虚，亦惶恐，更委屈。宋仁宗深以为然，觉得狄青功劳大，又是英雄，颇不舍，便对文彦博以狄青原话相告，"且言狄青忠臣"。文彦博反问道："太祖岂非周世宗忠臣？但得军情，所以有陈桥之变。"无异于断言狄青将要谋权篡位，一句话击中宋仁宗软肋，"上默然"。这个"默然"当然有沉默的意思，然而更多的是对文彦博态度的认同和对自己前言的否定，他因此在罢狄留狄摇摆不定中做出决定，安排狄青以同中书门下平章事出判陈州，看似宰相级别，却已成逐臣，让他有想法也没办法。

倘若说谣言四起时狄青如惊弓之鸟的话，那么贬职陈州以后他更觉四面楚歌了，惊弓之鸟毕竟还有侥幸脱逃的可能，四面楚歌则定然死路一条。他甚至早就有了死的预感。据宋代周辉《清波杂志》卷第二记载，临行前，狄青曾心情沉重地对身边好友说："青此行必死。"问何故？他说："陈州出一梨子，号'青沙烂'，今去本州，青必烂死。"这是多么让人心寒的一种预感啊。但即便如此，朝廷还不放心，"青在镇，每月两遣中使抚问"，名为抚问，实则监视，而且"每月两遣"，无论他在哪里，总有一双冷漠的眼睛如影相随，一代杀敌无数、战功累累的英雄狄青，如今却发配他乡，与囚徒无异。在陈州的那些日子里，他夙夜忧惧，痛苦难当，惶惶不可终日，第二年便发疽而死。

在朝廷讨论如何处置他的时候，他曾经找过文彦博，向宰相坦承自己的忠心，表白自己的心迹，并追问朝廷为什么要这样对待自己。文彦博冷冷地回答说："无他。朝廷疑尔。"一语道破天机，这就是英雄被吓死的原因，宁错三千，不漏一个，历代如此。

好人韩琦

北宋的宰相，韩琦是比较特别的一位，不仅因为他任过宋仁宗、宋英宗、宋神宗三朝宰相，亲手把宋英宗、宋神宗扶上皇位的传奇经历，还因为他对事无论大小，均能宽宏大度，对人无论上下，均能体贴入微，是一个难得的好人。以刚直著称的欧阳修对自己的老师晏殊都持论甚苛，常常挑刺，却深服韩琦的德量，曾感叹说："累百欧阳修，何敢望韩公。"

据宋代彭乘《墨客挥犀》卷七记载，韩琦以安抚使驻守大名府期间，有人送他一对玉盏，说是农夫在一个坍塌的坟墓里拾到的，晶莹剔透，表里无丝毫瑕疵，乃绝世珍宝。韩琦用百两黄金厚谢了献杯之人，天天把玩，爱不释手。某次，一漕运官来大名府公务，漕运官掌管着粮食及其他物资的输送供给，官不大，实权大，马虎不得。韩琦宴请漕运官，还拉来一班同僚作陪。他特设了一个精致的小台子，铺上一层丝绸，再在丝绸上，小心地端放这对玉盏，然后用玉盏斟满酒，向漕运官和其他客人敬酒。谁知，客人还在谦让之际，侍吏却在慌乱中碰倒了台子，可惜这对价值连城的玉盏，立刻摔在地上成了碎片。客人们惊呆了，侍吏更是吓破了胆，马上伏地请罪。让人奇怪的是，韩琦不但未发怒，反而是微笑地对侍吏说："汝误也，非故也，何罪之有。"你又不是故意的，何罪之有。在场的人，无不叹服。

一天晚上，韩琦在军营写信，让侍吏秉烛照明，不想那侍吏心不在焉，思想开了小差，烛火竟然烧着了韩琦的胡须，韩琦迅速用衣袖把烧着的胡须拂灭，接着继续写信，好像什么事情也没有发生一样。信写完，抬头一看，发现那个秉烛的侍吏被撤换了，原来，管事的属官看到侍吏烧掉了长官的胡须，又惊又怒，随即把他换了下来，重新安排他人秉烛。韩琦担心侍吏受到责罚，赶忙说："不要换，不要换，他已经懂得如何秉烛了。"韩琦被侍吏烧了胡须之后，不但没生气，反而担心侍吏受到责罚，这样的好人，不佩服都不行。

如果说韩琦对下人好反映了他博大胸怀的话，那么对读书人的好，则体现了他高贵的品质。清代褚人获《坚瓠集·丁集》卷之三"援引士类"条记载了一则趣闻，说韩琦镇守河北真定（今河北正定）时，帅府上门客彭知方，是个风流才子，不过他年纪轻轻，却有些拈花惹草的爱好，晚上常常翻墙而出，穿行于烟花柳巷，彻夜不归。门吏向韩琦报告了这件事，韩琦没有追究，而是赋诗一首《种竹》送他，中有："殷勤洗濯加培壅，莫遣狂枝乱出墙"之句，进行善意规劝。彭知方读后，非常羞愧，和了两句诗送韩琦说："主人若也怜高节，莫为狂枝赠一柯。"韩琦觉得他确有悔过之心，浪子回头金不换，还有上进的祈求，可堪造就，当即以百缗（一千文铜钱穿成一串为一缗）相赠，且按当时的合法手续，买了一位贤淑漂亮的歌姬送给彭知方，照顾起居，让他安心读书。犯错没受责罚，反获资助，可见韩琦"援引士类"、关怀读书人之殷，一时传为美谈。

韩琦是个大好人，但他并非老好人。宋仁宗景祐年间，韩琦任右司谏，对于朝廷大事，敢于实话实说，犯颜直谏，"凡事有不便，未尝不言，每以明得失、正纪纲、亲忠直、远邪佞为急，前后七十余疏。"（《宋史·韩琦传》）景祐五年（1038），全国灾情频发，老百姓流离失所，苦不堪言，而宰相王随、陈尧佐，参知政事韩亿、石中立却依然笙歌美酒，毫无作为。韩琦十分气愤，连连上疏宋仁宗，极言百姓苦楚，遍数四人庸碌无能、罕所建明的表现，有理有据，敢怒敢言，竟使四个宰执大臣同日被罢。这说明，韩琦的好，不是无论对象，什么人都好，不是无论是非，什么事都好，更不是你好我好大家好，而是有底线、有原则的好。

不是老好人的好人，才是真正的好人。

"铁面御史"赵抃

北宋的那些大官小吏、皇亲国戚，是不敢轻易违规、违纪、违法的。为什么？因为朝中有一批御史，他们为人正直，立朝刚毅，以弹劾和纠察百官为己任，让人闻风丧胆。像包拯担任御史，就弹劾过三司使张方平、宋仁宗的妻叔张尧佐。而同时期另一位御史赵抃，则比包拯更刚、更直、更"黑"，不仅弹劾过枢密使、参知政事等炙手可热的高官，甚至包括一人之下、万人之上的宰相，前后弹劾十余人，个个落职罢官。凡有违规、违纪、违法，哪怕生活不检点者，不管你位置多高、权力多大、皇帝多么宠幸，一律照弹不误，人称"铁面御史"。

赵抃（1008—1084），衢州西安县（今浙江衢州）人，进士出身，历任武安军节度推官，崇安、海陵、江原三县知县，泗州通判，殿中侍御史，成都知府，右司谏等职，官至参知政事。赵抃曾作《廉泉》诗曰："岁旱江潢万井污，此泉深净肯清渝。伯夷死后泉流在，能使贪人一饮无。"诗以言志，这表明，赵抃把打击贪官污吏、营造清廉世界作为自己的人生理想，立志要当宋朝官场的"清洁工"。

至和元年（1054），朝中发生了一件惊天命案，因为涉及宰相，尤其显得吊诡神秘。事情是这样的，宰相陈执中有一位爱妾叫阿张，其侍女迎儿因犯小过，遭到阿张残酷而持久的鞭打，可怜迎儿，被活活折磨致死。堂堂宰相府，竟然鞭死侍女，一时京城内外，舆论哗然。而且，当有人告状、审案狱官要求宰相府证人到场时，陈执中甚至软禁证人，使狱官无法取证，严重干扰司法。时任殿中侍御史的赵抃闻之，拍案而起，即以"违朝廷之法，立私门之威"的罪名弹劾陈执中，要求罢免其宰相职务。只是，皇帝宋仁宗偏袒陈执中，非但没免去他的宰相职务，反而"诏罢狱"，替他开脱。

宋仁宗固然有心回护陈执中，但敌不过御史们的交章弹劾。至和二年（1055）二月，宋仁宗下诏，命给事中崔峄重新审理此案。崔峄经过审理，断定女婢过失严重，陈执中因此治其罪，如果真是这样，则非御史们弹劾的"纵婢妄杀婢"，陈执中按律无罪，爱妾亦无罪。不过明眼人一看便知，这是崔峄迎合皇帝和宰相的结果。铁了心的赵抃，在接下来的近半年时间里，以："不学无术，措置颠倒，引用邪佞，招延卜祝，私仇嫌隙，排斥良善，很愎任情，家声狼藉"（清代毕沅《续资治通鉴》卷五十五）等八大罪状，连续十二次上书，终于将陈执中拉下马，使他罢官去朝。

赵抃弹劾不避权幸，不但表现在对法律尊严的捍卫上，而且表现在对官员形象、朝廷纲纪的维护上。三司使王拱辰出使辽国，作为外交使节，他却在参加辽国的招待宴会上荒诞不经，"窄衣与会，自以随行京酒换所设酒，痛饮深夜，席上联句，语同俳优。"（李焘《续资治通鉴长编》卷一百七十九）既败坏了使节形象，又有伤大宋国体。尽管宋仁宗因王拱辰是其钦命的状元，原名王拱寿，又为其改名王拱辰，特别偏爱，但赵抃毫无畏惧，连连上章弹劾，一次不行，两次，两次不行，三次，不依不饶，不管不顾。结果，王拱辰贬知永兴军。此外，遭到赵抃轮番轰炸大胆弹劾的，还包括枢密使王德用、枢密副使陈升之、翰林学士李淑等许多声名显赫的高官，这些人皆因赵抃的弹劾而罢官。

从这些剑拔弩张的事例看来，赵抃留给人们的形象似乎与包拯有过之而无不及，黑脸一张、铁板一块，毫无人情世故可言。然而，细读史书，却发现赵抃并不是个刻薄呆板的老顽固，他在大是大非面前，坚毅、果敢、决绝，而在许多具体事务中又不失其灵活性，尤其是对执法的审慎，以及对生命的珍惜。他任武安军节度推官时，就遇到过一个很特别的案子，一个人伪造印章，被官府逮捕，初审意见认为应该判死刑。他详细了解案情后，认为此人仿造印章在朝廷大赦以前，而使用则在大赦以后，大赦以前仿造没使用，按律不当死，大赦以后使用，按制不当死，于是否决了初判，免去此人死罪，挽救了一条鲜活的生命。可以看出，他不但有一张正义的脸，而且有一颗仁慈的心。

最后值得一提的是，赵抃不仅在中央任过要职，还任过多地一把手，游宦官场四十余年，从来不像那些同僚一样，骡马车舟往家里拉东西，无论从油水多足的地方离任，仅"以一琴一鹤自随"。琴寓意风雅，鹤蕴含高洁，"一琴一鹤"，或许就是这位"铁面御史"写在人生道路上的廉政责任报告吧。

邵雍：皇帝请不来的大师

在宋代，科举制度日臻完善，"万般皆下品，唯有读书高"的观念深入人心。许多读书人，无论出身富贵之家还是白屋寒门，都把读书作为步入仕途、实现人生价值的"敲门砖"，出现了大批异常刻苦、特别发奋的典型。范仲淹"划粥断齑"，昼夜苦学，终于金榜题名，经纶济世之才得以施展，成为一代名臣；司马光"患记问不若人"，争分夺秒，以勤补拙，"用力多者收功远"，成为一代名相。而同时代的邵雍，也是这样一个"读书种子"，不过，与范仲淹、司马光不同的是，他走的不是"学而优则仕"的科举之路，他通向人生理想的道路更曲折，更艰辛，也更传奇。

读万卷书，行万里路

邵雍（1011—1077），字尧夫，范阳县（今河北涿州）人。大致生活在宋真宗、宋仁宗时代，这一时代，恰是宋代倡导读书力度最大的一段黄金期。宋真宗《劝学诗》曰："男儿欲遂平生志，六经勤向窗前读。"给了读书人莫大的希望。宋仁宗当了四十二年的太平天子，没有显赫的拓疆征伐之功，但他慧眼识珠，广罗人才，如唐宋八大家欧阳修、曾巩、王安石、三苏等宋代六家均为他所发现启用，晏殊、包拯、范仲淹、文彦博等名臣名相也都得到了他的提拔，荐贤推善，人才辈出。

邵雍受时风浸染，从小读书用功。十多岁时，他随父迁居共城县（今河南辉县），读书更加努力。嗣后，他在离家不远的苏门山下百源（今称百泉湖）之畔，另筑一室，闭门谢客，海量读书。《宋史·邵雍传》说他："于书无所不读，始为学，即坚苦刻厉，寒不炉，暑不扇，夜不就席者数年。"冷不烤火，热不挥扇，晚上靠靠，囫囵一觉，第二天又接着苦读，这就是邵雍青少年时代的读书场景和常态。

今天的百泉湖号称"中州颐和园"，乃新乡一景，游人如织。当年的百源却是远离繁华、偏于一隅的冷清之地。而邵雍之所以结庐于此，喜欢的就是这份冷清。他幽居于背山面水的苏门山下，过着异常清苦的生活，砥节励行，读书破万卷，如此数年，学业大进。一天，邵雍掩卷叹息说："昔人尚友于古，而吾独未及四方。"意思是学习古人经典，必须与古人为友，不单单读他们的书，而且要广泛游历他们曾经游历过的地方，不仅要"读万卷书"，而且要"行万里路"。于是，邵雍越黄河、涉汾水，考察江淮流域，周游齐、鲁、宋、郑这些古国故城废址，用脚丈量古人文化的跨度，探索他们思想的源头。经过数年艰苦的游历，邵雍眼界大开，幡然顿悟说："道在是矣。"从此回到家乡，著书立说，不再远游。

作为有志于整理国故、传承儒家经典的邵雍，他在学术道路上最幸运的是，游历归来后，遇到了一位满腹经纶而又善于培养"读书种子"的好老师李之才。其实，邵雍隐居于苏门山，既无科举功名，又无著作问世，布裘蔬食，生活困顿，除了一个爱读书的名声外，几近潦倒。然而，就是他这一爱好读书的名声，却引来了地方官共城县令李之才的主动造访。据说，宋代易学从陈抟传至种放，种放传至穆修，穆修再传李之才，一脉相承，源远流长。李之才听说了邵雍的苦读事迹后，像园丁闻到了佳木的气息，专程赶到苏门山，叩开了邵雍那低矮的茅庐，两人促膝交谈，不亦乐乎。李之才惊异于邵雍的好学和博学，主动提出要将满腹经纶传授于邵雍。邵雍当然求之不得，遂拜倒在李之才门下，遍习物理、性命之学，焚膏油以继晷，恒兀兀以穷年，对《易经》极深钻研，不仅尽得李之才真传，而且多有创新，青出于蓝而胜于蓝。厥后，邵雍结合自己的心得，写作了《皇极经世》《观物内外篇》《渔樵问对》等一系列学术著作，自创"先天学"，成就了自己的学问体系，震惊了学术界和士大夫阶层，对当时和后代哲学思想，产生了深远的影响，享誉当时，名垂后世，堪称一代儒学大师。

德才兼备，内圣外王

邵雍一生，与洛阳结下了不解之缘。

洛阳作为北宋之西京，位于中原腹地，是北宋除首都汴京之外最大的政治、文化中心，文人云集，学者扎堆，有利于开阔视野，交流思想，发展自己。同时，这里山美水美，民风淳朴，是个养生与做学问皆宜的好地方。所以，早在庆历年间，三十出头的邵雍在洛阳授徒讲学时，就有定居洛阳之意，"康节（邵雍谥号）先公庆历间过洛，馆于水北汤氏，爱其山水风俗之美，始有卜筑之意。"（宋代邵伯温《闻见录》卷十八）

皇祐元年（1049），邵雍从共城接来双亲，在洛河之南，辟地筑屋，开荒耕种，从此定居洛阳。正是这一重大选择，让邵雍这位当初名声不显的学者，通过广交朋友，博采众长，更好地充实了自己的学问体系，同时也获得了更多博学鸿儒的认可，得到了更多学子的追随，学术思想广泛传播。

邵雍定居洛阳之初，外无强近之亲，内无应门之童，家徒四壁，生活困顿，《宋史·邵雍传》记载当时的情况说："初至洛，蓬荜环堵，不芘风雨，躬樵爨以事父母。"说他一度到了要靠自己打柴做饭侍奉双亲的境地。不过，邵雍不以贫困为忧，不露戚戚之穷，读书耕种，平和淡定，讲学交友，不亦乐乎，"虽平居屡空，而怡然有所甚乐，人莫能窥也。"

邵雍不单平和淡定，而且德气粹然，胸怀宽广，真正做到了知行合一，具有大家风范。他高才绝学，却从不炫耀，交流学问，也不以一己之见强加于人，谦虚谨慎，休休有容。与人交往，无论长少贵贱，一律以诚相待，而且笑脸常开，整日春风。与人交谈，"乐道其善而隐其恶"，总是表扬人家的优点和长处，包容人家的缺点和短处。王安石推行"熙宁变法"，遭到许多士大夫的抵触，有的甚至挂冠而去，以辞职表达反对的坚决态度。邵雍那些在州县任职的门生故旧，为此专门写信给他，征求他的意见，希望扯起他的大纛反对王安石。邵雍尽管也在一定程度上反对新法，但他认为以挂冠去职的方式反对，于国、于民、于己都不是明智的选择，他认为严法宽施，才是国家对地方、官员对百姓负责任的态度，所以他每次在回信中，都会诚恳地规劝他们说："此贤者所当尽力之时，新法固严，能宽一分，则民受一分赐矣。投劾（古代官员递上引咎自责的辞呈）何益耶？"

邵雍的胸怀和品质，不仅为他赢得了学生们的钦佩，而且赢得了朋友们的特别尊敬。当时，富弼、文彦博等名相，司马光、张载、程颢、程颐等名臣、名士皆定居于洛阳，邵雍虽一介儒生，一贫如洗，他们却齐了心似的以结交邵雍为荣，他们与邵雍杖屦往还，高山流水，过从甚密。他们不但敬重他、宣传他，而且还倾囊相助，合资为他兴建了一座面积硕大的庄园。庄园内小桥流水，田连阡陌，单住房就有三十多间。邵雍欣然笑纳之余，把庄园命名为"安乐窝"，并赋诗《天津弊居蒙诸公共为成买作诗以谢》表达谢意曰："重谢诸公为买园，洛阳城里占林泉。七千来步平流水，二十馀家争出钱。嘉祐卜居终是僦，熙宁受券遂能专。凤凰楼下新闲客，道德坊中旧散仙。洛浦清风朝满袖，嵩岑皓月夜盈轩。接篱倒戴芰荷畔，谈尘轻摇杨柳边……"（邵雍《伊川击壤集》卷之十三）

这些名相、名臣、名士们为什么会对一个既无显赫家世，又无半点功名的布衣平民邵雍如此慷慨呢？这是因为，对于当时的士大夫来说，学问才是结交的纽带——不是金钱；著作才是身份的象征——不是权力；品德才是人生的瑰宝——不是钻石。他们与邵雍之间，是通过才学品德缔结起来的关系，是真正的云天高义，君子之交。

士大夫不仅在物质上资助他，还对他尊敬如师长。春秋季节，晴好之日，邵雍常常乘一小车，由书童牵着，兴之所至，随意出游，舒适而惬意。士大夫对邵雍的生活起居特别关注，就连他车子的声音都特别熟悉，一听到邵雍车来的声音，大家争相出门迎候，一旦接到邵雍进门，儿童和厮役们都奔走相告说："我家先生来了！"欢快之情，溢于言表。有的士大夫，甚至装修出专门的房子，等待邵雍有空前来居住，并根据邵雍的"安乐窝"之名，为其命名曰"行窝"。无论是士大夫家族，还是平民家庭，每每父对子、兄对弟的教育中，常常会拿邵雍作比喻说："毋为不善，恐邵先生知。"贤良的人喜欢他的德行，不贤良的人悦服他的感化，一时间，洛阳人才辈出，忠厚之风天下闻名。至于全国各地的士大夫，无论是专程前来还是路过洛阳，不一定会去造访官府，但一定会去拜望邵雍。在外游宦多年的理学家程颢，就在归乡拜望邵雍之后由衷慨叹道："尧夫，内圣外王之学也！"

其生也荣，其死也哀

年青时的邵雍，也曾像范仲淹、司马光们一样，希望通过科举这一"敲门砖"，投身仕途，进军科场，"雍少时，自雄其才，慷慨欲树功名。"（《宋史·邵雍传》）及至读万卷书，行万里路，洞悉草木之情、古今之变，深谙天地之运化、阴阳之消长，尤其是大通物理、性命之说后，如同凤凰实现涅槃，修行者得到彻悟，一夜之间改变了初衷，从此归隐于田园山水间，读书著作，安贫乐道，不问仕宦。

邵雍非但不参加科举考试，而且对于朝廷的免考授官——这种一步登天的终南捷径，都一一拒绝。嘉祐六年（1061），爱才若渴的宋仁宗下诏求贤，要求各地方官广泛察访，举荐人才。西京留守王拱辰举荐了邵雍。宋仁宗早知其名其学，立即授予邵雍将作监主簿，邵雍却毫不犹豫地拒绝了。退休宰相富弼作为好友，知道邵雍经济拮据，希望官员身份和待遇能改变一下他的生活状况，劝他说："如不欲仕，亦可奉致一闲名目。"意思是挂个名，可以光吃空饷不履职，一来顺了朝廷纳才招贤之意，二来解决了生活上的后顾之忧，一举两得，何乐而不为？但邵雍是磊落奇伟的真君子，决不做这种无功受禄、名不正言不顺的事，断然拒绝了富弼和王拱辰的好意。

熙宁年间，年轻的宋神宗为图振兴，大力起用人才，在科举一途之外，还要求各地大力荐举逸士，不拘一格降人才。御使中丞吕诲、三司使吴充等人，联合推荐邵雍。宋神宗接受他们的推荐，任命邵雍为秘书省校书郎、颍州团练推官，但倔强的邵雍又推辞了。宋神宗求贤甚切，连下三道诏书给邵雍，要求他接受朝廷的任命。邵雍看到实在推辞不掉，只得先应承下来，但随后就以疾病缠身为由，坚决不去赴任。他还在诗歌《不愿吟》中明白地表达志向，诗曰："不愿朝廷命官职，不愿朝廷赐粟帛。惟愿朝廷省徭役，庶几天下少安息。"（《伊川击壤集》卷之十六）

邵雍两次拒官，是他潜心学问不求宦达的表现，是他安贫乐道不求荣贵的表现。《宋史·邵雍传》说他："高明英迈，迥出千古，而坦夷浑厚，不见圭角，是以清而不激，和而不流，人与交久，益尊信之……"足见其人品德行的高贵。同时代的词人柳永曾自诩为白衣卿相，不过，柳永不但多次参加了科举考试，而且当了多年的基层官员，其汲汲于仕途、追逐于权门的经历，足以让他"白衣卿相"这一圣洁的称呼染上污渍。而温柔敦厚、从容旷达的邵雍，得到过上至国君大臣的青睐，下至平民百姓的拥戴，却超然物外，终生不仕，就这一点来说，邵雍邵夫子，才真正是千百年难得一遇的"白衣卿相"呢！

熙宁十年（1077），讲学著作一生、朋友门生遍天下的邵雍，在洛阳的"安乐窝"因病去世，享年六十七岁。邵雍晚年疾病缠身，司马光、张载、程颢、程颐等旷世大儒们侍汤弄药，早晚陪伴，如同对待自己的师长。其他文朋诗侣和近邻交好，时时存问，不是亲人胜似亲人。邵雍很感动，他在《病中吟》诗中说："尧夫三月病，忧损洛阳人。非止交朋意，都如骨肉亲。荐医心恳切，求药意殷勤。安得如前日，登门谢此恩。"（《伊川击壤集》卷十九）邵雍去世后，司马光等人还出钱出力，为他操办后事，他们那种朴素而深厚的情谊，山高水长，堪与日月同辉。同时，朝廷追赠邵雍为秘书省著作郎，赐谥号"康节"，后封"新安伯"，配享孔庙，尊称"邵子"，给予了很高的荣誉，可谓"其生也荣，其死也哀"。

历经千年风雨沧桑，邵雍之墓今天依然峙立在洛阳城南伊川县平等乡西村的紫荆山中，墓碑上书"宋先儒康节邵夫子墓"九个醒目大字。墓地西依紫荆山，东临伊水，堪称风水宝地。邵雍倘若地下有知，当会非常喜欢吧，因为这里山清水秀，静谧安宁，与他的性格真的极为契合。

蔡襄：千古万古长清风

北宋非常重视台谏制度（中央监察制度，分设御史台和谏院），尤其是宋仁宗一朝，官员因谠言直声而名震天下者不在少数，像范仲淹、欧阳修、包拯等人，最初都是成名于御史或谏官任上。当时，还有一位赫赫有名的谏官，敢说敢做，多次与皇帝叫板，连宋仁宗都怕他三分。他不仅在性格上耿直，在事业上亦极其勤奋，诗歌艺术闻名当时，书法成就享誉古今，有才情、有识见、有追求、有担当。尤其是在福州、泉州等多地主政期间，发展教育，建设水利，打击豪强，破除陋习，创造性地开展工作，想一件，干一件，干一件，成一件，为老百姓做了许多实事好事。他就是被老百姓赞颂为"行人六月不知暑，千古万古长清风"的名臣蔡襄。

多次抗上的谏诤大臣

蔡襄（1012—1067），字君谟，兴化军仙游县人（今福建仙游）。蔡襄虽出身农家，但从小刻苦攻读，学习十分优异，十八九岁即以开封府乡试第一、礼部会试第十的好成绩考取进士，名动京师。入仕后，历任西京留守推官、知谏院、知制诰、翰林学士、三司使、知福州、知泉州等职，以正直端方、敢于言事的特点孑然独立于士林，不入时流。景祐三年（1036）冬，范仲淹因弹劾宰相吕夷简获罪，落职饶州，欧阳修、余靖、尹洙上书抱不平，结果也被贬出京城。当时，蔡襄还只是小小的西京留守推官、馆阁校勘，言微资浅的他，公开站出来仗义执言，作组诗《四贤一不肖》，称颂范、欧、余、尹为"四贤"，斥责范仲淹贬官时推波助澜的高若讷为"不肖"。其中，《右范希文》一诗曰："中朝鸳鹤何仪仪，慷慨大体能者谁。之人起家用儒业，驰骋古今无所遗。当年得从谏官列，天庭一露胸中奇。矢身受责甘如荠，沃然华实相葳蕤……"蔡襄这一组诗洋洋千言，气势磅礴，士人争相传阅，一时洛阳纸贵。据说，当时恰有契丹使者来宋，他们购得此诗，携带至辽国，张贴于幽州馆舍，供人品鉴。

庆历三年（1043），蔡襄与欧阳修、余靖、王素等四人，被宋仁宗任命为知谏院，出任谏官。这给了正直无私的蔡襄一个施展才华、报效国家的平台，他更加执着于上书言事，匡时济世。蔡襄生活的时代，北宋王朝已经有了七八十年的发展，朝廷承平日久，许多旧的制度已经不适应新的形势，积弊丛生，危机四伏。当时，京东旱灾，江淮蝗灾，秦州地震，灾情频发，老百姓生活困苦，忧心如焚的蔡襄向宋仁宗上《言灾异》奏折，直言不讳地指出："灾害之来，皆由人事。数年以来，天戒屡至。原其所以致之，由君臣上下皆阙失也。不颛听断，不揽威权，使号令不信于人，恩泽不及于下，此陛下之失也。"（《宋史·蔡襄传》）认为灾害连连，是因循守旧、人事不修的结果，甚至直言宋仁宗"宽仁少断"，要求皇帝自我反省，更加勤政务实，树立朝廷威信。此奏一出，闻者悚然，把当时朝廷内外大臣们吓出一身冷汗。

庆历四年（1044），开宝寺发生火灾，安奉佛牙舍利的灵感塔被毁，朝野震惊，许多宫人甚至烧炙手臂，剃去头发，表示对佛的崇敬归命。宋仁宗也信佛，深感惋惜，他安排人把灵感塔地宫中所藏佛牙塔移入内宫供养，并计划重新建塔安奉。蔡襄听说后，极力反对，他上书说："非理之福，不可徼幸。今生民困苦，四夷骄慢，陛下当修人事，奈何专信佛法？或以舍利有光，推为神异，彼其所居尚不能护，何有于威灵。天之降灾，以示儆戒，顾大兴功役，是将以人力排天意也。"蔡襄的意思是，舍利若真有灵性的话，那它为什么连自己居住的房子都保护不了呢？他不但把宋仁宗重修佛塔的想法嘲笑了一番，还认为不修人事、专信佛法，那是以人力逆天意，本末倒置，劳民伤财。蔡襄的话，掷地有声，如同一支支离弦的响箭，纷纷射向了宋仁宗。好在宋仁宗心怀仁慈，除了继续潜心佛法、关爱舍利之外，对蔡襄的话，倒也没怎么计较。

后来，蔡襄出任知制诰，当上了宋仁宗的秘书，负责起草诏令。历代秘书岗位都是前途无量的美差，只要顺从了皇帝的旨意，出将入相几乎指日可待。蔡襄却一点也不懂得珍惜岗位资源。参知政事梁适，因结交内侍当上了宰相，遭到御史马遵、吕景初、吴中复的多次弹劾，梁适的追随者上书宋仁宗，说如今御史滥用职权，而宰相却动辄得咎，以后谁还敢当宰相？左右为难的宋仁宗，一面听从御史建言，把梁适罢相，又以弹劾材料中有风闻之词为由，把三位御史贬出京城。当宋仁宗安排蔡襄起草贬三位御史的诏书时，蔡襄认为按照祖制，御史弹劾官吏，风闻之言亦可参考，御史不必担责，竟然拒绝起草诏书，致使宋仁宗作出决定后，却无法完成诰命手续。不过，奇怪的是，这样一个处处作对，常常让皇帝不快的人，宋仁宗非但没有贬他的官，降他的职，反而对他格外厚遇，曾感叹说："有子如此，其母之贤可知。"主动给蔡襄母亲赏赐帽子、披肩之类的珍贵服饰，并亲书蔡襄表字"君谟"二字，安排特使拿着诏书，专程送达蔡襄家里，以示宠幸。

勤政务实的地方大员

蔡襄在京城任言官的时间颇长，在地方任郡守也不短。在京以规劝皇帝、纠察百官闻名，在地方则以勤政务实、关注民生著称。

庆历五年（1045），蔡襄以母亲年老体衰需要就近照顾为由，请求宋仁宗让他到家乡福州任职。宋仁宗为他孝心所感动，安排他以右正言、直史馆出任福州知州。蔡襄到任伊始，即开始察访社情民情。当他了解到当地由于水利设施，尤其是"古五塘"年久失修，导致旱情困扰、粮食年年歉收之后，决定对症下药，兴修水利。"古五塘"处于原东湖位置，东湖是晋代严高任太守时所修，大致位于今福州东湖宾馆、温泉公园、琴亭湖一带，后来疏于清理，淤塞严重，一部分高抬成田地，一部分分隔成大大小小的池塘，"古五塘"就是这些面积较大如同水库的池塘。蔡襄说干就干，他积极筹措资金，动员群众投工投劳，清理淤泥，疏通渠道，在较短的时间内，恢复了"古五塘"，使大面积农田受益，水旱无忧。

至和元年（1054），蔡襄以龙图阁直学士权知开封府。开封是首都，皇族、权门、巨贾、恶少，鱼龙混杂，极难治理。然而，蔡襄不甘墨守成规，他到任后，大刀阔斧，惩奸治污，以简驭繁，决断如流。宋代晁说之《晁氏客语》记载说："蔡君谟知开封府，事日不下数千，每有日限事，拣三两件记之。至其日问人，不测如神。"说明他善于抓大放小，行事干练，达到了事半功倍的效果。

一次，某富商被杀，家属到开封府报案，蔡襄要求捕快三个月内破案。期限已到，案件却无丝毫进展，为逃避责罚，捕快竟然随便抓了个流浪汉，弄些血衣、匕首做假证据交差。蔡襄审案之时，流浪汉大声喊冤。蔡襄觉得事有蹊跷，就问捕快："凶手是在哪儿抓到的？"捕快回答说，是在城东关帝庙。蔡襄明白了捕快的"把戏"，将流浪汉当堂释放，反把捕快关进了大牢。他说："这个流浪汉既不疯又不傻，倘若真是他杀，他销毁证据还来不及，怎会把那么明显的杀人证据留在身边，并在游人如织的关帝庙让捕快抓到呢？这不过是捕快为了结案，故意陷害好人罢了。"后来，宋仁宗听说这件事后，不禁连声夸奖蔡襄说："君谟精吏事，京府无冤狱！"

嘉祐元年（1056），蔡襄再任福州知州。在此任期内，蔡襄大力兴办学校，以教育推动人才的培养，以教育促进民风的转变，实现了教育与民风的交互影响。福州教育资源匮乏，他多方努力，广设乡校，普及教育。他礼贤下士，加强师资，聘请郡士周希孟、郑穆等博学鸿儒为州教授，不断提高教学水平。他提倡"文章与礼法并重"，双管齐下，使教育大为普及，福州学风更加浓厚。当时，福州民间沿袭一种陋习，谁家治丧，除在家大摆筵席外，还要在山头举办斋筵，任路人随意饮食，大吃大喝，铺张浪费。许多穷人家本就穷得叮当响，但民风如此，欲罢不能，逼得他们卖田典宅，因丧致贫者比比皆是。为此，蔡襄亲作《戒山头斋筵》一文，提倡丧事简办，禁止丧家在山头设斋筵，违者严惩不贷，这股不正之风终被刹住。在蔡襄的治理下，福州百姓知礼守法，社会风气焕然一新。

蔡襄还曾两度出任泉州知州，直到嘉祐五年（1060）离任，前后四年有余。他在泉州主要有两大政绩，一是修桥，二是植树。古万安渡，位于泉州城北二十公里处的惠安洛阳。洛阳江与泉州湾在此汇流，当时，南北两岸无桥可通，交通十分不便。由于水势险恶，过往舟楫常常不得不停渡。泉州作为海上丝绸之路的起点，商业十分发达，但水上交通不便阻碍了商业发展，商人抱怨连天。为此，一些仕宦缙绅，很早就想捐资修桥，只是苦于政府无人引导而作罢。蔡襄到任后，立即牵头组织修建万安桥（今称洛阳桥）。他牵头拿方案，动员泉州各界人士捐资，自己也在并不富裕的情况下"捐一百六十石助役"。在他和泉州各界人士的努力下，全长一点二公里的万安桥终于在嘉祐四年（1059）底完工，造福了两岸百姓，使泉州的商业更加繁荣。万安桥是我国第一座海港大石桥，是建桥历史上的奇迹，被茅以升称作"福建桥梁的状元"。难能可贵的是，万安桥如此浩大的工程，却未动用国库一分钱。

在福州、泉州那段时期，蔡襄还动员和组织老百姓，从福州至泉州、漳州，沿途遍植松树，全长达三百五十公里，防止了水土流失，保护了道路，成为当时最有影响的绿化工程。时人感激他的功绩，不但为他树碑立传，还创作了许多诗歌、民谣来纪念他。南宋祝穆《方舆胜览》一书中，便记录了两首当时老百姓创作而且流传甚广的诗歌，一首曰："道边松，大义渡至漳泉东。问谁植之我蔡公，岁久广荫如云浓。甘棠蔽芾安可同，委蛇夭矫腾苍龙。行人六月不知暑，千古万古长清风。"另一首曰："洛阳桥，一望五里排琨瑶。行人不忧沧海潮，冲冲往来乘仙飙。蔡公作成去还朝，玉虹依旧横青霄。考之濩渟功何辽，千古万古无倾摇。"

引领时代的书法大家

宋代书法素有"苏黄米蔡"四家之说，即苏东坡、黄庭坚、米芾、蔡襄，他们被认为是引领宋代书法的典型代表。"宋四家"的书法风格，苏轼丰腴跌宕，黄庭坚纵横奇崛，米芾俊迈豪放，蔡襄则端劲高古，容德兼备，均自成一格。

蔡襄书法上承晋唐法度，下启宋人的意趣，"取神气为佳"是他的书法主张，真、行、草、隶四体均达妙境。蔡襄的书法，在当时被许多同为书法大家的士大夫推崇备至。苏东坡说："独蔡君谟书，天资既高，积学深至，心手相应，变态无穷，遂为本朝第一。"（《苏轼文集卷六十九·题跋》）欧阳修说："自苏子美死后，遂觉笔法中绝。近年君谟独步当世，然谦让不肯主盟。"（《欧阳修全集卷一百三十·试笔》）黄庭坚评价道："苏子美、蔡君谟皆翰墨之豪杰也。"（《黄庭坚全集·正集卷第二十六·题跋》）南宋诗人刘克庄酷爱蔡襄书法作品，并收藏有许多蔡襄的书帖真迹，他亦说："忠惠蔡公（蔡襄谥号忠惠）书法为本朝第一。"（刘克庄《后村集卷三一·题跋》）有人说"宋四家"之蔡为蔡京，而在这些当朝书法巨擘眼里，蔡襄才是"本朝第一"，可见蔡襄书法水平的高超。至于"宋四家"中到底是此蔡抑或彼蔡，无伤大雅。

蔡襄遗世墨迹有《谢赐御书诗》《自书诗帖》《陶生帖》《郊燔帖》《蒙惠帖》等多种，碑刻有《万安桥记》《昼锦堂记》以及鼓山灵源洞楷书"忘归石""国师岩"等绝世珍品。说到"忘归石"，当地还有一段传说。当年，蔡襄任福州知州期间，曾多次游览鼓山，经常流连忘返。有一次，暮色已降，蔡襄仍乐不知返，感慨之余，书写"忘归石"三字于灵源洞深涧峭壁上，后刻石纪念。时隔百余年，南宋诗人赵晋臣游玩至此，看到蔡襄题刻后，有感而发作诗曰："登山心悦倍精神，欲往山间未有因。刚道忘归又归去，白云何不且留人。"赵晋臣把他的诗，题刻在"忘归石"的对面，以示对蔡襄的纪念和景仰。

蔡襄书法独步当世，宋仁宗也极为喜爱，《宋史·蔡襄传》即说："襄工于书，为当时第一，仁宗尤爱之。"不过，蔡襄并不以此作为谋取高官厚禄的手段，反而坚持原则，对于违反原则的要求，即便是皇帝的安排，也不怕"忤旨""抗上"，而拒绝执行。皇祐六年（1054），宋仁宗最宠幸的妃子张贵妃病逝，宋仁宗悲痛不已，随即高规格为其治丧，比如追封她为温成皇后，立忌、酌献、立庙、建陵、立志等等，其中不乏僭礼越制之举。后来，要在墓前立《温成皇后碑》，碑文已经拟好，需要找一位书法高手来操刀，宋仁宗立马想到了蔡襄。蔡襄本来就对宋仁宗高规格为张贵妃治丧心怀不满，曾多次上疏谏阻，当皇帝让他书写墓碑的旨意下达后，即以"此待诏职"为由拒绝，让本身处于悲痛之中的宋仁宗更加不快。

嘉祐八年（1063），试图振兴的宋仁宗因病去世，宋英宗继位，成了宋王朝的第五任当家人。当时，蔡襄为翰林学士、权三司使。按宋朝的用人习惯，翰林学士、权三司使是参知政事即副宰相的热门人选，像后来的宰相丁谓，就是由权三司使、参知政事而至宰相高位的，倘无意外，蔡襄是极有可能成为宰执大臣的。宰相韩琦向宋英宗极力推荐蔡襄和欧阳修二人出任参知政事。然而，宋英宗毕竟不能等同于宋仁宗，他用了欧阳修为参知政事，却没有提拔蔡襄，因为蔡襄太敢于直言了，作为权力通天的皇帝，怎么会容忍在自己身边安置一个"火药桶"呢？怎么会放弃至高无上的权力来主动接受下级的监督呢？除了那个希望有所作为、争当中兴之主的宋仁宗。不特如此，当蔡襄意识到说话的环境已经大不如前而心灰意冷地向宋英宗请求外调杭州时，宋英宗立刻就批准了。韩琦觉得非常奇怪，对宋英宗说，以往翰林们请求外调，必须请求数次才予准许，蔡襄怎么一请即允呢？礼数是否过于简单？宋英宗却反问道："使襄不再乞，则如之何？"是啊，倘若蔡襄不继续提出请求，怎么办呢？

宋英宗治平二年（1065），蔡襄出知杭州，三年后在任上抑郁而终，年仅五十六岁。蔡襄去世后，好友欧阳修为失去这样一位至情至性的至交而悲痛万分，特作《端明殿学士蔡公墓志铭》，以资纪念。其铭曰："谁谓闽远，而多奇产。产非物宝，惟士之贤。巍巍蔡公，其人杰然。奋躬当朝，谠言正色。出入左右，弥缝补益。间归于闽，有政在人。食不畏蛊，丧不忧贫。疾者有医，学者有师。问谁使然，孰不公思？有高其坟，有拱其木。凡闽之人，过者必肃。"（《欧阳修全集卷三十五·墓志四首》）

曾巩：被文名掩盖的能臣

就文学创作而言，曾巩上学司马迁、韩愈，师承欧阳修，主张"文以明道"，是宋代新古文运动的中坚，成就极高。脱脱在《宋史·曾巩传》后论曰："曾巩立言于欧阳修、王安石间，纡徐而不烦，简奥而不晦，卓然自成一家。"宋代以降，许多人将其作品奉为典范，他因此成为"唐宋八大家"之一，享誉千年，至今不衰。然而，纵观曾巩一生，他不仅是一位儒者，而且是一个能吏，只不过在那个文化重于经济、诗文贵于粟粒的时代，其行政才干被耀眼的文名所掩盖罢了。曾巩中嘉祐二年（1057）进士第入仕后，除了在京城任过较短时间的馆阁校勘、集贤校理外，大部分时间在浙江、山东、江西、福建、安徽、河北等地任职，前后长达十余年，所到之处，打击豪强、抵制兼并、兴修水利、减赋赈灾，为老百姓做了很多实事好事，成效显著，颇有政声。

越州：饥年不荒，农事不乏

曾巩，字子固，建昌军南丰县（今江西南丰）人，世称"南丰先生"。熙宁二年（1069），曾巩因在王安石与司马光关于变法的争执中说了实话，把两边都得罪了，心生不安，遂向宋神宗请求外调，出任越州（今浙江绍兴）通判。通判一职是宋太祖为惩五代藩镇之弊，于乾德元年（963）所置，寓有"监州官"之意，凡本州兵民、钱谷、户口、赋役、狱讼听断之事可否裁决，与知州通签书施行，权力很大。曾巩当年六月到任，随即察民情、访贫苦、搞调研。越州这地方有个老习惯，那就是从酒场征收赋税，供衙门使用。曾经有一段时间，酒场钱有限，不够财政开支，州上想了个法子，不足部分，分摊到老百姓身上征收。当初确定了七年的期限，然而，期限已到，政府却"责赋如初"，横征暴敛，丝毫没有按约定停征的迹象，老百姓怨声载道。曾巩了解情况后，马上中止了这笔不合理的赋税。

当时，正值越州饥荒，灾情严重，民生凋敝。曾巩考虑到常平仓（古代官府为调节粮价、储粮备荒所设置的粮仓）不够救济灾民，而遍布乡野的老百姓又不便到城里购粮。为了解决燃眉之急，曾巩安排人广贴告示，要求各县富户如实申报自家粮食的储量。当曾巩看到富户们申报上来的储量达到十五万石时，他的心里踏实了。他又发布政令，要求各地富户以比常平价略高一点、又在老百姓基本能够接受的价格出售，从而使饥民能就近购买粮食，无异于雪中送炭。同时，他还筹集资金五万钱，借给无钱的农户购买种子。通过这两项措施的施行，越州百姓终于平稳度过了灾年，不但没有饿死之民，而且实现了饥年不荒、农事不乏，广袤的田野上又泛起了新绿。

齐州：扫黑除恶，除暴安良

熙宁四年（1071），曾巩升任齐州（今山东济南）知州。作为地方一把手，曾巩深知责任重于泰山，他不像有些官员，"上有好者，下必甚焉"，眼睛只盯着上面的好恶，专拣上头喜欢的事做，唯领导马首是瞻，反倒把本身守土爱民之责抛却一边，甚至不惜弄虚作假，劳民伤财。曾巩不这样，他既勤政，更务实，而且凡事从实际出发。当时，为治理河北黄河，朝廷从各地调集民工，要从齐州调丁二万，按注册户口计算，当三丁抽一。但当他听说一些地方的户口有漏登和盲报现象后，马上决定开展深入细致的人口普查工作，重新调查户籍情况，从下至上，层层上报，反复核实，最后发现，九丁抽一就能满足征丁之需。于是，他没有盲目按照上头要求的三丁抽一，而是按照九丁抽一执行。曾巩这一务实的作风，使许多寻常百姓之家，免去了徭役之苦，减轻了农民负担。

自古以来，齐鲁以民风强悍著称，即所谓："燕赵多慷慨之士，齐鲁多响马之邦"，黄巢起义、宋江落草，皆发端于齐鲁大地。曾巩当时任职的齐州，就被评价为："野有群行之盗，里多武断之家"，是个有名的难治之乡，豪强恶霸比比皆是。所以，曾巩这个知州，断非美差。曾巩清醒地认识到其难治之处，扫黑除恶，除暴安良，必须枪打出头鸟，刀砍地头蛇，要在打击豪强上出重拳，树威信。临邑县曲堤镇（今山东济南）有一周姓富户，其子周高横行乡里，欺男霸女，无恶不作，民愤极大，但周家"力能动权贵，州县吏莫敢诘"，与地方官沆瀣一气，百姓更是敢怒不敢言。曾巩初来乍到，以此为突破口，搜集证据，迅速将周高法办，大快人心。章丘县（今山东济南）有豪强聚成一伙，号称"霸王社"，他们杀人越货，无恶不作。曾巩派兵将他们悉数抓获，一举端掉了这个犯罪团伙，对三十一名罪犯按律判刑，发配边疆。他还在齐州开创了"保伍"之法，以五户为一保，监督出入，实行外来人口登记，有盗贼则鸣鼓相援。通过曾巩的科学治理，齐州犯罪率明显下降，由治安案件多发之州变成了平安之州，风气为之一清。

其实，曾巩在齐州政绩还远远不止这些，比如他推行了王安石的新法，刺激了农业生产；修建了齐州北水门，解决了困扰齐州城多年的水患问题；疏浚了西湖（今大明湖）；等等。

洪州：科学理政，大爱救灾

熙宁九年（1076），曾巩调任洪州（今江西南昌）知州，兼江南西路兵马都钤辖（军职名）。洪州是当时有名的文化繁荣之地，唐代王勃一篇《滕王阁序》，使"南昌故郡，洪都新府"天下闻名。到洪州，是曾巩多次向朝廷请求的结果，因为他母亲已年近九十，需要照顾。当然，养亲并未影响工作，他的务实态度和为民作风，不会随时间和环境的改变而稍有松懈。

任职之初，恰逢江西瘟疫流行，而且呈漫延之势。曾巩着眼全局，科学筹备，赶紧调配救灾物资，命令各县、镇、亭传储备防疫药物。他安排人腾出州政府的官舍，作为临时收容所，给那些生病的士兵，以及染病无力自养的百姓居住，不但分派医生给他们治病，还给他们提供饮食和衣被，使这些人不至于受灾又挨饿受冻。他派人随时记录疫情，把染病和没染病者均登记造册，及时汇总，然后调拨资金，按轻重缓急，依次有序地分发救济款。曾巩这一系列的举措，从死亡线上，挽救了许许多多鲜活的生命，充满着那个时代少有的人文关怀，践行了他忠于国家、爱护百姓的人生信念，大灾显大爱。而且，他这一整套具有示范效应的救灾方法，为当时抗灾救灾提供了行之有效的科学理念。

当时，曾巩还有一事干得非常漂亮。朝廷派兵征讨安南国（今越南顺化以北），要求沿路州府提供食宿粮草，搞好这支远征军的过境接待。俗话说：

"匪过如梳，兵过如篦。"数万人的吃喝拉撒，加上连拿带抢，这个协调工作可不是件易事。所以，大军南下，一路滔滔，弄得沿途百姓苦不堪言。鉴于此，曾巩不敢掉以轻心，而是提前作出筹划和安排，及时调度物资，科学安排吃住，巧妙安排过境时间，最后，大军过境，倒也秋毫无犯，许多城乡老百姓，甚至不知道大军曾经路过本地。

福州：保障民利，直选住持

熙宁十年（1077），曾巩由洪州转任福州（今福建福州）知州，这一年，他已经五十九岁了。在宋朝，这种高龄仍在做地方官的，若非照顾养老，则是被贬外放，或者皇帝不太看好，曾巩也许属于后者。曾巩自熙宁二年外放越州以来，已在多州任职近十年，以曾巩的文学名气和政治作为，皇帝只要稍微关注一下，早就回京点翰林、当学士了。然而，不但此时没有，福州之后他甚至又被调任明州（今浙江宁波）、亳州、沧州等地知州，还在基层干了一段时间。所以，同僚们认为他怀才不遇，"巩负才名，久外徙，世颇谓偃蹇不偶。一时后生辈锋出，巩视之泊如也。"（《宋史·曾巩传》）尽管如此，曾巩看得很淡，任劳任怨，兢兢业业。他在福州只待一年，时间很短，政绩却不俗。

他在福州任上提出一个观点，那就是：当官不能与民争利。当时，地方官的待遇不错，除了正常的工资津贴之外，朝廷还拨给一定面积的"职田"（又作职分田、公田、禄田，历代依官职品级所授的田地），通过租赁收取租金来发放补助。福州没有"职田"，但有一块面积很大的菜园，州上经营这块菜地得当，蔬菜一年四季源源不断销售到菜市场，单是这笔菜钱州官们每年就能增收三四十万钱。不过，官府的菜大量上市，扰乱了市场，导致菜价越来越低，菜农们的菜卖不动，收入陡减，伤农很深。这个让官吏们富得流油的菜园子，成了福州老百姓"卖菜难"的祸根。曾巩知道后，愤慨地说："太守与民争利，可乎？"政府应该设法增加农民收入，怎么能与民争利呢？曾巩立刻取消了这个"富官伤农"的菜园子，虽说自己的油水少了一大块，但保障了菜农的利益，老百姓为之欢呼。

福州这地方还有一个怪现象，买官的少，买住持的多。何解？原来，福州历来兴佛教、多寺庙，有捐助寺庙的传统，除了国家拨付一定产业给寺庙外，许多百姓、富户，也纷纷给寺庙捐赠金钱地产之类，寺庙因此成为比政府更加富裕的地方。一时之间，投身寺庙当和尚，成了人人向往的热门职业。一些好逸恶劳的流氓地痞破落户到处钻营，为捞一个当和尚的指标而费尽心机。一些颇有声望的社会名流更是买通关节，贿赂官府，争当主僧住持。于是，七闽大地，货赂公行，乌烟瘴气。曾巩决定采取断然措施，刹住这股歪风。曾巩颇有超前意识，他知道，要杜绝住持买卖，唯有"直选"。他安排人分别前往各地寺庙，把和尚们聚集一处，无记名投票推举住持，然后把这些"直选"出来的住持层层上报到州府，由州府统一发放聘任文书，一切都在阳光下进行，从而堵住了后门，打击了腐败，福州从此气正风清。

以上只是曾巩从政数年间的点滴，后任明、亳、沧三州一把手，政绩也不俗。与许多北宋士大夫不同的是，在实际工作中，曾巩少于议论，多于实干，说得少，做得多。他以儒家的忠君爱民为出发点，简单，纯粹，执着。他一生辗转七八个州，大多数时间都在基层任职，及时处理了很多涉及群众冷暖的热点难点问题，为老百姓真正做了一些实事、好事，受到了普遍的好评，他任满离开齐州时，齐州老百姓竟然紧闭城门，极力挽留，不愿意他离开。为纪念曾巩为齐州作出的贡献，后人还于千佛山建曾公祠，在大明湖畔建南丰祠。

作为政绩斐然的能臣干吏，曾巩却不像那些习惯于弄虚作假的政客，有一点泡子就吹嘘成气球那么大，甚至影子都没有的政绩也要瞎吹一番，欺上瞒下，弄虚作假。曾巩对于政绩，从不张扬炫耀，每次上书皇帝，只说些尽孝养亲之类的寻常家事，其他只字不提。而这，恰恰成了曾巩的短处。由于曾巩不擅宣传自我，加上他在基层推行了王安石的新法，反对变法的资政殿大学士吕公著在宋神宗面前打小报告说："（曾）巩为人行义不如政事，政事不如文章。"把曾巩评价为一个品格低下、碌碌无为的庸官，断言他不堪大用。从此，曾巩无法以才干立朝，终其一生没有得到更好的施展。可见，政见常常能决定一个人的命运。同时，曾巩以文章著称于世，人们只知其文章，不知其政绩，其卓越才干便淹没在历史的尘埃中不为人知，并影响了千余年来人们对他该有的全面评价，堪称憾事。

司马光的聚餐规定

宋神宗元丰五年（1082），退休后闲居洛阳的原宰相富弼，向时任太尉、判河南府（宋代官至尚书左、右仆射及使相以上领州、府者称判）兼西京留守的好友文彦博提议，由二人牵头，组织一些年龄相仿、资历相当、性情相投、口碑良好的能臣，仿唐代白居易"香山九老会"形式，置酒相乐，定期聚会。对此提议，文彦博非常赞同，一拍即合。他们组织当时居住洛阳的部分已经退休或即将退休的能臣，按年龄为序，轮流做东，谓之"洛阳耆英会"。

聚会确定了"士大夫老而贤者"十二人。这十二人中，官位最高为富弼和文彦博，均出任过宰相。年龄最大为富弼，七十九岁。其次文彦博和司封郎中致仕席汝言，七十七岁。其他还包括太常少卿致仕王尚恭、秘书监致仕刘凡、司农少卿致仕王慎言等，皆是年逾古稀的退休官吏。时任端明殿学士兼翰林侍读学士的司马光年龄最小，"年仅"六十四岁，按要求是不能进入这支队伍的，因他声望高、学问好、人缘不错，又正好在洛阳居住，被"强拉入伙"，成为"耆英会"中的老幺。

尽管只是几位故吏的小聚会，大家毕竟都是当朝叱咤风云、指点江山的人物，无规矩不成方圆，凡事不能草草。经过合议，决定由任过皇帝秘书的首席笔杆子司马光执笔，撰写《洛阳耆英会序》，以纪其事。司马光又撰《会约》，给聚会立规矩、定约束。《会约》一共九条，篇幅不长，原收于明代司马晰编写的《涑水司马氏源流集略》一书，现据邓广铭《宋史十讲·第十讲》全文转引如下：

一、序齿不序官。二、为具务简素。三、朝夕食各不过五味。四、菜、果、脯、醢之类，共不过二十器。五、酒巡无算，深浅自斟，饮之必尽，主人不劝，客亦不辞。六、逐巡无下酒时，作菜羹不禁。七、召客共用一简，客注可否于字下，不别作简。八、会日早赴，不待速。九、右有违约者，每事罚一巨觥。

《会约》逐条的大致意思是：

聚餐中只论年龄大小，不论职务高低，没有官场俗套，大家都轻松。

聚餐时，筵席上的餐具务求简朴，不得金碗银筷讲排场。

主人请客时，每宴主菜不得超过五种。或许就是早期的"四菜一汤"？

果脯、酱菜之类的佐酒小碟，总数不得超过二十碟，类似于今天餐桌上的冷盘，看似多，但品种极普通，非难寻珍馐，量亦少。

座次按年龄排，酒壶按顺序递，倒多倒少、饮多饮少自便，东道主不得强行劝酒，宾客也无须勉强自己，量大尽兴，量少随意。但倒入酒盅的必尽，避免浪费。

倘若酒未喝完，桌上菜肴已被吃完扫光，此时可补充一些菜汤。

节约纸张，简化程序，轮到谁请客，东道主只用一张通知单，写明聚会时间，下列诸会员的字，如富弼只写彦国，文彦博写宽夫，司马光写君实，等等。派人逐家传递，会员是否能出席，在字下签注即可。

聚餐之日，客人须按时出席，不等不催。

上述规定，谁若违反，如迟到、答应来而不来、主菜超过"四菜一汤"等等，无论主宾，违反一条，即罚酒一大杯。

有了这么一则《会约》，人们在请客过程中，均按《约》办理，减少了身不由己的铺张，杜绝了竞奢斗富的攀比，避免了不必要的浪费，主人没有压力和负担，客人也绝无轻视和鄙薄，优游自如。

《会约》把餐具的标准、菜肴的数量、请柬的呈送都规定得详详细细，节约到连请柬都不准多发一张，可谓节俭至极。司马光做官多年，待遇丰厚，却始终恶衣菲食，他常说"食不敢常有肉，衣不敢纯衣帛"，一直保持着简朴的生活习惯。当时，他居住洛阳，正埋头创作《资治通鉴》，前后达十四五年，由于住宅低矮破败，夏天酷暑难当，只好在房子下挖一个地下室，穴居期间，寒碜而又另类，被人讥笑为"穴处者"。

《会约》体现了司马光的节俭美德，对豪华相尚、俭陋相訾的北宋官场的奢靡之风，是一种自觉抵制。同时，《会约》对今天无论公私接待宴请，也不啻是一种很好的指导，既能体现东道主的好客之道，又不会捉襟见肘，让人打肿脸充胖子，逼得东道主寅吃卯粮，违心操办，甚至负债操办。

任人打扮的王安石

　　王安石（字介甫，封荆国公，世称王荆公）的"熙宁变法"失败了，比之前范仲淹的"庆历新政"败得更加彻底和悲壮。不过奇怪的是，变法失败后，士大夫不是对变法利弊的权衡，不是对变法得失的总结，不是从国家发展大局去校短量长、拾遗补阙，而多是对王安石个人的嘲弄和攻击，他们或从形象、习惯入手，或从性格、经历着笔，给王安石贴上了一系列神神道道稀奇古怪的标签，颇见搞笑的一面。

　　宋人在野史笔记中，连篇累牍地围绕他的外貌做文章，或说："安石牛耳虎头，视物如射"，或说："王介甫终日目不停转"，或说："公面黧黑"，或说："介甫肤理如蛇皮"……宋代邵伯温《闻见录》卷二记载说，宋仁宗邀请大臣们钓鱼，王安石以知制诰受邀，大臣们专心钓鱼，王安石却把茶几上放置的鱼饵当作零食，吃个精光，"仁宗朝，王安石为知制诰。一日，赏花钓鱼宴，内侍各以金碟盛钓饵药置几上，安石食之尽。"苏洵以王安石面垢不洗，衣垢不浣，囚首丧面，一年四季不洗澡，而作《辨奸论》一文，借晋代山涛评王衍语："误天下苍生者，必此人也。"唐代郭子仪评卢杞语："此人得志，吾子孙无遗类矣。"将二者的评语原封不动冠之于王安石头上，谓之："是王衍、卢杞合而为一人也"，并断言："凡事之不近人情者，鲜不为大奸慝。"（苏洵《嘉祐集》第九卷）

　　长相不堪，吃相不雅，穿着邋遢，形象猥琐，像张飞而多狡诈，似钟馗而少忠义，这就是宋朝士大夫们描绘的王安石形象。

　　司马光与王安石早先也是良友，相互倾慕，心照神交，但经过变法，反目成仇。他俩曾在宋神宗面前有过一次激烈的争辩，王安石认为，国家财政困难，入不敷出，是因为缺乏善于理财之人和理财之道。司马光则认为，天地所生财货百物，不在民，则在官，王安石所谓理财，不过是苛敛民财与民争利罢了。他们的矛盾焦点集于一个"利"字。司马光在《涑水记闻》卷第十五用调侃的语调讲了一个故事，说身为宰相的王安石好言利，一次，有人向王安石献计说："把八百里梁山泊的水放掉来造田，可造良田万顷，乃一本万利的好事。"王安石一听，眼睛贼亮，兴奋地问道："那放掉的水，何处贮存呢？"旁边一个官员幽默搞笑，因接口说："在梁山泊旁边，再掘一个八百里水泊，则足可贮存此水了。"在场之人，无不笑倒。司马光借这个故事，把王安石急功近利的性格大大讥讽了一番。

宋代魏泰在《东轩笔录》卷十也记载了一个段子。王安石任相期间，每当生日，朝士纷纷献诗，僧人、道士则颂"功德疏"，竞相祝贺。光禄卿巩申趋炎附势，削尖脑袋走宰相的门子，因他既不擅长作诗，又不会诵经，便别出心裁以"放生"的方式为王安石祝寿，他用大笼子装来许多鸽子，然后一只一只地放生，每放一只，都恭恭敬敬地磕头祷告说："愿相公一百二十岁。"如此反复，极尽巴结之能事。凑巧的是，当时有一守边将军的妻子生病，手下一虞候（宋代官员的侍从）竟然割股肉进献，以致远近骇笑。好事者用这两件事作一对联曰："虞候为县君（命妇封号）割股，大卿为丞相放生。"

无独有偶，南宋李壁《王荆文公诗笺注》卷第二十二也记载了一个段子。王安石的儿子王雱，才华横溢，志存高远，二十岁前就已著书数万言，真可谓虎父无犬子。然而，王雱多病，英年早逝，王安石白发人送黑发人，悲痛欲绝，因作《题雱祠堂》诗悼子。李壁在诗后注中记录下王安石当政期间的一些传闻说："公父子皆以经术进，当时颂美者多以为周、孔，或曰孔、孟。范镗为太学正，献诗云：'文章双孔子，术业两周公。'公大喜，曰：'此人知我父子。'"国子监学官范镗为讨好宰相而献诗，把他们父子的才学喻为孔子，能力喻为周公，王安石看后特别高兴，竟大言不惭。

细究起来，这两个段子嘲笑的不是巩申和范镗的卑躬屈膝，它嘲笑的是身为国家重臣的王安石，面对肉麻的马屁时那种洋洋自得的样子，于是，王安石落下了好谀喜谄的名声。然而，仔细观察王安石的为文、为政、为人，他虽然生活中不拘小节，言语间好发高论，改革上大刀阔斧，选人用人上独断专行（以支持改革为选人用人标准），的确有常人不能理解与容忍的一面。但说他陶醉于阿谀之词，狂妄到是非不分，这不符合实情。宋代沈括《梦溪笔谈》卷九载："王荆公病喘，药用紫团山人参，不可得，时薛师政自河东还适有之，赠公数两，不受。

人有劝公曰：'公之疾，非此药不可治。疾可忧，药不足辞。'公曰：'平生无紫团参，亦活到今日。'"他得了气喘病，药方中有一味紫团参（产于山西壶关县紫团山），为人参珍品，到处买不到。恰巧薛向自紫团参产地河东路任职归来，手头正好有，要送他几两，王安石却坚决不受，还说："我这一辈子没吃过紫团参，不也活到了今天吗？"可见他有其洁身自好、实事求是的一面。

不仅如此，有人甚至还把王安石刻画成一副小人相。王安石从小好学，刻苦上进，但他长相难看，皮肤似蛇皮。清代褚人获《坚瓠集·丙集》卷之三"老蛇皮"条载："王介甫乃进贤饶氏之甥，锐志读书。舅党以介甫肤理如蛇皮，目之曰：'行货（质量差的货物）亦欲求售耶？'介甫寻举进士。以诗寄之曰：'世人莫笑老蛇皮，已化龙鳞衣锦归。传语进贤饶八舅，如今行货正当时。'"八舅非常讨厌这个外貌丑陋的外甥，嘲笑他是"次品"，断言他没出息。王安石进士及第后，赋诗反击舅舅的鄙薄。这个故事一看便知杜撰。王安石饱读诗书，在学问上堪称旷世大儒，以其学识和修养来说，中了进士内心再高兴，也不至于得意忘形如小人一般，何况以王安石的才学，也不会把诗写得如此低俗。

改革之前，人们谈论评价王安石的时候，则完全不是这种龌龊之言，泄愤之语，而是充满景慕，寄托希望。例如比王安石还年长两岁、十余年间同王安石数度共事的司马光，就曾在《与王介甫书》中说："介甫独负天下大名三十余年，才高而学富，难进而易退，远近之士，识与不识，咸谓介甫不起则已，起则太平可立致，生民咸被其泽矣。"可见王安石在士大夫间的声誉和口碑，几乎交口称赞，众望所归，直可以托付天下似的。那么后来为何诋毁丑化，群起而攻之呢？原因是多方面的，有一点不得不说，正如苏洵所言："好恶乱其中，而利害夺其外也。"尤其"利害夺其外"。王安石虽然在官场摸爬滚打数十载，但他深谙王道而不通权变，深知国家弊病而不懂"官箴"。变法乃是一种利益的重新调整，必然伤筋动骨，他急于事功而又不能因势利导，及时化解矛盾，终于犯了众怒。士大夫不乏对祖宗的孝顺和对国家的忠诚，然而侵犯了谁都会刺猬般反戈一击，编段子、传谣言不过他们千万手段中的一个。俗话说："历史是个任人打扮的小姑娘"，王安石因而被涂抹成了如此不堪的模样。至于像两宋之际的吕本中在《师友杂志》中借谏官陈瓘之口说："寻常学者须知得王介甫一分不是，即是一分好人，知得王介甫十分不是，即是十分好人。"则纯粹是诋毁谩骂，毫无趣味可谈了。

文人喜欢渲染，爱之欲其生，恶之欲其死，常常言过其实。反对变法，就连他的才学、德行一律抹杀，这是有悖于事实与真理的。当然，文人中亦不乏客观公正之士，像黄庭坚，他虽然也反对变法，但对王安石本人却欣赏而敬佩，他在《跋王荆公禅简》中说："余尝熟观其风度，真视富贵如浮云，不溺于财利酒色，一世之伟人也。"（《黄庭坚全集·正集卷第二十六·题跋》）给予了王安石非常恰当的评价。

宋朝士大夫的外号

《水浒传》一百单八将，人人有外号。豹子头林冲，一看就知道长相；霹雳火秦明，一看就懂得性格；小李广花荣，一看就了解才能。在宋代，不但江湖好汉爱取外号，就是朝堂之上正襟危坐的士大夫们，也好互取外号打趣，而且惟妙惟肖，极为传神。

针对相貌取外号，是士大夫们的拿手好戏。宋神宗年间，孙觉、孙洙同为馆阁大臣，孙觉胖乎乎，孙洙瘦精精，二人皆蓄络腮胡子，虬须美髯，有好事者乃以他们的身体特征，呼孙觉为"大胡孙"，孙洙为"小胡孙"，一时传为笑谈。宋徽宗继位之初，曾布、韩忠彦并列为宰相，曾布极矮，韩忠彦特高，两人站立殿前与皇帝讨论大事，一矮一高如同乌龟与白鹤，形成巨大反差，同僚忍俊不禁，把他俩呼为"龟鹤宰相"。

宋朝堪称北方人建立的国家，赵匡胤起兵的核心团队"太祖义社十兄弟"中，他自己是河北涿州人，李继勋河北大名人，韩重赟河北武安人，王审琦辽西人，刘廷让、刘光义皆为涿州人。宋朝建立后，朝廷上下对南方人一直不怎么待见，据说赵匡胤立下过不用南方人为宰相的规矩。尽管后来也有一些南方人出任宰相，但《宋史·奸臣传》几乎清一色南方人，也是不争的事实。所以，一朝之间，经常充斥着地域歧视，北方人尤其爱取外号嘲弄南方人。比如，他们把四川人称为"川蠁苴"，意为邋遢而蠢笨的人；把福建人称为"福建子"，意为奸诈而狡猾的人。司马光与吕惠卿以讲官身份出席宋神宗的经筵，二人政见不同，互不顺眼，常常在宋神宗面前因论变法事而吵架，"至于上前纷挐"，有时甚至动粗。宋神宗说："相与讲是非，何至乃尔？"很不高兴。司马光陕州夏县（今山西夏县）人，北宋夏县属永兴军，即陕西地域范畴。吕惠卿福建晋江（今福建泉州）人。同僚们一边看热闹，一边意犹未尽地叹息道："一个陕西人，一个福建子，怎生厮合得著？"（佚名《道山清话》）从此，"福建子"成了吕惠卿的外号。

有的因才华和长处取外号，表达赞叹与钦佩之情。庆历年间，欧阳修贬职滁州，因写作《醉翁亭记》而名声大噪，人们送他雅号"醉翁"。其实，那时欧阳修不过三十来岁。宋祁描写春天的辞章为人称羡，一句"绿杨烟外晓寒轻，红杏枝头春意闹"妙笔点睛，他任过工部尚书，人们遂称他"红杏尚书"。龙图阁直学士杜镐博闻强记，每次查阅书籍时，必对书吏说："某事见某书某卷第几行。"书吏一查，果然不误，士大夫美其名曰"杜万卷"。

有的是性格的反映。书学博士米芾个性怪异，穿唐服，有洁癖，遇到奇石膜拜不已，人称"米癫"。有一次士大夫聚会，喝到热闹处，米芾当众问苏东坡："世人皆以芾为癫，愿质之子瞻。"希望苏东坡这位意见领袖说句公道话，苏东坡却哈哈一笑说："吾从众。"连苏东坡都认为这个外号贴切，"米癫"更是道路流布，妇孺皆知了。宋神宗熙宁年间，宰相王安石忧虑于宋王朝财力的空虚和军备的衰弱，以"富国强兵"为目标，大力推行改革变法，放言："天变不足畏，祖宗不足法，人言不足恤。"态度极为坚定，也极为固执，士大夫在背后戳他的脊梁骨，叫他"拗相公"。

而最有趣味的外号，恐怕要算对庸官和劣政的嘲讽。宋真宗时丁谓任相，极力迎合皇帝的虚荣，每遇国家大事，必言有仙鹤飞翔于宫阙之上，大家讥笑他为"鹤相"。宋神宗时宰相王珪，上殿说"取圣旨"，皇帝批后说"领圣旨"，散朝向部下传达说"得圣旨"，前后任相十多年，尸位素餐，无所建树，被讥为"三旨相公"。南宋末年，贾似道因妹妹贾贵妃受宠当上宰相，他贪污受贿，声色犬马，不但喜欢金银财宝，还酷爱玩蟋蟀。他派专人广寻蟋蟀，有人献上他满意的，就大赏金银，破格重用。他不顾国家安危，蒙古大军围困襄樊，前线告急，他闻报后，却若无其事地继续大玩其蟋蟀，老百姓痛恨地咒骂他"蟋蟀相公"。

对于士大夫来说，外号既是人品的反映，也是官品反映，既体现主流评价，也折射民间呼声。如果说《清明上河图》描绘了当时的市井生活，那么，把士大夫们的外号并列一处，就是一幅清晰的政治生活图，甚或还是一部宋朝官场史。

程颢：理学家的另一面

儒家哲学至宋代，发展为格物致知、明心见性的"程朱理学"，朱指朱熹，程指"二程"，即程颢、程颐兄弟。作为"二程"的兄长，程颢从小聪明好学，十五六岁时，师从道州周敦颐，研经习道，发奋钻研，一生不辍。"上自帝王传心之奥，下至初学入德之门，融会贯通，无复余蕴。"（《宋史·程颢传》）于是，终成一代大儒，对中国政治思想和哲学思想产生了重大而深远的影响，被奉为"先贤"，祀于孔庙东庑第三十八位。让人惊异的是，程颢不仅仅是一位理学家、思想家，还是一位精通治道的地方官员，他在州县基层任职多年，心怀天下，政绩卓然。

初出茅庐的断案高手

程颢（1032—1085），字伯淳，河南洛阳人。宋仁宗嘉祐二年（1057）举进士，旋授京兆府鄠县（今陕西西安）主簿，后任江宁府上元县（今江苏南京）主簿、晋城县（今山西晋城）县令等职。

宋代县一级的主簿，其职责按照曾任同安县（今福建厦门同安区）主簿的朱熹在《建宁府建阳县主簿厅记》中所说："县之属有主簿，秩从九品，县一人，掌县之簿书，凡户租之版，出内之会，符檄之委，狱讼之成，皆总而治之。"（朱熹《晦庵先生朱文公文集》卷第七七）这说明在宋代，主簿不仅掌管文书、考核、出纳等事务性工作，有时还负责狱讼官司。程颢刚到任上，一件棘手的案子便摆在了他面前。鄠县某乡民租赁了自己兄长的房子居住，一住就是二十年，一天在宅基地附近劳作时，竟然挖出一坛瘗钱（陪葬的钱币），真是喜从天降。但侄子说，这笔钱是他父亲当年埋下的，要求物归原主。天降横财，哪能拱手相送？叔叔死活不答应。于是，侄子一纸状子，递到了县衙。程颢看过状子，问侄子："你父亲埋这笔钱多久了？"答曰："四十年。"又问："你叔叔租赁宅子多久了？"

答曰："二十年。"程颢于是安排小吏，从挖出的铜钱中挑出十千钱，让侄子过目，然后大声说："官府铸造的钱，不过五六年就流通天下，而挖出的钱，是你父亲下葬前数十年所铸，皆为古钱，世间哪有不用当下之钱而选择古钱陪葬的呢？"侄子听后，大惊失色，只得承认自己的妄诉之实。

晋城一位张姓富户，父亲去世不久，一老叟上门对他说："我是你的亲生父亲。"张富户听后大骇，父亲刚刚入土，天上马上掉下个亲生父亲，哪有这样凑巧事情？他不认，人家偏要他认，争执不下，告到县衙。程颢坐堂，照例从线索入手。他问老叟："你说是他父亲，有何证据？"老叟说："年轻的时候，我以行医为业，长年在外行医，后来，妻子生下一子，贫不能养，无奈，只好忍痛将儿子送给了张家，不信，我这有字据为证。"老叟从怀里摸出一张纸条，上书："某年某月某日，抱儿与张三翁家。"一看纸条，程颢差点儿没笑出声来，他说："按照年龄去算，送孩子这一年，张家父亲才四十岁，四十岁的中年汉子，怎么会以'翁'相称？"老叟一愣，知道讹诈被县令识破，顿时汗流浃背，连连磕头谢罪。

探索地方管理新模式

程颢调任泽州晋城县令之时，不过而立之年，年轻得很。别看他年纪轻轻，做事却思路清晰，决策果断，而且善于创新。他在晋城任职三年，期间所做，不单单是调解纠纷、依法治讼等按部就班的日常工作，他还把大量的精力花在了探索地方管理的方法上，而这一点，是许多仅仅为积累资历、应付磨勘、谋取升迁的基层官员们无法望其项背的。

一是减轻农民负担。晋城老百姓交皇粮，要直接送往边境，以备军需。然而，晋城与边境之间路途遥远，到了催粮之时，家家户户送粮忙，官府转运亦需长途跋涉，耗时费力。倘若直接到边境附近购粮交纳，恰逢交粮高峰期，粮价又太贵，往往购粮所费，远远超出实际负担，老百姓怨声载道。为此，程颢推行了一个两全其美的办法，动员一些富户、商人，让他们粮价便宜时，在边境附近购粮储存，待交粮之时，再卖给晋城父老，规定只能略有赢利。这样，富户、商人有利可图，农民也无涨价之忧，负担大大减轻。一个小点子，解决了大问题，老百姓为之欢呼。

二是推行"伍保"之法。程颢按照村民居住远近，编成"伍保"，要求"伍保"之间，"力役相助，患难相恤"，强扶弱，富帮穷，互通有无，互相帮助。孤寡、残疾、流浪者，都责成有能力的亲戚、朋友、乡亲给予照顾，进行救助。于是，乡里之间，奸伪无所容，疾病有所养，风俗大变。据说，晋城至今民风淳朴，热情好客，城市文明程度指数颇高，古风犹存啊。

三是大力兴办教育。"十年树木，百年树人"，程颢深深懂得其中的道理。刚到晋城，他就风尘仆仆深入各地，与老百姓当面交流，调查了解教育实情，商量办学大计。他认为，"乡必有校"，任职期间，他多方奔走，筹集资金，牵头建立乡校、社学数十所。他发挥自己的长处，为儿童选择教材，修订教材，连断句之类的小事，都亲力亲为。"儿童所读书，亲为正句读。"（《宋史·程颢传》）晋城内外，好学之风，随之而来，甚至出现了"驱儿市上买书读，宁使田间禾不薅"的动人图景。

程颢任晋城县令期间，可谓管理有序、负担减轻、事业兴旺、一派繁荣。《泽州府志》说他："在邑三年，百姓爱之如父母，去之日，哭声振野。"

御史不知上未食

熙宁二年（1069），宋神宗接受御史中丞吕公著的推荐，提拔程颢为太子中允、权监察御史里行（隶御史台察院。凡资格不及太常丞、宗正丞、秘书丞"三丞"而入察院为御史里行，则带"权"字）。

权监察御史里行是言官，其职责主要是纠察百官，同时亦可规谏皇帝。然而对于士大夫来说，纠察百官好说，规谏皇帝却是门"技术活"。不提吧？职责所在。提吧，皇帝脸上无光，万一生点意见、来点态度，这帽子说不定都难保。所以，很多监察御史履职，或碍于情面，或害怕权威，或担心打击，往往形式重于内容，走走过场，不过让皇帝表现一下纳谏的姿态而已，至于纳不纳、纳什么、怎么纳，不予深究。程颢任御史，却执拗、较真，他常常像老师对待学生一样，以诲人不倦的态度，把那些"正心窒欲、求贤育材"之言，"防未萌之欲，及勿轻天下士"之劝，絮絮叨叨在宋神宗面前数落，不厌其烦。问题是他不厌其烦，那些侍从却大厌其烦，有一天午餐时间都过了，程颢还在"一、二、三"，宋神宗饥肠辘辘，

181

又不好明言，这时，侍从正色对程颢说："御史不知上未食乎？"（《宋史·程颢传》）皇帝还没吃午饭呢！这时，程颢才只好依依不舍地告退。

天下事非一家私议

程颢在京任监察御史期间，恰逢宋神宗安排王安石在全国推行变法。当时，王安石任参知政事，宋神宗委以大权，凡与改革有关的政策研究、机构调整、法令推行等，皆由王安石全权负责，甚至官员任命这样的大事，也由他根据改革需要便宜施行。王安石忧心于大宋王朝的经济衰落、士气萎靡、军备薄弱，以超常的勇气和胆识宣传改革，以矫枉过正的态度推行改革，甚至有"天变不足畏，祖宗不足法，人言不足恤"之说，真是石破天惊。这种态度在以祖先崇拜和农耕经济为基础的传统社会中，无异于离经叛道。所以，变法一经铺开，立刻激起众多朝士的反对。

不过，那些反对变法者，反对的程度并不完全相同，抑制的力度也不完全一致。翰林学士司马光、范镇、御史中丞吕诲等人反对新法的态度十分明确，尤以司马光最为激烈，他曾对宋神宗说："臣之于王安石，犹冰炭之不可共器，若寒暑之不可同时。"（司马光《司马文正公传家集卷十七·奏弹王安石表》）简直势同水火，不共戴天。程颢作为反对者阵营中的一员，态度上却温柔敦厚多了。王安石炙手可热，对程颢亦表现出异乎寻常的尊敬，尽管王比程年长十一岁。王安石与大臣们讨论变法事宜，大家思想上不通，王安石声色俱厉，暴跳如雷，就要摘人家的"帽子"。恰巧程颢受命前来议事，听后不慌不忙地劝王安石道："天下事非一家私议，愿平气以听。"如果是其他人，王安石恐怕大发雷霆了，但他是程颢，所以"安石为之愧屈"。（《宋史·程颢传》）

程颢说话做事，有理有节，不动真气，但他反对变法的态度却是一贯的，丝毫没有改变。他任御史期间，多次上书宋神宗，指出不可变法的理由。见劝说无效，最后说了一句："自古兴治立事，未有中外人情交谓不可而能有成者。"意思是反对者太多，总有反对的理由，天下没有反对者过多而能成功的改革，他以支持和反对改革人数的多寡来预测改革的成败。这倒与当时其他士大夫以王安石的长相批评他、以王安石的品格贬低他稍有不同。不过程颢这一反对的理由，倒也确实一语成谶。之后，程颢打了个辞职报告，请求解职外调。王安石虽然对程颢反对变法的坚定态度感到失望，但在反对变法的阵营中，程颢依然是王安石最尊敬的人。见程颢去意已决，王安石推荐他为提点京西刑狱，主管京西路各州的刑狱监察。程颢认为这个任命"恩典过颁"，死活不答应，上章向宋神宗固辞。王安石又推荐他为签书镇宁军判官，程颢才卷起铺盖赴任。

变法的对错、长短、好坏姑且不论，程颢在变法中的表现却的确温柔敦厚，休休有容，颇见君子之风，无怪乎刚烈火爆如王安石者，都对他尊敬若此。

心系百姓的签书判官

镇宁军是五代时就设置的军镇，也叫方镇、藩镇，长官称节度使，治所在濒临黄河的澶州（今河南濮阳）。程颢的签书判官，是一个幕职官，全称为签书判官厅公事，简称"签书判官"或"签判"，职责是协助长官处理政务。

虽为一介幕府属官，人微言轻，但面对国家大事和百姓安危之时，程颢勇挑重担，敢作敢为。当时，内臣程昉受命治理黄河，征用澶州厢兵（两宋诸州之兵，来自招募，部分来自流放罪犯，不加训练，不任战斗，惟供劳役）八百人，夜以继日，督工甚急。当时正值严冬，大雪不止，寒风刺骨，厢兵们饥寒交迫，不堪忍受，纷纷逃归澶州。澶州的行政官员们赶紧磋商，是大开城门让他们回来，还是堵在城外拒绝呢？因为程昉是皇帝派来的治河官，让厢兵进来，无异于同程昉过不去、同治河过不去、同朝廷过不去，如同祖护逃犯一般，是要担责的。因此，拒开城门成了绝大多数人的意见。只有程颢说："厢兵冒死逃归，拒之门外，必然引发事变。不如开门放入，好生安抚。如果程昉怪罪，我来承担。"征得大家的同意后，程颢赶到城门口，亲自打开城门，与厢兵对话，约定三日后复役，才开门纳入澶州城。三日后，体力和精神得到恢复的八百士卒，果然如期赶赴治河工地。他这一力排众议的举动，挽救了八百士卒的生命，足见他的胆识、魄力与担当精神。

熙宁四年（1071）夏天，澶州连降暴雨，河水猛涨，黄河曹村段堤岸因不够牢固而决堤，农田、村庄眼看就要淹没，百姓的生命财产遭到严重威胁。紧急情况之下，程颢对澶州知州刘涣临危请命说："请让我率人前去抢险，即使用身子去堵，也一定要把它堵住！"刘涣深为感动，立即将澶州城内的厢兵悉数调拨给程颢，还把将印郑重交付于他。有同僚说水势太急，人力去堵，不过是徒劳罢了。程颢不为所动，迅速调配堵河物资，携兵火速赶到决口之处，整队训话，激励士卒，派精干而又素知水性的士卒，从堤两边泅水填堵。经过几天几夜的连续奋战，决口终于被堵住，堤埝内百姓的生命财产得到了保护。

在镇宁军之后，程颢还任过扶沟县（今河南周口）知县、奉议郎、宗正寺丞之类的小官，虽然政绩不俗，然而再未得到过朝廷的重任，大材一直不得施展。程颢之所以一辈子仕途不顺，与当时的政治环境是有关系的。他正好干事的盛年时期，适逢"熙宁变法"，改革者力图振兴，希望通过改革来挽救国家颓势、民族危亡，但程颢反对变法，格格不入。一个人才华的施展，也需要天时地利，天时不合，地利不顺，纵有大材，也无用武之地，不是被时局所困，就是被潮流所掩，得不到更好发挥的能臣干吏，也不单单程颢一人。不过，程颢与一般士大夫不同的是，他纵然做小官也能做出大成绩，看他在地方上所做的工作，真有一种"若烹小鲜"的自如，丝毫不失其大政治家的智慧、胆识和风范，这是值得许多抱怨怀才不遇者好好学习的。

宋神宗元丰八年（1085），程颢逝世，终年五十四岁。逝世后，宰相文彦博为他题墓碑，送他"明道先生"四字。弟弟程颐在《明道先生行状》中评价其兄："纯粹如精金，温润如良玉；宽而有制，和而不流。"一代大儒风范，尽在其中。

沈括：才兼文武的实干家

在宋朝士大夫中，沈括博学、富于创造激情且人生经历丰富。在学术上，他于天文、方志、历史、数学、卜算、地理、医药等，几乎无所不通，皆有所论著；在经历上，他科举出身，任过地方小吏，州郡长官，在京做过皇帝秘书，在外任过守边将帅，入能辅助贤主，出能纵横疆场；在政治上，他参与了王安石变法，有自己的改革思想，提出过改革主张，并在一定范围得到实施，功不可没。可以说，沈括不但是才华横溢的文学家，还是贯通人文和自然领域的科学家，更是忧国忧民、勇于改革、才兼文武的实干家。他多彩的人生，为我们解读那个时代提供了最佳视角。

以文学闻名士林

沈括（1031—1095），字存中，杭州钱塘县（今浙江杭州）人。柳永说，"钱塘自古繁华"。而钱塘除了繁华之外，还有人文荟萃、佳士迭出的一面，北宋大诗人钱惟演、周邦彦、林逋等，都出自于这个千古灵秀之地。沈括先祖世居钱塘西溪，父亲沈周，任过润州、泉州等地知州，官至太常寺少卿。母亲许氏，来自苏州吴县的大家闺秀。良好的家教，浓厚的人文氛围，加上天资聪颖，沈括从小品学兼优。

至和元年（1054），父亲沈周去世，沈括被朝廷以父荫授海州沭阳县（今江苏沭阳）主簿，从此步入仕途。好学上进的沈括，不甘坐享其成，而是发奋读书，他要以优秀的学业来证明自己的人生价值。由于埋头苦读，用眼过度，沈括不到二十岁便患了眼疾，长期疼痛，困扰着他。这并没有影响他求学上进的信心和决心，他甚至辞去了主簿职务，来到哥哥沈披家中，全身心投入到了科考。功夫不负有心人，嘉祐七年（1062），沈括以苏州府试第一的好成绩，获得进京赶考的"入场券"，于第二年顺利通过省试、殿试，考上进士，即授扬州司理参军，迎来人生新的起点。此后，他历任集贤校理、右正言、知制诰、权三司使、翰林学士、知延州兼鄜延路经略安抚使等要职，显赫一时。

在今人眼里，沈括是位科学家，在当时，他却以文名享誉士林，是位文学家，《宋史·沈括传》即评价他"博学善文"。散文家曾巩在为沈括母亲撰写的墓志铭中，也赞扬沈括："有文学。"就文学著作而言，沈括著有诗文集《长兴集》，散文随笔集《梦溪笔谈》。杨渭生在《沈括全集·前言》中谈到沈括的散文、诗歌时评价道："这些诗文内容充实，义意超卓，文笔简练。或状物写景，叙事抒情，寄语怀人，写得栩栩如生；或针砭时弊，分析入微，雄辩说理，明快清晰，均具较强的感染力。"对他的文学作品给予了高度评价。

沈括在延州任职时，发现沙石和泉水相杂的地方，常常冒出一股股黑漆一样的液体，当地老百姓把这种液体称为"脂水"，采集到罐子里，用来照明。沈括生性敏感，通过考察断言"此物后必大行于后世"，并把它命名为"石油"，记录在《梦溪笔谈》卷二十四中说："鄜延境内有石油。旧说高奴县出脂水，即此也。生于水际，沙石与泉水相杂，惘惘而出。土人以雉尾挹之，乃采入缶中。颇似淳漆，燃之如麻，但烟甚浓，所沾帷幕皆黑。予疑其烟可用，试扫其煤以为墨，黑光如漆，松墨不及也，遂大为之，其识文为'延川石液'者是也。此物后必大行于世，自予始为之。盖石油至多，生于地中无穷，不若松木有时而竭。"沈括发现其用途并命名后，意犹未尽，挥笔写下《延州》一诗曰："二郎山下雪纷纷，旋卓穹庐学塞人。化尽素衣冬未老，石烟多似洛阳尘。"

从沈括的作品来看，其诗歌精工，散文活泼，融科学性、趣味性与文学性于一体，呈现出简洁、生动、亮丽的风格，在北宋文坛上独树一帜。

坚定的变法参与者

宋神宗时期，机构臃肿，财政空虚，内忧复炽，外患续起。为摆脱困局，年轻的宋神宗起用王安石，推行"熙宁变法"。

沈括嘉祐八年（1063）举进士时，王安石与范镇、司马光同知贡举，是主考官之一，故与王安石有师生之谊。王安石酷爱孟子，他的变法理论基础——荆公新学，十分明显地体现出"尊孟"特征，其子弟、门人也酷爱孟子，注解

《孟子》遂成为王氏门前一种风气，他们同王安石一样，通过注解《孟子》来发表政治见解，提出改革主张。沈括亦复如此，他曾作《孟子解》（《长兴集》卷三二），推崇"君子之道"，强调"以民为本"，解读"人性本善"，实践"穷理尽性"，蓄养"浩然之气"。沈括作《孟子解》，即是对改革的理论支持，在某种程度上，也可看作一种改革思想的阐发。

作为宰相的王安石，对沈括当然是熟知而欣赏的。所以，熙宁四年（1071），当沈括为母亲守丧期满后，王安石立即推荐他出任检正中书刑房公事。检正中书刑房公事一职，是熙宁变法间，为加强宰相权威、确保改革顺利、政令畅通而设置的新机构。此职品位不高（正七品），但权力很大，职掌记录官员功劳、考核群吏过失。可见王安石乃至宋神宗对沈括的信任。

沈括也确实没有辜负王安石和宋神宗，他以务实的精神和卓越的才干，全身心投入各项改革工作中，体现了超凡的执行力。

一是改革"郊祭"仪式。宋朝重礼，尤其重视郊祀（古代帝王祭祀天地之礼。因祭祀天地神祇之所设于郊外，故称）。但烦琐的仪式造成铺张浪费，朝廷不堪重负。于是，沈括牵头编撰了《南郊式》一书，参照《周礼》及唐代礼制，以"务从简约"的原则，对郊祀仪式进行改革。《南郊式》书成后，宋神宗给予了充分肯定，随即颁诏执行，单此一项，每年为朝廷节省开支数以万计。

二是兴修水利。沈括在检正中书刑房公事任上，曾主持了汴河疏浚和两浙（地区名。浙东和浙西的合称）农田水利建设工作。当时，京城开封拥有人口数百万，物资供给全靠汴河的漕运。由于汴河多年失修，泥沙淤积，河道不畅，漕运受到很大影响。为此，宋神宗任命博学多识又有治河经验的沈括提举汴河疏浚一事。沈括接受任务后，对汴河两岸的地势高低、河床深浅、水流缓急进行了考察，并根据这些一手资料，制定出详细的河疏方案，安排沿河各地具体实施。同时，作为"大宋粮仓"的两浙地区，也因水利年久失修，严重影响了农业生产。熙宁六年（1073），宋神宗任沈括为两浙察访使，帮助两浙地区兴修水利。沈括经过半年时间的调查了解，不但拿出了兴修水利、治理水患的办法，而且向宋神宗提出由国家出钱，募集饥民兴修水利的办法，既未加重农民负担，又实现了饥民救助，更有利于水利建设，一举三得，宋神宗十分赞同。于是，两浙的水利工作，便在沈括的主持下全面铺开。

三是改革盐钞法。在宋代，食盐属国家专卖，但专卖的程度在不同时期有所不同。有时以专卖为主，商卖为辅。有时以商卖为主，专卖为辅。后来又实行盐钞制度，即官府控制产盐专利，商人用现金向官府购买钞引（官府发给特许商人支领和运销食盐的证券），以此获取在某地区销售食盐的权利。变法初期，进一步扩大食盐专卖范围，结果导致盐钞滥发，盐价飙升，食盐产销遂出现严重问题，盐利大减。熙宁九年（1076），时任权三司使的沈括，牵头组织对盐钞法进行改革，提出限定盐钞印数、上收制钞权、统一盐价等几项措施。这些举措经宋神宗审定后，于第二年三月开始施行，取得了一定的成效，终于稳定了食盐市场。

在熙宁变法中，沈括所做的工作远不止此，他还改制了天文仪器，推行了免役法、义勇保甲法，改革了货币政策等，做了许多实事好事。

舍生忘死的外交官

北宋与辽国，自1004年签订"澶渊之盟"达成了和平协定后，双方总体上互不侵犯，保持着表面的平静。不过，大冲突没有，小摩擦却不断，尤其是边界线划分问题，经常引发争端。熙宁六年（1073）冬，辽国特派使者前来，责怪宋军在当年石敬瑭割让于辽燕云十六州的蔚州（今河北蔚县）、应州（今山西应县）、朔州（今山西朔州）等地建设军事设施，侵犯了他们的领土，要求重新划定三州边界线。因为辽国气势汹汹，宋在武力上还不足以与之抗衡，宋神宗只得同意重新谈判。

经过多轮磋商，没有结果。问题的关键是，辽国认为宋军设施，建设在河东黄嵬山以北，按照南北分水岭的概念，这些地方都应该属于辽国。黄嵬山（今山西原平）在长城以南三十里处，北宋一直以长城为宋辽边境线，若依辽国要求，势必把边界南移三十里，双方因此僵持不下。

熙宁八年（1075）三月，辽国再次派来使者，指责宋朝谈判不诚，拖而不决，是想不了了之。这次，辽国进一步明确要求以黄嵬山为界，辽使萧禧甚至甩出狠话，谈不成，誓不归国。在宋方谈判代表束手无策之际，宋神宗一面让人反复做辽使的感化工作，一面启用时任知制诰的沈括，以侍读学士身份出使辽国，以表诚意。为了弄清多年边界问题的来龙去脉，沈括查阅了大量的历史文件，发现双方往返文书上，多处有以长城为界的明确表述。掌握了这些情况和相关证据后，沈括心里有底了。

不过，沈括此行，极度危险，为何？一是辽使萧禧工作依然没做通，他不回去，辽国不准宋使入境；二是辽国对这三十里地志在必得，谈判成功概率几乎为零；三是谈判不成，有辱使命，一味争取，辽方震怒之下，沈括恐有性命之忧。宋神宗深知沈括此行凶多吉少，临行前，关切地问他如果遇到危险，怎么办。沈括毫不犹豫地回答说，哪怕牺牲生命，也要完成使命。

同年四月，苦口婆心做通萧禧的工作后，沈括率队赴辽。他把搜集到的大量文件资料默记，了然于胸，又让随从人员背熟。五月底抵辽后，辽国安排枢密副使杨益戒作为谈判代表，接洽沈括一行。在谈判中，沈括历数了自"澶渊之盟"以来两国的相关文件和铁证，对辽国以黄嵬山为界的要求一一进行了驳斥。当杨益戒说以数里之地、绝两国之好，不利于和平时，沈括以国之道义、民之根本为理由，申明寸土都是祖宗的基业，让对方哑口无言。后来，当对方有所松动，提出退一步以天池中心为界时，沈括大义凛然地说，我受命以黄嵬山为界，不知其他。双方前后进行了六场会谈，辽方旁听者一次比一次多，最多达到千余人，双方唇枪舌剑，谈判险象环生，沈括始终不退缩、不畏惧，舌战群儒。在沈括一行有礼有节、有根有据的力争下，辽方最后同意以长城为界。宋朝终于取得了谈判胜利，这在宋辽外交史上是十分少见的。

骏马奔驰保边疆

沈括在权三司使和翰林学士任上前后近两年，但就在他进入权力巅峰之时，却因为派系之争遭到了排挤和打击。王安石罢相后，沈括向新任宰相吴充提出了一些新建议，侍御史蔡确以依附大臣、越权言事、前后态度不一等理由弹劾沈括。沈括被罢去翰林学士、权三司使，贬为集贤院学士、知宣州（今安徽宣城）。

沈括是有委屈的。他在宣州写下《十松亭》一诗："空堂无人日长哦，风松助我涧云和。苍颜古木喜相似，爱子亦有凌云柯。欢然相对默终日，意得那须言强多。我身未得从心老，嗟尔系此成蹉跎。"抒发了心中的郁闷和伤感。不过，沈括郁闷而不灰心，伤感而不绝望，他甚至在向宋神宗的上书中说："许国之心，灰朽未忘！"表达了报国的信心和决心。

宋神宗最了解沈括的才干，不但知道他是一位理财专家、行政好手，而且通过沈括平时一些关于军械制造、边关防务的建议，还知道他是一位军事家。元丰三年（1080），宋神宗力排众议，任沈括为延州知州兼鄜延路经略安抚使，经略西北军政大事。

宋神宗上台以来，采取王安石的建议，对辽以和为主，对夏以攻为主。所以，宋神宗一朝，一改从前对西夏以岁币换和平的政策，转守为攻。沈括在陕西前线与副帅种谔一起，整顿防务、训练士卒、研究进攻策略、措置粮草保障，常常忙碌到午夜。其间，宋神宗乘西夏内乱之机，组织三十万大军，发动了进攻西夏的"五路会战"。作为整个会战中的一员，沈括亲自指挥了几场战役，战无不胜。元丰四年（1081），西夏数万军队进攻宋保安军顺宁寨（今陕西志丹）。沈括一面安排部将景思谊率兵三千主动进攻，又命李达率千人携带足供十万军士所需粮草出击，谎称延州主帅沈括前往顺宁寨督战，离散敌人军心。结果西夏军队不知虚实，不战先乱，被迅速击败，宋军以少胜多。不久，他又利用宋朝西征军东归的声势，用计智取浮图城、吴堡和义合寨等几处西夏军事要地。

元丰五年（1082），沈括率军攻占了西夏金汤等要塞后，向朝廷请示在横山建城，确保新占领区的安全。但朝廷派来商议建城一事的给事中徐禧，要求营建离西夏更近、离宋朝后方更远的永乐城。沈括迫于压力，同意建永乐城，征得朝廷批准后，他在徐禧的监督下开始修城。然而，修建永乐城，等于把自己暴露在敌人的枪口下，加上增援、补给线路长，永乐城无形中成了前线的"孤城"。所以完工后，西夏以三十万军队进攻永乐城。徐禧贪功，安排沈括留守米脂，自己率军迎战，结果永乐城被攻破，宋军三万多人全军覆没。同时，"五路会战"其他战线虽然前期取得局部胜利，但后来终因轻敌冒进和增援不及而全面溃退。至永乐城失陷，宋神宗组织的"五路会战"彻底失败，他和王安石通过"熙宁变法"积累起来的物质和军事优势，在这次"五路会战"中丧失殆尽，从此再也没有进攻西夏的勇气和实力。朝廷秋后算账，徐禧战死，沈括因附和徐禧筑永乐城而成了替罪羊，被"责授均州团练副使，随州安置。"（《宋史卷十六·神宗三》）相当于撤职查办，基本结束了仕宦生涯。

元丰八年（1085），宋神宗去世，宋哲宗上台，大赦天下，沈括迁至秀州（今浙江嘉兴），不过行动仍遭限制。元祐三年（1088），沈括因向宋哲宗献《天下州县图》得到关注，宋哲宗除赐他绢一百匹外，还解除了对他人身自由的限制。嗣后，沈括一家搬至润州，定居于朱方门外的"梦溪园"，一边享受着悠闲自在的农居生活，一边埋头写作《梦溪笔谈》，于绍圣三年（1096）去世，终年六十五岁。

　　沈括一生，求学发奋，识见超前，才干卓越，贡献巨大。他的能力和水平，北宋一朝与他堪称伯仲的，唯有范仲淹和王安石。而他超前的科学素养，创新发明方面的巨大成就，则当时无人能出其右。

由章惇的胆子说起

一个人的胆子，决定一个人的未来，你信不？至于信不信，由你，苏东坡反正是信的。

东坡当年还很年轻，时任凤翔府（今陕西宝鸡）签书判官，与商洛县（今陕西丹凤）县令的章惇既是同僚，又是好友。一次，两人结伴游终南山，到达仙游潭，潭岸狭窄，潭下深渊，对面绝壁千仞，一根横木连接其间，惊险可怖。文人雅兴，遇到景点就手痒，章惇也不例外。他客气地先请东坡到对面石壁上题词，东坡望了望深渊，瞠目咋舌，连说不敢。章惇一笑，迈步向前，从容走过横木，把绳索吊在石壁树枝上，挽着绳索，上上下下，笔走龙蛇，在陡峭的石壁上挥毫写下"苏轼章惇来"几个醒目大字，再缘索回来，面不改色心不跳。东坡早已惊出一身冷汗，抚摸着章惇的背叹息道："君他日必能杀人。"章惇问："何也？"东坡回答说："能自判命者，能杀人也。"（《宋史·章惇传》）是啊，一个连自己的生命都不懂得珍惜的人，还会珍惜他人的生命么？这种人，一旦大权在握，必然残酷无情，杀人不眨眼。

宋仁宗嘉祐二年（1057），二十二岁的章惇参加科举考试，中了进士。可这位倔脾气的年轻人，却因为时年三十二岁的族侄章衡高中状元，耻居晚辈之下，竟将录取通知书（古谓榜帖，唐宋亦称金花帖子）委弃于地，不就而去。"耻出侄衡下，委敕而出。"（《宋史·章惇传》）嘉祐四年（1059），章惇再次参加考试，果真比上次考得还好，中了进士甲科，朝野为之震惊。这个胆大而又自负的才子，先后被宰相王安石和宋神宗看中，连连由普通地方官提拔为编修三司条例官、知制诰、三司使、参知政事，官运亨通，步步高升，成为权威赫赫的副宰相，并参与和推动了"熙宁变法"，成了改革派。不过，章惇作为高级领导干部，却未管好自己的家人，他父亲占用良田，横行乡里，被起诉后，章惇又是批条子，又是打招呼，结果被人"曝光"；同僚朱服出任御史，章惇私下与他暗通款曲，极力拉拢，朱服又将此事公之于众。这两件事让章惇不但颜面尽失，而且罢职丢官。直到元丰五年（1082），才被宋神宗召回，出任门下侍郎。

章惇一生仕途的起起伏伏，每每决定于当朝最高领导者的大政方针。宋神宗去世后，年仅九岁的宋哲宗继位，由太皇太后高氏垂帘听政。高太后反对变法，于元祐元年（1086）起用激烈反对变法的司马光出任宰相，全盘废除熙宁以来的改革举措，并着手清算改革派。此时，王安石已经去世，清算的对象，自然落到了章惇等人的身上。章惇因此罢知汝州（今河南汝州），被赶出了朝廷，仕途一落千丈。

然而，章惇毕竟是"熙宁变法"的直接参与者和坚定支持者，他以推动变法为己任，这一信念，一生不变。这也是他虽然口碑不好，却依然倍受那些立志改革的皇帝重用的根本原因。元祐八年（1093），垂帘听政八年之久的高太后去世，十七岁的宋哲宗终于如愿以偿地接过了权力"接力棒"。宋哲宗年轻气盛，面对当时疲乏的国力，低迷的士气，决定重启改革，重用章惇为宰相。"首起惇为尚书左仆射兼门下侍郎，于是专以'绍述'为国是，凡元祐所革一切复之。"（《宋史·章惇传》）改革就这样在年轻皇帝的授意和坚定的改革者章惇的领导下，轰轰烈烈地开展起来了。

不过，章惇上台后，不是通过平衡关系、处理矛盾来稳步推进改革，而是以眼还眼，以牙还牙，通过收拾和报复反对派，来强行推动改革举措，其手段之卑劣，打击之残酷，北宋以来罕见。如果说范仲淹和王安石是开启北宋党争的诱因之一，那么章惇则妥妥是把党争引向深入、推向惨烈的罪魁。正如《宋史·章惇传》所载："（章惇）协谋朋奸，报复仇怨，小大之臣，无一得免，死者祸及其孥。"凡有旧仇宿怨的，无论官职大小，统统报复，即便是已经死了的人，都要报复到他的妻子儿女身上，无人幸免。吕大防、刘安世、范祖禹、刘挚等大臣被纷纷贬至岭南，连好朋友苏东坡也不能幸免，被贬至茫茫海南岛。据统计，因曾经反对改革被章惇判处重罪者近千人，贬官流放者不计其数。最让人觉得不可理喻的是，对于在士大夫间有着良好声誉的司马光、吕公著等已故老领导，到了阴曹地府还被清算，不但削夺他们的封号，甚至还请示宋哲宗，要掘其墓、鞭其尸。

权力是柄双刃剑，既可成就大善，也可制造大恶。这其实与胆子的大小无关，即便胆子很小的人，处于你死我活的斗争漩流间，心肠也会不由自主地变硬、变狠、变坏。从章惇收拾政治对手的过程来看，与其说是胆子壮让他面目狰狞，不如说是党争让他心狠手辣，在政治斗争面前，人心常常是扭曲的，它离人性很远，离魔鬼很近。

钱勰的傲骨

北宋自从"熙宁变法"这场牵动全国的政治大变革后，朝廷上下波谲云诡，党争骤起，许多人的命运因此而改变，有的谪贬海岛，有的老死蛮荒。于是，见风使舵者多了，明哲保身者多了，说话怕遭弹劾，作文怕抓辫子，士风早已如秋风扫过的树叶，不似当年。不过，尽管政治运动残酷，但士大夫中却始终不乏坚守本真和原则者，他们一身傲骨，两袖清风。钱勰就是其中一位。

今人对于钱勰可能不那么熟知，但说起他的家世，则无人不晓。他是五代吴越开国国王钱镠六世孙，最后一个国王钱俶的曾侄孙。赵匡胤建立大宋王朝后，钱俶纳土归降，免去了一场血雨腥风的生死大战。钱俶归附，历代皇帝都对钱家高看一眼，厚爱一筹，给予了优待。钱俶和他的后代在宋朝世世为官，屡授要职，如钱俶被多次加封为淮海国王、汉南国王等，其子钱惟演出任枢密使。但钱氏并不是以土地换冠盖、坐享其成之辈，归宋后，钱氏一代又一代高才不断，学霸频出：钱勰的祖父钱易十七岁就考上了进士，因在殿试中答题过快被斥为"轻俊"而罢，后又参加制科考试，高中贤良方正能直言极谏科；钱勰的父亲钱彦远，叔父钱明逸，皆以制科入选。故脱脱在《宋史·钱易传》中惊叹道："宋兴以来，父子兄弟制策登科者，钱氏一家而已。"

这里附带说说制科。据郑天挺等主编的《中国历史大辞典》介绍，唐宋科举作为以考试选拔官吏的制度，一般分为常科和制科两类，常科包括进士、秀才、明经、明法等诸科，这些科目每年举行考试，称为常科，又称常举。制科又称制举，是由皇帝特诏临时举行的考试，目的在于选拔各类特殊人才，未仕、已仕者均可应诏参加考试。未仕者考中授官，已仕者考中升迁。待遇比一般进士科优厚。唐代制科名目甚多，据记载有上百个。宋代制科名目不多，最多时为九科，不过大多时候只有贤良方正能直言极谏、茂材异等、才识兼茂明于体用三科。除钱氏一家外，宋代名士如苏轼、苏辙、富弼等均由此科入仕，故士大夫以此为荣，称之为"大科"。所以很多已经考上进士的人，还要挑灯夜战钻山打洞报考制科。

钱勰幼时即以聪明著称，据说他五岁就能日诵千言，十三岁制科考试的内容已经基本掌握。他是否举进士，《宋史·钱勰传》不载。据现今可查，由他书写的包拯夫人董氏墓志铭的落款和时间，可知他在熙宁元年（1068）之前已入仕，官至朝奉郎、守殿中丞、监庐州酒务、骑都尉。朝奉郎为文散官，正六品上；殿中丞是殿中省属官，品位为从五品上，因北宋前期，散官品级低于寄禄官一品者于寄禄官前加守字，故为守殿中丞。由此观之，他是恩荫入仕或科举入仕，皆有可能。

鉴于家庭的优秀传统，以及制科的特殊诱惑力，熙宁三年（1070）九月，他以现任官的身份参加了制科考试。据清代徐松《宋会要辑稿·选举一一》载："九月二十四日，上御崇政殿试贤良方正直言极谏太常博士吕陶、殿中丞钱勰、台州司户参军孔文仲、太庙斋郎张绘。"这是宋神宗继位后的第三年，"熙宁变法"已经铺开，正是需要荐贤推善、科举录用大量官员充实改革部门的时候，于是宋神宗开科取士，且特开制科，亲临崇政殿，以贤良方正能直言极谏科试吕陶、钱勰、孔文仲、张绘诸现任官。钱勰本已中选，殿试都通过了，但因孔文仲在廷对策论中提交了一篇九千多字的长文，极力反对变法而触怒宋神宗，宋神宗下手诏批评孔文仲道："详观其条对，大抵尚流俗而后是非，又毁薄时政，援正先王之经而辄失义理。朝廷比设直言极谏之科，以开广聪明，来天下贤智之士者，岂非谓能以天下之情告上者谓之直言；人君有污德恶政，而能忘其卑高之势，以道争之，谓之极谏者乎！此人学识，恐不足收录，以惑天下之观听。"不但严肃批评，将孔文仲黜退，"发赴本任"，还迁怒其他人，其中对钱勰的处理是"不入等"，即判定为不及格。钱勰因此遭受池鱼之殃而落榜，既打击了他发扬家风之心情，亦打击了他实现理想之抱负，真是欲哭无泪。

宋神宗虽在制举中迁怒于钱勰，但他对钱勰的才华还是欣赏的，后来多次诏对，过问其宦途仕进，颇有关注。钱勰在宋朝做官，早已没有阿Q所谓"我们先前——比你阔得多啦"那种优越感，也没有寄人篱下的疏离感，他像其祖辈父辈一样，忠实于朝廷，忠实于宋朝皇帝，但同时，他更忠实于士大夫的精神和操守。他任流内铨主簿期间，虽然官职卑微，但能力很强，业绩突出，引起了宋神宗的注意。宋神宗曾单独召见他，与他交流政事和学问，惊喜之余，当面表示"将任以清要官"，要提拔重用他。时任宰相的王安石听到这个消息，因为变法急需人才，赶紧安排弟弟王安礼来找钱勰谈心，说愿意推荐他为御史，颇有拉拢之意。对于钱勰这样一个低级事务官来说，宰相许诺提拔他为纠察百官、位高权重的御史，无异于"天上掉馅饼"的大喜事。当时王安石如日中天，干部任命他说了算，而且皇帝有言在先，所以，只要钱勰轻轻点头，这事立马能成。但是，钱勰的回答却让人大跌眼镜，他说："家贫母老，不能为万里行。"（《宋史·钱勰传》）毫不犹豫地拒绝了。钱勰为何拒绝？原来，王安石作为铁腕宰相，一直以支持或反对变法为用人导向，支持变法就迅速提拔，反对变法则坚决不用，一些官员甚至还因此丢官去职，贬谪蛮荒。钱勰一直以清流自居，对变法持反对态度，因此，即便高官厚禄，封官许愿，他都敬谢不敏了。

钱勰当过外交官，留下了坚拒礼金的千古佳话。为了在抵御辽国的窥伺中争取力量，宋朝与位于朝鲜半岛的高丽国一直保持友好，宋神宗在位期间，多次派使节出使高丽。元丰六年（1083），高丽老国王归西、新国王登基，宋神宗派钱勰出使高丽，参加吊唁和登基仪式。钱勰向宋神宗辞行时，问为何选中他？宋神宗回答说："高丽好文，又重士大夫家世，所以选卿，无他也。"面对皇帝的信任，钱勰暗暗下决心要出色地完成任务，而且他决定此次出访，一定要像已故宰相吕端当年出使高丽一样，保持宋朝士大夫的气节，不卑不亢，不拿不贪，场面上、礼节性以外的馈赠，一律不受。

钱勰到达高丽，高丽作为宋朝藩属国，国王果然客气，除了让钱勰吃好、住好、玩好外，还多次送重金给他，但均被一一拒绝。不想，在回国的路上，高丽国王又派使者飞奔而至，一定要送给钱勰四千两金银。钱勰奇怪地对使者说："在馆时既辞之矣，今何为者？"再次拒收。使者一听，立刻痛哭流涕说："王有命，徒归则死，且左番（副使）已受。"其实，当时士大夫出使没有几个不收红包，这是心知肚明的"潜规则"，他的副使不是坦然收受了么？然而，钱勰却义正词严地回答说："左右番各有职，吾唯例是视，汝可死，吾不可受。"（《宋史·钱勰传》）钱勰既不为使者的"胁迫"而心软，又不因"潜规则"而接受，他爱惜节操就像鸟儿爱惜羽毛一样。

宋哲宗元祐初年，钱勰以龙图阁待制出任开封知府，也就是包拯当年断案如神被老百姓美誉为"阎罗包老"的那个职位。不过，开封知府从来不是一个美差，反而是个烫手的山芋。为何？因为开封府作为京城治地，到处是老奸巨猾的大官小吏，到处是耀武扬威的皇亲国戚，人家抬起杠、闹起事、违起法来，可比一般小老百姓难缠多了，就连开封府的小吏，也个个是使棒子的高手。钱龙图走马上任之际，开封府老吏便给他来了个下马威。"老吏畏其敏，欲困以事，导人诉牒至七百。"这个老麻雀知道钱龙图既廉洁又刚正，是个不开窍的榆木脑壳，便想弄点事累累他，让他无法旁顾。他把前街的混混后巷的瘪三都找来，击鼓告状，几天下来，诉状多达七百份，堆积如山。老吏心想，这回你惨了吧？谁知，钱龙图思维超敏捷，能力超强大，随来随审，剖决如流，一月下来，无一件积案。那些平时横行霸道惯了的"官二代""富二代"，都惧怕钱龙图的威慑，只好暂时收手。有些个案，哪怕是宰相批条子、打招呼，他也置若罔闻，照样从重、从快、从严。"宗室、贵戚为之敛手，虽丞相府谒吏干请，亦械治之。"（《宋史·钱勰传》）由于钱龙图做事太认真，上至宰相，下至小吏，得罪的人太多，这个开封知府注定干不长。不久，钱勰就在一片唏嘘声中，被外放越州任职去了。

宋哲宗亲政后，亲召钱勰回京出任翰林学士兼侍读学士。当时的宰相是章惇，虽然博学善文，为人刚直，但这个人心胸狭窄，报复心重，凡是得罪过他的人，都被他毫不留情地收拾过，像对多年的好友苏东坡，就因为政见不同，曾有争执，便把苏东坡一贬再贬。对于钱勰，也如出一辙。钱勰作为翰林学士，常常要为皇帝起草诏书，曾在给章惇的诏书中写下"鞅鞅非少主之臣，硁硁无大臣之节"的评语。这评语虽然是皇帝审阅并同意的，章惇却把这笔账算在钱勰头上，背地里发动御史们多次弹劾他，钱勰因此罢官，贬至安徽与江西交界的池州（今安徽池州），任期未满，阖然而逝，终年六十四岁。不过，钱勰倒也死得其时，否则，以他这一身嶙嶙傲骨，倘若晚些时日，其结局比苏东坡恐怕有过之而无不及，一贬二贬三贬，最后贬死于茫茫海岛也未可知啊。

真名士苏东坡

中国历史上的人物，没有哪个像苏东坡一样，无论古人还是今人，无论达官显贵还是贩夫走卒，都齐了心似的喜欢他。喜欢他的诗词，喜欢他的文章，喜欢他的书法和绘画，甚至烹个菜都要美其名曰东坡肉、东坡鱼、东坡豆腐，可见喜欢到骨子里了。其实，人们最喜欢还是他的为人，虽然一世为官，却没有传统官僚的世故，一世为文，却不见世俗文人的虚假。

国人历来强调"人贵直，文贵曲"，但苏东坡却背传统而自任，无论对象是谁，凡遇不平，不吐不快。同僚石介作《三豪》诗，对石延年、欧阳修、杜默三人的才华极尽赞誉，说石延年豪于诗，欧阳修豪于文，杜默豪于歌。石延年、欧阳修才气卓绝，冠以"豪"，可谓实至名归。杜默特别爱写诗，但诗才拙劣，其诗多不合格律，常常闹笑话，以致后人把文不对题和胡编乱造者比喻为"杜撰"。杜者，杜默也。苏东坡读过杜默一首送石介的赠诗《六字歌》，诗云："仁义途中驰骋，《诗书》府里从容。头角惊杀虾蟹，学海波中老龙。爪距逐出狐兔，圣人门前大虫。推倒杨朱墨翟，扶起仲尼周公。一条路出瓮口，几程身在云中。水浸山影倒碧，春着花梢半红。"这样几无韵味、形同白开水的诗才也被石介列为文坛"三豪"之一，苏东坡深感反胃，忍不住打趣说："吾观杜默豪气，正是京东学究饮私酒食瘴死牛肉醉饱后所发者也。作诗狂怪，至卢仝、马异极矣，若更求奇，便作杜默矣。"（《苏轼文集卷六十八·评杜默诗》）苏东坡把这件事记录在自己的诗评中，广为流传，闻者无不笑倒。

在提出自己的意见时，苏东坡从不懂得"为尊者讳"这一让人明哲保身的"官箴"。欧阳修是发现苏东坡的伯乐，步入仕途的老师，极力延誉的恩人。欧阳修在"庆历新政"中为身陷围剿的范仲淹伸张正义写了一篇《朋党论》，并在其独撰的《新五代史卷三十五·唐六臣传》评论中借题发挥道："夫欲空人之国而去其君子者，必进朋党之说；欲孤人主之势而蔽其耳目者，必进朋党之说；欲夺国而与人者，必进朋党之说。"苏东坡不认同这"三个必进"，随后就作了一篇《续欧阳子朋党论》针锋相对说："呜呼，国之将亡，此其征欤？祸莫大于权之移人，而君莫危于国之有党。有党则必争，争则小人者必胜，而权之所归也，君安得不危哉！"（《苏轼文集卷四·续欧阳子朋党论》）与老师的观点大异其趣，老师阅后，想必不快。

苏东坡率性刚直，言事不辟斧钺。宋神宗强国心情迫切，启用王安石推行变法。王安石属于激进的改革者，思想超前，行动果敢，在宋神宗的支持下，推动改革的力度亦空前。苏东坡在一次宋神宗召见咨询"政令得失"时实话实说："陛下生知之性，天纵文武，不患不明，不患不勤，不患不断，但患求治太急，听言太广，进人太锐。"（《宋史·苏轼传》）意思是改革不是简单的加减法，要循序渐进，不能操之过急。他对激进的改革进行批评，惹得宋神宗和王安石都不高兴，把苏东坡安排到开封府当推官，让他靠边站。

然而，即使是面对排挤，苏东坡依然故我，特别是对"青苗法"提出了直言不讳的批评。"青苗法"，简单说就像由政府成立一个"农业银行"，农民春种时借钱买种，秋收时还本付息，其目的一是抑制土地兼并，二是为农民提供生产资金，三是政府创收。然而，这一表面诱人的政策，在执行中却由"不许抑配"即农民自愿，演变成了强制配给，强迫贷款，由帮助生产与政府创收兼顾变成了政府创收和官员谋利，导致许多农民债台高筑。苏东坡了解实情后，连续向皇帝上了《上神宗皇帝书》《再上神宗皇帝书》，细数"青苗法"在执行中对农民造成的伤害。王安石知道后，火冒三丈，不久便有御史上章弹劾苏东坡，苏东坡从此开始了贬官生涯，由北至南，由富庶之都到不毛之地，越贬越远。后来宋哲宗绍圣初年，章惇任相，还以苏东坡曾"讥斥先朝"这种莫须有的罪名，将年过花甲的他贬至茫茫海外的琼州（今海南海口），这足见"人贵直"中的"直"字是多么的昂贵，因为这个"直"字，苏东坡付出了一生的代价。

不过，苏东坡虽因刚直而屡遭厄运，但他的境界高就高在，他只对事不对人，从不记恨那些给他使过绊子下过套的人。王安石、章惇等人，都曾排挤或陷害过他，而苏东坡对他们个人，从来都没有表露过丝毫的怨恨或愤懑之情，后来甚至还与王安石诗酒唱酬，成为朋友。这说明，在苏东坡的人生字典里，没有"敌"而只有"友"，苏东坡只恨那些可恨之事，具体到某个人，他却从来不放置心头。

对于起起落落的仕途，苏东坡也坦然自若，顺流快慰，逆流也不悲苦，正如林语堂在《苏东坡传》中所说："他一直卷在政治旋涡之中，但是他却光风霁月，高高超越于狗苟蝇营的政治勾当之上。他不忮不求，随时随地吟诗作赋，批评臧否，纯然表达心之所感，至于会招致何等后果，与自己有何利害，则一概置之度外了。"这就是苏东坡，至诚、剀直而又达观，一个旷世绝代的真名士。

民谣里的宋朝

　　历朝历代，因为政有善恶之别，人有美丑之分，而百姓诉求又得不到及时处理和疏导，遂滋生了大量民谣。《诗经·魏风》中的《硕鼠》："硕鼠硕鼠，无食我黍！三岁贯女，莫我肯顾。逝将去女，适彼乐土。乐土乐土，爰得我所。"就是最古老、最流行、最经典的民谣。一个时代的民谣，如同这个时代的一面镜子，能清晰地映照出许多比正史更加真实精确的信息。例如，从宋朝众多民谣中，信手拈出几首，当时的政情与社情，时弊与民怨，甚至一些官场趣事与宫廷秘闻，皆跃然纸上，一目了然。

　　俗话说："闻鼙鼓而思良将。"宋仁宗康定年间，西夏扰边，战火燃起，韩琦、范仲淹先后受命，领军御边，他们采取修固边城、精练士卒、招抚属羌、孤立西夏的办法，阻挡了西夏的攻势，打击了敌人的嚣张气焰，迫使西夏王元昊再度向宋称臣，保护了边境的安宁，老百姓欢欣鼓舞，故边地民谣曰："军中有一韩，西贼闻之心胆寒；军中有一范，西贼闻之惊破胆。"（明代张岱《夜航船卷十·兵刑部》）韩指韩琦，范指范仲淹。

　　对好官的盼望，是帝制时代百姓的共同心声。宋仁宗一朝，包拯以立朝刚毅、铁面无私而闻名遐迩，因他曾任天章阁待制，老百姓亲切地称他为"包待制"。嘉祐元年（1056），包拯权知开封府，负责京城诉讼和治安。当时，打官司有一个规矩，老百姓不得直接到衙门递交状子，要由小吏转呈。为了使知府大人早些受理，许多人不得不上下打点，疏通关节，一个官司打下来，往往赢了官司，输了铜板，得不偿失。包拯坐堂开封府，一改陋习，大开正门，使老百姓能够直接上前陈述曲直，诉说冤情，既省却了打点费用，又把握了真实案情，更缩短了审理周期，一举数得。因此，京城迅速流传这样一首民谣："关节不到，有阎罗包老。"意思是打官司无钱疏通关节也没关系，有包大人呢。

　　好官少，酷吏多，是帝制时代的通病。而那些通过投机取巧上台的权臣，更是巧立名目，盘剥百姓，苛政猛如虎，老百姓诉求无门，只好编段子、传民谣，诅咒贪官污吏，图个嘴巴快活。宋徽宗在位期间，童贯、蔡京通过"花石纲之役"，帮助皇帝搜罗天下珍奇，深得宋徽宗信赖。他们中饱私囊，结党营私，打击异己，祸国殃民，老百姓因此怨气冲天，便有了民谣："打破筒，泼了菜，便是人间好世界。"（宋代吴曾《能改斋漫录》卷十二）"筒"指童贯，"菜"即蔡京，表达了百姓对奸臣和恶政的深恶痛绝。当时，朝廷不但横征暴敛，而且卖官鬻爵。有一首民谣就直指这种货赂公行的丑恶现象："三千索，直秘阁。五百贯，擢通判。"（宋代朱弁《曲洧旧闻》卷十）古代以绳索穿铜钱，每千枚为一索，或一贯，大致相当于一两银子。意思是三千贯可买一个秘阁官员，五百贯可买一个地方通判。买官卖官都已经明码标价了，可见当时官场风气堕落的程度。

不过，民谣更多的是指向社会不公和正义缺失。帝制时代，作为面朝黄土背朝天的农民，既无地位，收入也微薄，万一遇上灾年，常常农田绝收，饿殍遍野。但即使如此，统治者依然觥筹交错，过着花天酒地的奢靡生活，《水浒传》第十六回便借白日鼠白胜的口唱道："赤日炎炎似火烧，野田禾稻半枯焦。农夫心内如汤煮，楼上王孙把扇摇。"反映了当时老百姓对宋朝社会不公平现象的极度愤慨。

民谣是老百姓关注社会发展、关心国家大事的一种直抒胸臆的表达，是他们对社会阴暗面的揭露和对社会不公现象的控诉。然而，对于帝制时代平凡如草芥的百姓来说，统治者的盘剥和压迫，并不会因为几首民谣而稍有改变的。

一个英年早逝的天才

王安石在《伤仲永》一文中，讲述了一个五岁便可指物作诗的神童方仲永的故事。巧合的是，王安石自己也有一个聪明绝顶堪称神童的儿子，他叫王雱。

王雱（1044—1076），字元泽，出生于宋仁宗庆历四年。这一年，无论是对于北宋皇帝，还是对于那些忧国忧民的士大夫，都是一个重要而特别的年份。这一年，在范仲淹、韩琦等人之前数年时间的经略之下，西夏被迫与宋达成"庆历和议"，元昊取消帝号，由宋册封为夏国主，边境恢复互市，西北出现了少有的和平；这一年，朝中掀起"朋党论"，范仲淹不安于朝，自请外调，宣抚陕西、河东，随后罢参知政事，"庆历新政"失败；这一年，二十三岁的王安石，带着自己满腹经纶和济世安邦的人生理想，奋战在工作第一站扬州，任职签书淮南节度判官，开始了他扎根基层、了解民生、探索基层治理、寻找国富民强良策的漫长征程，为以后领导变法迈出了坚实的第一步。这一切，似乎预示着王雱这个新生儿，将与北宋诡谲多变的政坛和跌宕起伏的改革之间，发生点儿什么关系。

王雱聪明，早慧，才智过人，有三个例子可以佐证。一是他年幼之时，有客人指着同一个笼子里关着的獐和鹿问他，哪个是獐，哪个是鹿。王雱不认识，不过，他巧妙地回答说："獐边是鹿，鹿边是獐。"让客人大为惊奇。二是十三岁那年，当他听到有人议论青海蕃部问题时，不无忧虑地叹息道："此可抚而有也。使西夏得之，则吾敌强而边患博矣。"（《宋史·王雱传》）在洮河、黄河流域繁衍生息的青海各蕃部，北与西夏接壤，东与宋朝相邻，西夏对这一带早已虎视眈眈，一旦据有，即会对宋朝形成锁钥之势。因此，争取青海蕃部，成了宋夏之间战争胜败的关键。一个十三岁的懵懂小儿，能够对国家大事洞若观火，并提出自己独特的见解，足见王雱少年老成。三是《宋史》说："（王雱）未冠，已著书数万言。"二十岁之前，就已著书数万言，说明他的确学富才高。

宋英宗治平三年（1066），王雱沿着父亲当年的足迹，同样怀揣才华、理想和抱负，兴冲冲奔赴京城，去接受朝廷的挑选。这位少年老成的王家公子，曾给同科考生王莘留下极为深刻的印象。王莘之子在《默记》一书中记载说："先公言：与阎二丈询仁同赴省试，遇一少年风骨竦秀于相国寺。及下马去毛衫，乃王元泽也。"这段传神描述，让我们观王雱的外表和精神面貌如在目前，俨然一潇洒美少年、翩翩佳公子也。而且，王雱果然不负神童之名，随即于治平四年（1067）三月丁未科进士及第。这一年，他才二十三岁，真是少年得志，意气风发。

举进士后，朝廷任命他为宣州旌德县（今安徽旌德）县尉，王雱竟拒绝赴任。所以，脱脱在《宋史·王雱传》中毫不客气地指出："雱气豪，睥睨一世，不能作小官。"事实也是如此，王雱胸怀大志，以天下为己任，作一小小县尉，如同龙入浅滩、虎落平阳，施展的空间太过逼仄，干脆申请不赴。正是这一年正月，宋英宗因病去世，不到二十岁的皇太子赵顼继位，是为宋神宗。宋神宗对积贫积弱的局面深有感触，非常欣赏王安石的治理能力和改革思想，急于"入吾彀中"，予以大用，旋于当年九月将时任江宁（今江苏南京）知府的他召为翰林学士兼侍讲，准备启动变法。而留京未赴任的王雱，此后一直随侍在侧，一边照顾父亲，一边投入到他自认为比作一县尉更加重要的工作中去了。

从治平四年（1067）到熙宁三年（1070）这短短四年之内，王雱"作策三十余篇，极论天下事"，通过"策论"，分析时弊，提出对策，表达政见，为父亲牵头的变法张本，从宣传上鼓与呼，在士大夫间引起热议。他还著书立说，写作《老子训传》《佛书义解》《南华真经新传》等一系列著作。尤其是《老子训传》印行后，被认为是真正懂得"道德性命"的著作，广受赞誉。

王雱的才华和见解，不但在学术界和士大夫阶层掀起了波澜，而且引起了宋神宗的关注，一度被倚为智囊，十分信赖。熙宁四年（1071）八月，宋神宗召见了王雱，君臣一席谈后，宋神宗当场封其为太子中允、崇政殿说书。对于王雱来说，从一个未赴任的县尉小官，至太子中允、崇政殿说书这样一个近侍之臣，无论官衔级别还是岗位的重要性，都堪称云泥之差、霄壤之别。在处理政务的同时，宋神宗经常把王雱单独留下，交流思想，商量国事。宋神宗还单独交任务给王雱，希望他撰写《诗义》《书义》等著作，为之后的改革进行铺垫，做加强宣传、统一思想的基础性工作。这些著作完成后，宋神宗马上提拔王雱为天章阁待制兼侍讲。另据李焘《续资治通鉴长编》卷二百四十七载，后来王雱生病，宋神宗曾多次问起王雱的病情，深表关切，还在一次向王安石询问得知其稍有好转时说："卿子文学过人，昨夕，尝梦与朕言久之。今得稍安，良慰朕怀也。"宋神宗对王雱的欣赏与信任，由此可见一斑。从此，少年得志的王雱，更加激情澎湃地投入到了宋神宗与父亲一起推动的"熙宁变法"之中，心无旁骛。

然而，恰恰是仕途通达、春风得意之时，王雱的人生却开始有了雷电和风雨。熙宁二年（1069），王安石以右谏议大夫出任参知政事，设立制置三司条例司，物色了一大批拥护变法的官员，参与制订相关政策，启动了变法。熙宁三年（1070）底，宋神宗授王安石礼部侍郎、同中书门下平章事、监修国史，正式拜相，财政、军事、教育等一系列改革举措，在全国大面积铺开。改革的直接成果是增加了中央财政收入，促进了农业生产和发展，加强了国家整体军事力量，并在一定程度上抑制了土地兼并。但正是抑制土地兼并触动了既得利益集团的利益，变法遭到他们的顽固阻挠和反对，加上新法推行过程中地方官吏乘机盘剥，个别改革法令在执行中严重走样，导致局部地区颇有民怨，最终变法失败。熙宁七年（1074），王安石在贵族和官僚的交攻之下，第一次罢相，回到江宁，做起了他那"何物最关情，黄鹂三两声"的闲知府。第二年，由于朝中以宰相韩绛、参知政事吕惠卿为首的大臣，依然争权夺利，吵闹不休，宋神宗又把王安石召回京，重新任命为宰相。

作为儿子，王雱与父亲肝胆相照、荣辱与共。从熙宁六年（1073）开始，王雱染疾"足疡下漏"，时好时坏。父亲罢相，他的心情一落千丈，病情加重，不得不卧病在床。恰在此时，当年变法的坚定拥护者和执行者吕惠卿，迫切希望得到宰相职位，担心王安石复相，为权谋计，开始收拾王安石的家人，阻挡王安石东山再起。他设计构陷王安石之弟王安国，使其罢官归里。当宋神宗因王雱与父亲一起主持修撰《三经新义》（包括《诗义》《书义》《周礼义》）有功，拟加封他为龙图阁直学士时，吕惠卿从中作梗，王雱的任命告吹。旧恨新仇，让心高气傲的王雱义愤填膺，他背着父亲，借力御史中丞邓绾，上章弹劾吕惠卿非法牟利，以其人之道还治其人之身，亦使吕惠卿贬官外放。

吕惠卿认为王雱此举为王安石授意，对王安石开始由隐蔽的排挤变为公开的报复。熙宁九年（1076）夏，吕惠卿在贬地陈州（今河南周口）向宋神宗上了一封多达数十页的万言书，其中说道："安石尽弃素学而隆尚纵横之末数，以为奇术，以至潜慝胁持，蔽贤党奸，移怒行狠，犯命矫令，罔上要君。凡此数恶，力行于年岁之间，莫不备具，虽古之失志倒行而逆施者，殆不如此。平日闻望，一旦扫地，不知安石何苦而为此也。谋身如此，以之谋国，必无远图。"（《续资治通鉴长编》卷二百七十六）这无异于一封王安石罪行的判决书，特别最后"以之谋国，必无远图"之句，无远图，那么他图什么呢？自然怀疑其变法动机。不仅如此，吕惠卿还把王安石写给他，有"无使上知"字样的私信呈给宋神宗，宋神宗又拿着信当面与王安石对质，王安石无地自容，君臣间嫌隙顿生。这一系列变故，使本来就因变法而处于舆论风口浪尖上的王安石更加气愤，一腔怒火全部倾泻在这个不谙世事的儿子身上，给了他狂风暴雨似的责骂。王雱忧愤难当，于当年六月"疽发背死"，年仅三十三岁。

王雱虽然早逝，但一些痛恨王安石和"熙宁变法"并迁怒于他的人，没有因为去世而放过他，讥讽嘲弄之词接踵而来。他们在笔记或日记中，把王雱刻画成一个"囚首跣足，携妇人冠以出"的神经病，一个刚生了儿子却以"貌不类己，百计欲杀之"的杀人狂。当然，这种记载，既有臆想杜撰，又有诋毁谩骂，是经不起推敲的，与他们把王安石刻画成"牛耳虎头，视物如射""肤理如蛇皮"的手法一致，所谓"峣峣者易缺，皦皦者易污"，不足为凭。

王雱填过一首《倦行芳慢》，词曰："露晞向晚，帘幕风轻，小院闲昼。翠迳莺来，惊下乱红铺绣。倚危墙，登高榭，海棠经雨胭脂透。算韶华，又因循过了，清明时候。倦游燕、风光满目，好景良辰，谁共携手。恨被榆钱，买断两眉长斗。忆高阳，人散后。落花流水仍依旧。这情怀，对东风、尽成消瘦。"（唐圭璋《全宋词》第一册）如此优美、细腻、温情、充满爱意的词，神经病、杀人狂是断然写不出来的。

陆游的祖父陆佃既是王安石的门生，亦是王雱的挚友。王雱去世，陆佃作祭文曰："惟公才豪气杰，超群绝类。据依六经，驰骋百氏，金版六韬，坚白同异，老聃瞿昙，外域所记，并包涵蓄，迥无涯涘。形于谈辩，雄健俊伟，每令作人，伏首抑气……念昔此邦，初与公值，曷敢定交，公我所畏，倾盖相从，期以百岁。今我来思，如复更世，岂无友人，先我而逝，怀旧感今，掷笔掩袂。犹想当年，拍手论议，白下长干，倒屣曳履，遗舟夜壑，求马唐肆。顾瞻空山，潸焉出涕。"（陆佃《陶山集卷十三·祭王元泽待制墓文》）字里行间，既体现了陆佃痛失知交的悲伤，亦折射出他对王雱立身为学、勇于任事的钦敬，可谓推崇备至。

其实，无论是先前领导"庆历新政"的范仲淹，还是后来推行"熙宁变法"的王安石和王雱父子，这些铁骨铮铮的士大夫们，胸怀天下，勇于担当，其"为天地立心，为生民立命，为往圣继绝学，为万世开太平"的人生理想昭如日月，丝毫没有私心杂念从中作祟。只是，理想一纠缠在政治之间，常常会不由自主地遭遇利益、权谋、倾轧，有时甚至惨烈到手足相残、你死我活。王雱年纪轻轻，涉世不深，加上"头巾气"太重，欲与那些通过斗争上台的权臣们争斗，无异于以卵击石，其英年早逝，这想必是重要原因之一。

王雱去世，给了曾经内心坚强、毫无畏惧的王安石以沉痛的打击，他挥泪写下《题雱祠堂》一诗："斯文实有寄，天岂偶生才？一日凤鸟去，千秋梁木摧。烟留衰草恨，风造暮林哀。岂谓登临处，飘然独往来。"表达了对爱子的哀悼，其凄然伤恸之情，溢于言表。从此，王安石无心政治，屡屡称病辞官。晚年，王安石一直闲居江宁（王雱亦葬于江宁），在对儿子无尽的思念里，终老于斯。

黄庭坚：永远站着傲笑的人

　　苏门四学士中，才华堪比苏东坡的，唯有黄庭坚，世称"苏黄"。

　　黄庭坚（1045—1105），字鲁直，洪州分宁（今江西修水）人，出身于书香门第，父亲黄庶工诗，有《伐檀集》传世。黄庭坚从小警悟过人，书读几遍就能背诵。据说小时候，他的舅舅李常到家里做客，随意取书架上的书提问，黄庭坚对答如流，无一不通，让这位在朝为官、满肚学问的舅舅连连惊叹。宋英宗治平四年（1064），二十二岁的黄庭坚登进士第，初任饶州余干县（今江西余干）主簿，后任汝州叶县（今河南叶县）尉。熙宁五年（1072）任北京（今河北大名）国子监教授，受到北京留守文彦博赏识。大约元丰元年（1078）前后，黄庭坚开始与苏东坡通信。苏东坡见其诗文，激赏不已，赞叹道："超轶绝尘，独立万物之表，世久无此作。"（《宋史·黄庭坚传》）从此，黄庭坚名震天下。

　　黄庭坚不仅大才槃槃，其书法亦精妙绝伦。文采好，得益于勤学，书法好，当然靠苦练，他甚至在同事的肚皮上练过书法。据宋代胡仔《苕溪渔隐丛话后集》卷第二十六转引《复斋漫录》说，黄庭坚元丰八年（1085）由县镇基层调京任馆职，恰与苏东坡的好友翰林学士顾临（字子敦）同事。顾临膀大腰圆，身材魁伟，夏天光着膀子午睡，远远看去如同洁白的宣纸一样，惹得酷爱书法的黄庭坚技痒，忍不住研墨舔笔，在顾临胸腹间肆意挥毫，非行即草，大练其书法，为此，顾临苦不堪言。一天午睡，顾临为了不给黄庭坚练字的机会，一改平时的躺姿，趴在办公桌上睡，醒后一看，肚皮上果然没有字，他得意地自语道："尔亦无如我何！"你终于拿我没办法了吧！然而，回家把衣服一脱，夫人惊异于丈夫背上有字，是一首整整齐齐的七绝，诗曰："绿暗红稀出凤城，暮云楼阁古今情。行人莫听宫前水，流尽年光是此声。"原来，黄庭坚无法在胸腹处着笔，便在顾临背上露了一手。而且，当时的人们文身时，经常选用唐代韩琮的这首《暮春浐水送别》文在背上。黄庭坚真是搞笑，令顾临不由得连连叹息。

在同事的身体上练书法，可以看出黄庭坚性格中诙谐的一面，与其他人交往也是如此。有一黄姓相面先生，硬拉着黄庭坚看相，预测他有点翰林、做中书的命，年寿可至八十，然后向这位大书法家求字一幅，想做个广告，撑个门面。黄庭坚倒没拒绝，顺手写下："黄生相予，官为两制（翰林学士称内制，中书舍人称外制）。寿至八十，是所谓大葫芦种也。"（宋代范公偁《过庭录》）写完哈哈大笑。黄生接过，更是欢天喜地，厥后携之相面，高高挂起，如同一面"金字招牌"。后有人问何谓"大葫芦种"，黄庭坚说："我曾在相国寺见卖大葫芦种的人，背一葫芦奇大无比，他从大葫芦中取籽出售，一粒卖到数百钱，人们竞相购买，不料种下去后，结出来的却是廉价的瓠瓜。"这所谓"金字招牌"上所书，实则戏言黄生之术不可信，问者听后大笑。

虽然只是一些笑谈，但幽默之外，我们明显能感觉到黄庭坚内心的傲气。是的，黄庭坚确实心高气傲，为此，他付出了沉痛的代价。宋朝在王安石变法之后，士大夫因支持或反对变法而形成了新旧两党，并逐渐演变成了党争，纷纷你方唱罢我登场，相互间水火不容，你死我活。宋哲宗元祐元年（1086），黄庭坚除神宗实录院检讨官，参与编修《神宗实录》，直至元祐六年（1091）书成。宋哲宗绍圣年间，新党重新掌权，因他是苏东坡的门生，遂与老师一起被划归旧党，即所谓"元祐党人"，成了被清算的对象。以张惇、蔡下为首的新党们，在《神宗实录》中摘出千余条内容，诬告黄庭坚编修《神宗实录》歪曲事实，诬蔑宋神宗。禁闭、监视居住等诸多手段一齐上。但是，无论怎样威逼利诱，黄庭坚始终不承认有歪曲诬蔑之辞，"凡有问，皆直辞以对"，不屈服、不惧怕、不折腰，其嶙嶙傲骨凛然正气，令那些正直的士大夫莫不叹服。黄庭坚不会低头认罪，不会忍辱偷生，所以，他受到的打击比其他旧党人士更大，结局也更悲惨。他先贬为涪州（今重庆涪陵）别驾，黔州（今重庆彭水）安置，四年后迁戎州（今四川宜宾）安置，拘禁近六年。宋徽宗即位，为调和两党矛盾一度放松对元祐党人的迫害，黄庭坚得以解除流放，得到起用。但短短两年后，宋徽宗重用蔡京为相，重新标榜"绍述神宗"，以比之前更狠毒凌厉的手段打击元祐党人，黄庭坚与司马光、苏东坡、苏辙、秦观等三百零八人一起，"光荣"地被蔡京亲书上了"元祐党籍碑"，并很快遭到"除名，羁管宜州（今广西河池）"的严惩，被踢出了干部队伍，形同阶下囚，最后惨死他乡。

打击如此之大，黄庭坚却从未叹息命运不公，也从未请求赦免宽大，始终高昂着头颅。据宋代杨万里《杨诚斋集》卷七十二中《宜州新豫章先生祠堂记》记载说，黄庭坚羁管宜州后，先寄居城中居民家，太守认为按罪不能安置这么好。寄居寺庙僧舍，太守又不同意。后租住旅店，太守还不同意。黄庭坚无奈，被迫搬到城南戍楼，太守这才点头。戍楼是城墙上用于军事的瞭望楼，破败不堪，风雨飘摇，冬天太冷，热天太热，比囚牢好不到哪去。故杨万里愤然质问道："馆于戍楼，盖圄之也；卒于所馆，盖饥之寒之也。先生之贬，得罪于时宰也，亦得罪于太守乎？"可见墙倒众人推，政治往往亦是滋生势利的催化剂。不过纵在如此恶劣的环境下，黄庭坚依然处之泰然，读书作文，自得其乐。他曾在《题自书卷后》（又作《跋李资深书卷》）中说："崇宁三年十一月，余谪处宜州半岁矣。官司谓余不当居关城中，乃以是月甲戌，抱被入宿子城南予所僦舍喧寂斋。虽上雨傍风，无有盖障，市声喧愦，人以为不堪其忧，余以为家本农耕，使不从进士，则田中庐舍如是，又可不堪其忧邪？既设卧榻，焚香而坐，与西邻屠牛之机相直。为资深书此卷，实用三钱买鸡毛笔书。"（《黄庭坚全集正集》卷第二十五）栖身破败的戍楼，风雨无遮，市声纷扰，他不以为忧。与邻居家宰牛的案板相对，看着市民们讨价还价，他安然榻上，焚香读书。他甚至把这居不像居、舍不似舍的地方，以闹中取静意，取了一个十分雅致的名字——喧寂斋。

不特此也，据在黄庭坚最后岁月一直陪伴他、后来为他料理后事、护丧归葬的范寥（字信中）回忆说，有一天，大雨倾盆，久旱逢甘霖，黄庭坚兴奋得像小孩一样，赶快搬出椅子，置于栏杆边，然后挺直身坐在椅子上，把双脚伸出栏杆外，酣畅淋漓地淋了一场大雨，还兴奋地回头对立于身后的范寥说："信中，吾平生无此快也！"（陆游《老学庵笔记》卷三）

与宰牛的案板相对焚香读书，用三文钱的鸡毛笔在名家书卷上题跋，把城墙上淋雨当成平生快意事，这就是一代文豪黄庭坚流放生涯的精神状态，他是一个永远站着傲笑而不跪着哭泣的人，哪怕为此颠沛流离，困苦一生。

蔡京：颇具干才的弄臣

历史上君臣知遇而传为佳话者不乏其人，比如商鞅之于秦孝公，诸葛亮之于刘备，赵普之于宋太祖，都是君臣联手、双剑合璧成就伟业的典范。如果不以动机和结果论，蔡京之于宋徽宗，也堪称君臣知遇的范例，其依赖如股肱、信任如手足的感情，也真是千古少有。

初露干才

蔡京（1047—1126），字元长，兴化军仙游县人。宋神宗熙宁三年（1070），二十四岁的蔡京金榜题名，登进士第，先后任过杭州钱塘县尉、舒州推官、起居郎等。不久因出使辽国有功，授中书舍人。元丰年间升为龙图阁待制，知开封府。宋哲宗元祐初被排挤出京，历任扬州、郓州（今山东郓城）、成都等多地知州，迁龙图阁直学士。绍圣初，宋哲宗亲政，将蔡京召回任权户部尚书，不久提拔为翰林学士兼侍读，修国史。

蔡京进士出身，满腹经纶，才思敏捷。绍圣年间，辽使李俨来朝，蔡京出面接待，留住颇久。李俨也是个才子，精通诗词。一日，蔡京宴请，李俨看到侍从端上来新鲜的杏子，诗兴大发，指盘中杏子吟道："来未花开，如今多幸（杏）！"蔡京一听，随手拿起另一盘子中的梨子对曰："去虽叶落，未可轻离（梨）。"以梨对杏，工巧。又以谐音表达挽留之意，更妙。

蔡京书法笔法姿媚，气势豪健，痛快沉着，格调高雅，堪称一绝。元符三年（1100），宋哲宗赵煦因病去世，年仅二十四岁，其弟赵佶继位，是为宋徽宗，施施然一少年天子。宋徽宗欣赏蔡京，或与书法造诣有关，他自己即是此中翘楚，自古惺惺惜惺惺。崇宁三年（1104），朝廷开铸"崇宁重宝"钱，宋徽宗便安排时任首相的蔡京书写钱文。宋徽宗的画作，也多有蔡京的题记，题诗。有人认为"苏黄米蔡"宋四家的蔡，为蔡京，不无道理。

诗词歌赋、翰墨丹青，只是修身养性之技，作为行政官员，其能力大小，得用执行力去衡量，这一点，蔡京也强过他的同僚们许多。元祐初，司马光任相，废除王安石的变法主张，复行差役法，要求五天之内，全部改正。同僚们一听，时间太紧，纷纷抱怨无法完成。而时任开封知府的蔡京雷厉风行，短短五天，便把所辖各县的雇役悉数改为差役，无一违者。司马光在政事堂听了蔡京的汇报后，大喜道："蔡知府，倘使人人奉法如你，还有什么政令不能落实啊！"

司马光去世后接任为相的吕公著对蔡京更是佩服之至。宋代蔡绦《铁围山丛谈》卷三载，一次，蔡京从地方上离任，回京述职，吕公著听说后，赶紧把蔡京请到宰相府，让儿子们环侍在侧，郑重其事地对蔡京说："蔡君，公著阅人多矣，无如蔡君者。"我目人无数，无人强过你。然后，手抚太师椅郑重其事说道："君他日必据此座，愿以子孙托也。"儿孙们的将来，就托付于你了。蔡京当时作为朝廷中层干部，能够得到前后两任宰相的高度肯定，并预言能登相位，其卓越干才，可见一斑。这些典故，也一度被时人传为美谈。

四登相位

蔡京一生，在仕途摸爬滚打五十多年，历经宋神宗、哲宗、徽宗、钦宗四朝，五登相位，可谓官运亨通，荣贵至极。不过，他虽然一直顺利，但让他四登宰相之位、任相近二十年的，只有一个宋徽宗。也就是说，他虽然在神宗朝十五年，官至从三品龙图阁直学士；在哲宗朝十五年，官至正三品翰林学士，但这前三十年也是起起落落、跌跌撞撞，且从未有过真正的拜相之兆。唯独在宋徽宗一朝，不但拜相，而且致仕后四度复起，不断加官晋爵。

宋徽宗是个典型的才子皇帝，琴棋书画，无所不通，尤其一笔"瘦金体"书法，俊秀飘逸，独步天下。他喜欢玩，骑马、射箭、踢球，样样都会。他爱赏玩，爱收藏，奇珍异宝，奇花异石，他恨不能都集中在他的皇宫。天下的书画古董，他恨不能都安置在他的书房。他更爱女人，后宫三千粉黛还不能满足，常常出宫寻花问柳，还专门设立"行幸局"，为他张罗召妓和善后诸事。他既是个才子，更是个花花公子。要得到一个公子哥儿皇帝的赏识，说难是难，说易也易。

宋徽宗登基之时，五十四岁的蔡京正走背时运，被一群谏官弹劾，离京放逐，由庙堂至江湖，一贬再贬，后来干脆被罢去一切行政职务，闲居于杭州，郁郁寡欢。宋徽宗上台第三年，即崇宁元年（1102），才起用蔡京为定州知州。未几，提拔为尚书右仆射兼门下侍郎，即右丞相。第二年正月，又任命为尚书左仆射兼门下侍郎，即左丞相，也就是百官之首的第一宰相。

从进士到翰林，蔡京一步一个脚印，艰难跋涉了三十年；从一个赋闲的散官，到一人下、万人上的首相，蔡京只花了短短一年多时间，如此天上人间的轮回，只因为宋徽宗对他的特别青睐。

宋徽宗刚刚上位之时，万事开头难，认真了两天，但他爱玩贪婪的本性旋即暴露无遗。为了得到更多藏匿于民间的字画珍宝，他任命童贯为内廷供奉官，亲赴江浙，专事搜刮。童贯在杭州一住就是数月，期间，多次与赋闲的蔡京交流，让蔡京指点迷津。蔡京不仅艺术造诣极高，鉴赏眼光也十分独到，两人一拍即合。童贯搜集，蔡京鉴定，把那些历代遗留下来的书画珍品、极品，快马加鞭，舟车往返，源源不断地送达京城，同时还附有鉴赏、品评。宋徽宗把玩着那些国宝级艺术品，惊喜之余，开始对蔡京特别关注起来，并以突破干部任免流程的加速度，三两步把他提拔为首相。

蔡京出任首相，终于没有辜负皇帝的信任。皇帝贪玩，他就陪玩；皇帝喜欢珍宝，他设法搜寻；皇帝要建万岁山，他马上安排心腹朱勔，在苏州设立应奉局，专任其事。为了把奇花异石、珍禽宝贝运到京城，他在全国各地征调船只无数，通过运河、汴河运到京城，大兴"花石纲"之役。

蔡京投皇帝之所好，不但表现在物质上，还表现在政治上。宋徽宗十分追慕父亲宋神宗、兄长宋哲宗的改革理想，他以"绍述父兄"为己任，在位的第二个年号取名"崇宁"，即继承神宗、效法熙宁之意。蔡京按照宋徽宗的思路，继续走改革之路，而且成绩斐然。任相那些年，他大力改革科举，发展州县教育，增设算学、医学、武学、律学，使科举考试与行政事务更加协调适应。他大力改革经济，对茶法、盐法、货币、漕运、方田等进行了大范围改革，尤其茶、盐专卖，改革后较改革前，国家财政收入成倍增长，连年翻番，"自政和立法之后，顿绝弊源，公私兼利。异时一日所收不过二万缗，则已诧其太多，今日之纳乃常及四五万贯。以岁计之，有一郡而客钞钱及五十余万贯者，处州（今浙江丽水）是也；有一州仓而客人请盐及四十万袋者，泰州（今江苏泰州）是也。新法于今才二年，而所收已及四千万贯。"（《宋史卷一百八十二·食货志》）足见改革对财政所作贡献的巨大。尤其值得一提的是，蔡京还推行社会救助制度，在全国各地广泛设立居养院、安济坊、漏泽园等机构。"居养鳏寡孤独之人，其老者并年五十以上许行收养，诸路依此。"（清代徐松《宋会要辑稿·食货六八》）可以说，在宰相任上，他做了一些实事好事。而蔡京的聚财之能，对于以京畿为自己的后花园，以大宋为自己的储藏室，且贪婪成性穷奢极欲的宋徽宗来说，真是求之不得，正中下怀。

于公于私，宋徽宗对蔡京都特别眷顾，虽多次贬过蔡京的宰相职务，但皆是御史弹劾骑虎难下的结果，且每每转瞬即重新起用，可谓心照神交，情深谊长。崇宁二年（1103）任左相，后封为嘉国公。崇宁五年（1106），进司空、开府仪同三司、安远军节度使，改封魏国公。同年，罢为开府仪同三司、中太乙宫使。大观元年（1107），复升左相，拜太尉、太师。大观三年（1109），致仕退休。政和二年（1112），复召辅政，封鲁国公。宣和二年（1120），致仕。宣和六年（1124），再起领中书、门下、尚书三省，称"公相"。同年，复致仕。在宋徽宗的扶持下，蔡京不断加官晋爵，是北宋以来加官最多、地位最高的宰相，宋徽宗还七次亲临蔡京府上，以示优宠。自崇宁三年（1104）到宣和六年（1124）二十年间，蔡京始终是宋徽宗最信任的股肱之臣，四次当国，威权炽盛，无以复加，其时民间甚至有："但知有蔡氏，不知有朝廷"之说。（宋代汪藻《靖康要录》卷五）。

贬死潭州

蔡京有干才，做过实事，不过他也绝不是什么好鸟。他任相那些年，几乎把人给得罪遍了，几乎把坏事做绝了。

为了巩固地位，为了与宋徽宗在政见上保持高度一致，蔡京通过打击反对改革的元祐大臣来表态和站队。他把元祐、元符间司马光、文彦博、苏轼、苏辙、黄庭坚、秦观等三百零九人列为奸党，请皇帝亲书碑文，刻于石碑，置于文德殿门东壁，称"元祐党籍碑"。他自己又再书写，颁布天下，让全国各地翻刻。对于司马光、文彦博、苏轼等已故者，依然不放过，极尽丑化之能事。对于黄庭坚、苏辙等同僚，则远贬至岭南等瘴疠之地，黄庭坚等许多大臣被贬死他乡。

在君主时代，邀宠或能得意一时，但邀宠者也往往不得善终。当金兵南下，宋徽宗去位，蔡京的末日也便到了。宣和七年（1125）十二月，金人大举南侵，宋徽宗赶紧传位于长子赵桓，是为宋钦宗。宋钦宗继位于大厦将倾的危难时刻，大敌当前，首要任务是稳定人心，稳定人心必须找到把国家糟蹋成今天这个模样的罪魁祸首，于是，蔡京成了众矢之的。宋钦宗靖康元年（1126），年届八十昏聩衰老的他，先被贬为秘书监、分司南京，再贬崇信军、庆远军节度副使，衡州（今湖南衡阳）安置，又贬韶州（今广东韶关）、儋州（今海南儋州），一年之内，连贬五地，这在北宋贬官史上十分罕见。当他行至潭州（今湖南长沙），贫病交煎，忧愤难当，最后贬所未到，竟客死于长沙城南东明寺。

在茫茫贬谪之途，蔡京曾作《西江月》一词："八十一年住世，四千里外无家。如今流落向天涯。梦到瑶池阙下。玉殿五回命相，彤庭几度宣麻。止因贪此恋荣华。便有如今事也。"（唐圭璋《全宋词》第一册）这首词既是他辉煌一生的生动写照，也是他被打入地狱的深刻反思，句句刻骨，声声泪下。

《宋史》把蔡京列入了"奸臣传"，评价他："天资凶谲，舞智御人，在人主前，颛狙伺为固位计，始终一说，谓当越拘挛之俗，竭四海九州之力以自奉。"宋钦宗时期的太学生陈东"伏阙上书"，把蔡京定性为朝廷"六贼"之一、奸臣之首。这基本形成了后来人们对蔡京的印象，认为他是误国奸臣，若不是他惑乱君主、结党营私，北宋或不至于亡国。然而，明末清初思想家王夫之在《宋论卷八·徽宗》中，认为蔡京远远够不上"奸臣"之称，他分析说："奸人得君久，持其权而以倾天下者，抑必有故。才足以代君，而贻君以宴逸；巧足以逢君，而济君之妄图；下足以弹压百僚，而莫之敢侮；上足以胁持人主，而终不敢轻。李林甫、卢杞、秦桧皆是也……而蔡京异是。"他认为李林甫、卢杞、秦桧等，皆是"权势已归，君虽疑而不能动摇之以使退"的人，这种权势已得，皇帝也不能撼动其地位的，才能称奸臣。而蔡京任相伊始，皇帝案上弹劾他的奏折从未断过。陈东等几个草泽之士就可直接上书骂他为国贼。至于"胁持人主"，更不可能，宋徽宗四次用他，又四次轻轻松松让他致仕退休，拿掉他就像拿掉桌上一个杯盘那么容易，即为明证。一个在皇帝面前总是战战兢兢，一个面对同僚弹劾须得百般自辩的人，纵有机会让他"胁持"，他也"胁持"不了啊，不是威权不够，便是力有不逮。

就威权和地位来讲，蔡京不过是一个不断满足皇帝欲望、哄皇帝开心而借机巩固其权位的"弄臣"而已。的确，蔡京是以弄臣形象出现在宋徽宗面前，获取他欢心的。宋徽宗有一次生日，想在生日宴上用玉杯、玉盏宴请大臣，又因太奢华，怕人闲话，与蔡京商量。蔡京说："我当年出使契丹，契丹人就曾用玉盘、玉盏在我面前夸耀，说宋朝无此物。今皇上万寿之用，符合礼制。事情只要合理，何畏人言？陛下贵为天子，应当享尽天下荣华，受尽万民供奉，区区玉器，何足挂齿。"说得宋徽宗连连点头。此禁一开，其他大把烧钱的高消费，便顺理成章了。于是，铸九鼎，祭明堂，祀园丘，修新乐，造万岁山，真是花钱如流水。而宋徽宗要的就是这份花钱如流水的潇洒感觉和奢靡享乐。当他看到蔡京通过专卖改革给他带来的巨大财富时，竟然高兴地对左右说："这是太师给我的俸料啊！"贪婪之相毕现。

蔡京的确是一个干才，但他的才干却用在了取悦和讨好皇帝上，只能算一个颇有干才的弄臣。他之所以成不了奸臣，是因为他既不能"弹压百僚"，又无法"胁持人主"，也正因为这个原因，北宋之亡，他顶多只能算一个帮凶，算不得罪魁，把账算在蔡京头上，那是高估了他。

蔡京是奸臣之论也好，北宋亡于蔡京等六贼误国之说也好，均是从传统的"奸臣模式"而来，以为国之灭亡，无不是乱臣贼子之过，只要奸臣倒台、忠臣事主，则国家不会灭亡，宣和年间所谓："打破筒（童贯），泼了菜（蔡京），便是人间好世界"，就是这种说法的"民谣版"。然而，持此种论调，又是多么的可笑？北宋灭亡，当然有深层次的原因，比如朝廷党争，比如百姓困苦，比如国库空虚，比如武备孱弱，等等。但是，加速北宋灭亡更直接的原因，是竭泽而渔的盘剥和荒淫无度的奢侈。无论是让百姓民不聊生的花石纲之役，还是让丰盈的国库再度掏空的营宫建观，垒山造园等，无不是为满足宋徽宗的一己之私欲。宋徽宗的享受，是建立在国家机器为一个人的贪图运转，群臣百官在为一个人的享受搜刮，无数黎民百姓在为一个人的私欲艰辛劳作的基础之上的，其苛政可用敲骨吸髓、刺血济饥来形容。就这一点来说，宋徽宗才是葬送北宋王朝的真正祸首，足以堪称"奸帝"。

靖康二年（1127），金人铁蹄踏破汴京，宋徽宗、钦宗成了阶下囚，被掳北去，押送途中，受尽凌辱的宋徽宗写下《在北题壁》一诗曰："彻夜西风撼破

217

扉，萧条孤馆一灯微。家山回首三千里，目断山南无雁飞。"（清末丁传靖《宋人轶事汇编卷二·徽宗》）此情此景，此心此感，也是句句刻骨，声声泪下，与蔡京当年的逐臣感受何其相似乃尔，真是有过之而无不及。

秦少游的天堂地狱

"苏门四学士"中，最著名当数黄庭坚和秦少游，黄庭坚以诗见长，而秦少游则以词著称。"自在飞花轻似梦，无边丝雨细如愁。宝帘闲挂小银钩。"（《浣溪沙》）"别后悠悠君莫问，无限事，不言中。"（《江城子》）"柔情似水，佳期如梦，忍顾鹊桥归路。两情若是久长时，又岂在朝朝暮暮。"（《鹊桥仙》）这些无限优美而又让人浮想联翩的名句，都是人们耳熟能详的。

秦少游（1049—1100）名观，字少游，如苏东坡一样，人们因为尊敬和喜欢，不直呼其名，而每每称其字。他是扬州高邮县（今江苏高邮）人，父亲秦元化曾师从"宋初三先生"之一的胡瑗，习经多年，家学深厚。不过，秦少游倒没学其父亲，在儒学典籍中埋头苦读，皓首穷经。他喜欢诗，更喜欢词，晏珠、欧阳修、苏东坡，都是他的偶像。这些偶像中，秦少游最服苏东坡。为结交苏东坡，秦少游可谓煞费苦心。据宋代惠洪《冷斋夜话》卷一载，熙宁七年（1074），二十六岁的秦少游得知苏东坡将过扬州，并游览大明寺，特从高邮赶到扬州，模仿苏东坡的诗风和笔迹，在大明寺寺壁题诗一首，并署名苏轼。这一招很是灵验，游览时，"东坡果不能辨，大惊"。后来，苏东坡在友人处读到秦少游的诗词后，惊叹道："向书壁者岂此郎邪？"能在苏东坡这一真菩萨面前烧假香，几乎乱真，再一次验证了秦少游的旷世才情。因此，苏东坡为他点赞，说他："有屈、宋才。"王安石也曾评价他："清新似鲍、谢。"（《宋史·秦观传》）元丰元年（1078），秦观前往徐州，拜谒时任徐州知州的苏东坡，相谈甚欢。临别，秦少游作《别子瞻学士》一诗表达心迹，中有"我独不愿万户侯，惟愿一识苏徐州"之句，从此拜其门墙之下。

作为当时文坛巨擘苏东坡，官场耆宿王安石，把秦少游喻为屈原、宋玉、鲍照、谢灵运，这既是高度评价，也是殷切期许。所以，秦少游因才华走官运，便是十分自然的事情了。虽然他的科考道路并不平坦，屡战屡败，宋神宗元丰八年（1085）三十七岁才考上进士，但进仕之后的提拔颇为迅速。他初任定海主簿，未赴，寻除蔡州（今河南汝南）教授。宋神宗去世，宋哲宗继位，高太后垂帘听政，军国政事，全权处理，对秦少游亦有注意。元祐二年（1087），苏东坡以"贤良方正"推荐秦少游入朝。元祐五年（1090），时任宰相的范纯仁推荐秦少游任太学博士，旋升秘书省正字，后迁国史院编修，授宣德郎。官不大，但有王安石曾经的褒奖，有苏东坡、范纯仁的先后推荐，前途无量。而且这段在京时期，也是他人生最得志的时期，文名盛极一时，好友环绕左右，与黄庭坚、张耒、晁补之同游苏东坡门下，何其快慰！

秦少游官场得志，情场也得意。他在蔡州任职期间，营妓楼东玉对他一片痴情，秦少游填了一曲《水龙吟》送给她，不但在"小楼连远横空""玉佩丁东别后"二句中，巧妙地把"楼东玉"的名字嵌了进去，而且"花下重门，柳边深巷，不堪回首。念多情但有，当时皓月，向人依旧"之句，几乎把他俩缠绵悱恻的月下幽会和男欢女爱的隐私，向天下坦白无遗，害得苏老师又是担心，又是责备。

一天晚上，秦少游在扬州刘太尉家做客，觥筹交错间，一美貌歌妓深情款款，轻拢慢捻弹奏箜篌，技艺高超，其乐如泣如诉。因箜篌是古琴，引得好奇心强的秦少游忍不住上前观看。这时，恰巧刘太尉去里屋更衣，又恰巧一阵风吹灭了蜡烛，歌妓本就仰慕于他，仓促间两人趁机亲近了一番。嗣后重燃蜡烛之际，歌妓绯红着脸羞涩地对秦少游说："今日为学士瘦了一半。"这件事，后来在文坛炒得沸沸扬扬。

长沙有一歌女，平生也酷爱"淮海词"（秦少游别号淮海居士），每得一首，即抄录下来，反复咏唱，堪称秦少游的"铁粉"。一次，秦少游路过长沙，不知如何被歌女得知了，她缠着自己的母亲，要向秦少游托付终身，逼得母亲没法，只好红着老脸去向秦少游表达女儿的爱慕之情，不想却被秦少游婉谢。后来，秦少游去世，长沙歌女竟上吊自杀，以身殉情。

宋代词人中，有女人缘、走桃花运，能够与秦少游堪称伯仲间的，恐怕只有一个"花花公子"柳永了。柳永"奉旨填词"，游走于烟花柳巷，是石榴裙下的风流浪子。秦少游曾有意无意地模仿过柳永，也像柳永一样真心爱她们，以一个男人的胸怀和一个诗人的真诚爱她们，而且爱一个就填一堆词，佳作迭出。有人统计，秦少游留传下来的四百多首诗词中，"情诗"多达四分之一，而诗词中的主人公绝大多数是青楼歌女。对于桃花运连连的秦少游来说，每次艳遇，真是"金风玉露一相逢，便胜却人间无数。"情场得意，官场得志，秦少游真像是进入了人间天堂，踌躇满志，脚下生风。

秦少游既是苏东坡、王安石眼里的才子，又是最高当权者高太后和宰相范纯仁眼里的政治新星。高太后不但提拔秦少游为史官，让他参与编修《神宗实录》，还经常以皇帝的名义给秦少游赏赐砚墨珠玉之类的珍品。按照宋朝的用人惯例，像秦少游这种上下看重的才子，如果不出意外，其仕途方向必然是先太学、秘省、史馆，再点翰林、当学士，前途无量，机遇好的话，最后入中枢做宰执也不是没有可能。北宋许多名相如吕蒙正、李沆、寇准、晏殊等，均是修史出身，几乎都是沿着这条相近的路子走向了仕途的巅峰。

但是，在这个国家历来高于社会的国度里，政治突出到了超越人性的高度，在政治面前，个性被忽略，生命遭轻视，如同尘埃草芥一般。由于个人命运常常被政治所左右，而政治又常常被独裁者玩弄于股掌之间，于是，在政治这个浩瀚大海里，一个波浪可以让人青云直上，一个波浪也可以让人跌落深渊。秦少游就是这个政治大海里的一株草芥，他的命运，也自然而然地随着政治气候的变化而浮沉。

宋朝的党争，从范仲淹领导的"庆历新政"时期就初现端倪，到王安石推行"熙宁变法"后期，支持改革的"新党"与反对改革的"旧党"之争愈演愈烈，到你死我活的境地。绍圣元年（1094），"新党"上台，因为苏东坡的缘故，秦少游被列入"旧党"，贬为杭州通判。赴任途中又贬为监处州酒税。更让人没有料到的是，元符元年（1098），秦少游甚至遭到朝廷除名，移雷州羁管，被一脚踢出了官员队伍。

《宋史·秦观传》评价他说："强志盛气，好大而见奇。"说明他志气昂扬，豪放不羁，性格中有刚烈的一面。但从他的诗文和生活中，又能看出他浪漫多情的一面。刚者易折，多情易伤，加上他既没有苏东坡的达观，又没有黄庭坚的坚韧，一旦受挫，就像从天堂到地狱，一落千丈，非常绝望。在雷州期间，他甚至连死的准备都做好了，提前作《自作挽词》曰："婴衅徙穷荒，茹哀与世辞。官来录我囊，吏来验我尸。藤束木皮棺，槁葬路傍陂。家乡在万里，妻子天一涯。孤魂不敢归，惴惴犹在兹。昔忝柱下史，通籍黄金闺。奇祸一朝作，飘零至于斯……"其极端悲观的心情，痛彻骨髓的感受，溢于言表。

　　然而，政治又像老天爷的脸，是最容易翻云覆雨的。元符三年（1100），宋哲宗病逝，宋徽宗继位，向太后垂帘听政，又为苏东坡等一干"旧党"平反，任命秦少游为宣德郎，并召他回京上任。听到这一消息，秦少游一扫阴霾，异常高兴，真是"漫卷诗书喜欲狂"。回京途中，到达藤州（今广西藤县），游览华光亭，累了向人索水喝，水端来后，他凝望着那杯水，突然悲喜交集，大笑不止，随即溘然长逝。

"双博士"米芾的怪行状

书法宋四家"苏黄米蔡"中，米芾是艺术造诣比较全面的一个，他不仅书法首屈一指，绘画也是当时一流，宋徽宗曾亲封他为"双博士"——书学博士和画学博士。不过，这样一位天才书画家，生活中却疯癫痴狂，落拓不羁，留下许多段子，在士大夫间传为笑谈。

米芾（1051—1107），一名黻，字元章，号鹿门居士，丹徒（今江苏镇江）人。米芾也是以文出身，且为文章奇险，从不喜欢"蹈袭前人轨辙"。这说明他喜欢标新立异，反映到穿着上亦是如此，平日着装非常怪异。《宋史·米芾传》说他："冠服效唐人，风神萧散，音吐清畅，所至人聚观之。"他喜欢唐装，帽子、袍子、鞋子以及其他着装打扮，均仿效唐代"流行风"，是那种到哪都遭围观的对象。他定居汴京时，乘轿出门，经常戴一顶高檐帽，因为帽子太高，无法坐轿，为了不摘下他那别具特色的帽子，他竟让手下掀去轿子的顶盖，露帽而坐，一时成为京城奇观，不仅引来百姓围观，同僚亦笑话他为"槛车里的囚徒"。

米芾有洁癖，一辈子不与人共用洗漱用具，他的东西也不准别人碰或摸。一次，他的朝靴偶然被人摸了一下，他赶紧回去洗涮涮，最后把朝靴都给洗破了。米芾洗手也与众不同，不用脸盆，特制一银斗，每次都用银斗倒水洗手，洗完后也不用毛巾擦拭，而是两手相拍，直至把水拍干，讲究到了常人无法理解的程度。他爱石成痴，喜欢看石、玩石、收藏石。他任涟水军（今江苏涟水）军使期间，因涟水多石，他到处寻石，每寻到好石头，便躲进书房，终日把玩，导致政事荒废，民怨沸腾，结果惊动了上级，按察使杨杰还为此事特赴涟水调查，米芾差点儿因此丢官。

更为搞笑的是，米芾竟与冷冰冰的石头称兄道弟。据宋代费衮《梁溪漫志》卷第六"米元章拜石"条记载，他在无为州（今安徽无为）任知州时，河边有一巨石，形状奇丑，米芾见了大喜，立即让人搬到衙门里，然后整冠焚香，纳头便拜，还十分动情地说："吾欲见石兄二十年矣！"不过，米芾这次运气不好，他因拜石遭到弹劾，"言者以为罪，坐是罢去"，终被罢官。

米芾性格乖张，举止怪异，做人无规矩无章法，滑稽玩世，任性而为，人送绰号"米癫"。据宋代曾敏行《独醒杂志》卷二载："米元章有嗜古书画之癖，每见他人所藏，临写逼真。"一次，他与蔡京长子蔡攸乘船游玩，蔡攸拿出自己珍藏的西晋王衍书法真迹，与之共赏。谁知米芾看后，卷轴入怀，然后趴在船舷装作要跳水自杀的样子。蔡攸大惊，问道："何为？"米芾伤心地回答说："生平所蓄，未尝有此，故宁死耳！"蔡攸不得已，只好拱手相送。你看，他为了得到一件珍品，甚至不惜以死胁求，全然不顾自己的尊严。

另有宋代《春渚纪闻》卷七"米元章遭遇"条说，宋徽宗与蔡京在艮岳谈论书法，随后召米芾前来，书一屏风。米芾龙飞凤舞写完后，却捧着砚台跪在宋徽宗跟前恳求道："此研经赐臣芾濡染，不堪复以进御，取进止。"意思是，皇帝您这个砚台我用过了，您不能再用，不如把砚台赏赐给我吧。宋徽宗见米芾竟然主动向他索砚，很是意外，立马哈哈大笑，爽快地把砚台赏给了他。米芾又得一珍品，顿时手舞足蹈，喜形于色，连连称谢，然后赶紧怀抱砚台飞奔回家，砚台上的墨汁，弄到袍子上袖子上到处都是，也毫不在乎。可见，在好宝贝面前，什么洁癖不洁癖的，不值一提，故苏东坡在和米芾诗中曾有"巧偷豪夺古来有，一笑谁似痴虎头"（《次韵米黻二王书跋尾二首》）之句。

苏东坡当然是玩笑语，不过当时同僚中倒确实有批评米芾品行的人，还不少。宋代王明清《挥麈后录》卷之七记载，宋徽宗建中靖国元年（1101），曾布任相，与蔡京、蔡卞兄弟斗得不可开交。当时，米芾为了与宰相套近乎，写了一封信给曾布，中有吹捧攀附之句说："扁舟去国，颂声惟在于曾门；策杖还朝，足迹不登于蔡氏。"谁知第二年，曾布被贬，蔡京当上了宰相，米芾赶紧又给蔡京写了一封信说："幅巾还朝，舆颂咸归于蔡氏；扁舟去国，片言不及于曾门。"一模一样的谀颂之词，只不过把姓氏调换一下而已，同僚听说后，纷纷指责米芾溜须拍马、见风使舵，惊叹："士大夫不足养如此。"

从这个故事来看，米芾的确人品低劣。不过，细细梳理一下米芾的从政经历，设身处地考量一下他所处的特殊环境，我们或许会有另外一番感慨。熙宁元年（1068），十八岁的米芾因母亲服侍过宋神宗母亲高太后，被恩封为秘书省校书郎，后历任临桂尉、长沙掾、杭州从事、涟水军使、礼部员外郎等职，在北宋官场摸爬滚打三十余年。然而，恰恰是这几十年，北宋经历了"庆历新政"和"熙宁变法"这两场左右朝局、牵动全国的政治大变革。政治变革不仅伴随着利益的调整，也伴随着残酷的斗争，前有范仲淹与吕夷简，后有王安石与司马光，再有曾布与蔡氏兄弟，明争暗斗，你死我活。在这些此起彼伏的党争中，士大夫有的官运亨通，有的发配蛮荒，有的春风得意，有的身陷囹圄，于是，士风一落千丈。一些人对政治斗争望而却步，他们或装疯，或卖傻，或寄情风月，或沉迷艺术，装聋作哑，噤若寒蝉，目的无非是躲避党祸，明哲保身。而米芾的癫狂和怪诞，甚至到处钻营攀附，或许就是他夹缝中求生存、倾轧中求自保的一种无奈选择吧。

童贯的千古骂名

历代太监中，童贯堪称开创"历史之最"的人。他以太尉领枢密院事，掌全国军权，是史上掌控军权最大的太监；他前后统兵二十年，是史上掌军权最久的太监；他曾以副使身份出使辽国，是史上第一个代表国家出使外国的太监；他因功被封为广阳郡王，是史上第一个被册封王爵的太监。而如果把"骂名"算上，童贯恐怕还是生前死后承受骂名最多的太监。

无论正史还是野史，无论官方还是民间，童贯都是众矢之的。《宋史·童贯传》这样评价他："性巧媚，自给事宫掖，即善策人主微指，先事顺承。"说他会讨好、懂揣摩、善逢迎。这一评价倒是实话，童贯以供奉官主持杭州明金局，专为宋徽宗搜刮珍玩字画、珠宝花石，天下之美，古今之胜，应搜尽搜，整船整船地从淮河、汴河水道运至京城，供宋徽宗挥霍享乐，童贯因此深得宠幸。

宋人的野史笔记中，编撰过许多讥讽童贯的段子，让人捧腹。清末丁传靖《宋人轶事汇编》卷十四载，宋徽宗崇宁年间，童贯被任命为熙河兰湟、秦凤路经略安抚制置使，为宋朝西北前线最高军事长官，如日中天。那些边将迎来送往，唯童大帅马首是瞻。但在众多边将中，独秦州知州兼秦凤路安抚使钱昂傲骨嶙嶙，颇为不屑，让童大帅十分不快，总想寻机会奚落一下。

一日，童贯去秦州巡视，故意比约定的时间延迟很久才到。钱昂经过漫长的等待，终于等到童大帅亲临，便问道："大帅为何来得这么晚呢？"钱昂个头矮小，童贯一语双关地回答说："我今日乘坐的这头驴，个头小而脾气倔，动辄跳跃，很难驾驭，因此来迟。"这几乎是直接批评钱昂桀骜不驯，目无领导。钱昂揣着明白装糊涂，又问："太尉乘的可是公驴？"童贯说："当然是公驴。"钱昂哈哈一笑，也一语双关地反唇相讥道："太尉既然奈它不何，不如把这头公驴给阉了。"钱昂把童贯的"太监"身份大大讥笑了一番，气得他七窍生烟。

童贯以收复燕京（今北京）之功，被宋徽宗封为广阳郡王。太监封王，无异于给以儒家正统思想主导的北宋官场扔下一颗重磅炸弹，朝内外众口喧腾，议论纷纷，许多士大夫不但加入议论的行列，而且编段子，写打油诗，嬉笑怒骂，不亦乐乎。据与童贯同朝为官的张知甫所撰《可书》记载，当时，有读书人以此事拟了一首打油诗曰："长乐坡头十万戈，碧油幢下一婆婆。今朝始觉为奴贵，夜听元戎报五更。"讥笑太监带兵的"丑态"，一时传为笑谈。

陈东的"上书"，几乎骂出了当时士人的共同心声。靖康元年（1126）正月七日，金军右副元帅完颜宗望率东路军杀至汴京城下，向各处城门发起疯狂进攻。宋军在时任副宰相李纲的组织下，防守颇为严密，金兵多日攻城亦不能奏效。不能速战速决，宋朝各处勤王之军又在陆续前来，对金军十分不利，宗望因此主动向宋朝提出议和，宋钦宗当然求之不得。然而，宗望的条件是："宋帝尊金太宗为伯父；燕云汉人悉归金；宋割太原、中山、河间三镇地给金；宋纳犒军费金五百万两，银五千万两，锦缎一百万匹；以亲王、宰相作人质。"条件之苛刻，气焰之嚣张，令朝臣军民义愤填膺。李纲便明确反对，并说只要让他再坚守几天，待勤王大军云集而至，孤军深入的金兵必然溃败而逃。但在金军的凌厉进攻和宗望的一再威逼之下，宋钦宗撤销了李纲的职务，开启向金交割三镇的外交程序，一时朝野震动，舆论哗然。太学生陈东联合诸生千余人，向宋钦宗伏阙上书，说："今日之事，蔡京坏乱于前，梁师成阴谋于后，李彦结怨于西北，朱勔结怨于东南，王黼、童贯又结怨于辽、金，创开边隙。宜诛六贼，传首四方，以谢天下。"（《宋史·陈东传》）把外敌入侵归罪于"六贼"，给童贯的罪名是："结怨辽金，创开边隙。"

老百姓则直接咒骂。当时，童贯、蔡京把持朝政，朝中各级官员，不是出自童大人门下便是出自蔡大人门下，奸臣当道，民不聊生，民谚即有"打破筒，泼了菜，便是人间好世界"之说，把童贯和蔡京并列为乱臣贼子之首，群起而攻之。

而最上纲上线的，要算靖康元年（1126）九月宋钦宗诏书中给他列出的"十大罪状"。当年三月，为平民愤，宋钦宗下诏追夺童贯太师、广阳郡王、徐豫国公，责授左卫上将军致仕、池州居住。四月，责授昭化军节度副使、郴州（今湖南郴州）安置。又迁英州（今广东英德），再迁吉阳军（今海南三亚），贬地越来越远，罪名越来越重，但臣僚依然交章弹论。九月，宋钦宗综合朝臣上书意见下诏曰："童贯罪十：首荐朱勔起花石；引赵良嗣灭契丹；修延福宫等；朕在东宫，屡为摇动；策立之时，有异语；不俟皇命，擅去东南；差留守不受命；东京解围，闻而恶

之；家有龙红之物；私养死士。"（宋代徐自明《宋宰辅编年录》卷之十三）

这十条罪状叠加一起，真是十恶不赦，故宋钦宗诏书中斥责童贯"罪不容诛"，并当即命监察御史张澂带领开封府公差们星夜兼程，终于在南雄军（广东南雄）追上奔波于贬窜之途的童贯，将其斩首，旋即"函首赴阙"，枭首于汴京城头。

他的结局，比蔡京更惨。

《宋史》有定论，野史有酷评，民间有诅咒，舆论一边倒，遂成就了童贯的千古骂名。后人一提起童贯，眼前便会晃过一张勾粉白脸，如赵高、曹操之类，戏剧脸谱上小人当道、奸臣误国的典型。然而，仔细翻检史料，斟酌、比较、对照之余，会发现史实中，童贯既无"治世之能臣，乱世之奸雄"的曹操之能，也无逼死皇子扶苏、害死丞相李斯的赵高之恶，他的为人做事与蔡京颇为相似，是一个"颇具干才的弄臣"，有一点才能，有一点奸诈，以投机讨好为能事。从《宋史·童贯传》中，至少能寻找到童贯为赵宋王朝戎马一生的两大功劳：在对外上，童贯取得过与西夏以及吐蕃诸部作战的胜利，曾与王厚一起收复青海河湟四州等大面积失地，这是北宋对外战争中仅有的几次胜仗之一，消解了西北的军事压力；在对内上，他曾以宣抚制置使身份，领军十五万进军浙江，镇压方腊的农民起义，生擒方腊，得胜而归。

总的来说，童贯在二十余年不计其数的战争中，有胜有败；在与夏、辽、金诸国的外交斡旋中，有得有失；在为宋徽宗辅政过程中，有功有过。他之所以臭名昭著，主要有三个方面的原因：一是太监弄权。在帝王专制时代，太监弄权，与后宫干政一样，属于牝鸡司晨、不安其分的行为，干了不属于他干的事，为人所不齿。二是临阵脱逃。金军攻太原时，童贯作为驻扎太原的大军统帅，却不思抵抗，逃回京城，致使金兵长驱直入。三是为宋徽宗的罪责"埋单"。宋徽宗在位那些年，对内残酷盘剥，对外大动干戈，自己又奢靡享受，导致民怨沸腾，内外交攻，最终国破家亡。亡国的罪魁祸首，当然是宋徽宗这位自号为"道君皇帝"的无道昏君。然而，在以儒家文化为背景、以纲常伦理为核心的帝制时代，却没有追责皇帝的理论基础和行为习惯，即使他下"罪己诏"作自我批评，最后的账也不会算到他的头上，但国家糟蹋到这般情形，又总得有人为之"埋单"，于是，千夫所指而又确实曾经助纣为虐的太监童贯，便成了宋徽宗的替罪羊，背锅侠，遭受了千年唾弃，承受了千古骂名。

"靖康耻"背后的荒唐人荒唐事

靖康二年（1127），金军攻破北宋首都开封，掳掠数月后，押解宋徽宗、宋钦宗父子等大批俘虏和战利品北归，北宋灭亡。这就是岳飞《满江红·写怀》一词中悲愤呐喊的"靖康耻，犹未雪。臣子恨，何时灭"的"靖康耻"。之所以酿成了"靖康耻"，主要是因为北宋统治阶层的奢靡享乐、盘剥百姓和腐败无能。而更让人愤慨的是，国家倾危之际，那些帝王将相们，不是众志成城，反而主次不分，麻木不仁，上演了一幕幕荒唐剧。

宣和七年（1125）十月，金太宗完颜晟下诏伐宋，以完颜杲为都元帅，完颜宗翰为左副元帅领西路军攻太原，以完颜宗望为右副元帅领东路军攻燕京，约定两路会师宋都开封。十二月，东路军攻破燕京，西路军也攻到太原城下。慌乱中的宋徽宗，拉来黄牛当马骑，安排陕西转运判官李邺以给事中身份使金求和。李邺使金，不但徒劳无功，反而在回朝复命时盛夸敌强我弱说："虏人如虎，使马如龙，上山如猿，下水如獭，其势如太山，中国如累卵。"（程毅中《宣和遗事校注·后集》）真是长金军志气，灭自己威风，老百姓愤然叫他"六如给事"。

靖康元年（1126）正月初七，金军攻至开封城下，幸亏尚书右丞、亲征行营使李纲布防有力，措置得当，抵挡住了金军的疯狂进攻。金军死伤累累，依然无法攻进城来，只好提出议和。刚刚登上皇位不出半月的宋钦宗不顾李纲的强烈反对，满口答应金军提出的赔钱、割地、人质等全部屈辱条件。金军狮子大开口，单犒军费就索要五百万两金、五千万两银、一百万匹锦缎。这么多真金白银，一时如何筹措？然而，对外软弱可欺的宋朝当家人，在自己的百姓面前如狼似虎，奉命勒索民间金银的中书侍郎王孝迪，在贴出的文告中恐吓百姓说，如果不交出财物，金军破城之日必当："男子杀尽，妇女虏尽，宫室焚尽，金银取尽。"（清末丁传靖《宋人轶事汇编》卷十四）又一个长他人志气灭自己威风的软骨头，老百姓咒骂他为"四尽中书"，正好与"六如给事"形成绝配。

吴敏因促成宋徽宗禅位于宋钦宗有功，被任命为宰相，深得宋钦宗信赖。不过，吴敏虽有宰相之命，却无宰相之能，小吏报来文书案卷，他总是手一摆说"依旧例"。在军情紧迫、急如星火之际，吴宰相还在研究官学问题、太学生陈东上书问题、王安石该不该配享孔庙问题等等鸡毛蒜皮之事，还在为宋钦宗不满十岁的儿子立太子一事上蹿下跳，老百姓因此讥笑他"十不管"，即："不管太原却管太学，不管防秋却管春秋，不管炮石却管安石，不管肃王却管舒王，不管燕山却管聂山，不管东京却管蔡京，不管河北地界却管举人免解，不管河东却管陈东，不管二太子却管立太子。"（《宋人轶事汇编》卷十四）谴责吴敏昏聩无能，本末倒置。

在"靖康耻"前后，表现最为荒唐的是北宋亡国之君宋钦宗。宋钦宗受命于危难之时，但他既无勇气，又无决断，苍黄反复，变化无常。李纲说坚守，他就守一阵。李邦彦劝他讲和，他又遣使同金军议和。金军一来，他赶快下诏求言。金军一退，他又把李纲贬职外地，抑制和打击主战人士，左左右右，反反复复。老百姓摊上这样一个主儿，真是欲哭无泪，纷纷嘲笑他说："城门闭，言路开。城门开，言路闭。"（程毅中《宣和遗事校注·后集》）意思是金军一来（城门闭），广开言路；金军一去（城门开），便再也听不进逆耳忠言，讽刺了他的急功近利和苍黄反复。

靖康元年（1126）八月，本已退兵的金军见宋朝不思备战，软弱可欺，又举兵南侵，于十一月杀到开封城下，开始疯狂攻城。在这千钧一发之际，宋钦宗却把大宋江山和百姓安危寄希望于一位江湖骗子郭京，相信他能撒豆成兵的"六甲法"破敌。二十五日，面对金军围城困局，郭京还真会装模作样，他轻描淡写地说，只需用兵七千七百七十七人，"择日出师，便可致太平，直抵阴山而上。"（《宋人轶事汇编》卷十四）结果，城门一开，他那七千七百七十七个"神兵"刚出师即被金军击溃，尸横遍野。金军乘机攻城，开封当天沦陷。金兵入城，烧杀抢掠，无恶不作。

靖康二年（1127）四月初一，金军在对开封进行了四个月的无所不用其极的搜刮、哄抢、奸淫、屠杀后，押解宋朝自徽、钦二帝及皇后、妃嫔、皇太子、亲王、公主、宗室、外戚、宰执及在京大臣、伎艺、工匠、倡优、其他百姓共十余万人，以及不可胜数的金银、冠服、法器、文物、图书等北归。开封经历了这场浩劫之后，市无货，仓无粟，满目疮痍，城如废墟，这座当时世界上最繁华的都市，一夜之间，变成了"鬼城"。

观察"靖康耻"发生前后帝王将相们的言行表现，真是"荒唐"到可笑、可恨乃至可耻，正是这些荒唐人荒唐事，把国家和人民推向了灾难的深渊，加速了北宋政权的土崩瓦解，北宋灭亡，可谓咎由自取。

一朵花与一个王朝的凋谢

现代人如以一朵耀眼的大红花云鬓斜簪，会引来许多异样的目光，说明现代人对于戴花之好，已经疏离，且不那么容易接受了。但在中国古代，尤其在宋朝，无论达官显贵还是贩夫皂隶、女人还是男人都特别热衷于戴花。

宋代无名氏《鹧鸪天·上元词》云："日暮迎祥对御回。宫花载路锦成堆。天津桥畔鞭声过，宣德楼前扇影开。奏舜乐，进尧杯。传宣车马上天街。君王喜与民同乐，八面三呼震地来。"（唐圭璋《全宋词》第五册）这首词描写的是宋徽宗时期首都汴京元宵节车水马龙的盛况，皇帝与民同乐，大官小吏前呼后拥，老百姓蜂拥而至，"宫花载路锦成堆"，人人头上都戴着各式各样的花，一路看去，姹紫嫣红，光彩耀目，恍若花海一般。

如果说宋人戴花是一种时尚，那么接受皇帝赏赐的花，便是一种身份与殊荣。宋代吴曾《能改斋漫录》卷十三"御亲赐带花"条载，宋真宗东封泰山前夕，分别任命陈尧叟、马知节为东京留守和大内都巡检使，封官完毕，宋真宗把他俩留在宫中宴饮庆贺，君臣三人头戴鲜艳的牡丹，喝到高兴处，宋真宗从自己头上取下一朵最名贵的牡丹，亲自为陈尧叟戴上，让陈尧叟感激涕零。宴罢出宫，一阵风扑面而来，吹落了一叶花瓣，陈尧叟赶忙叫侍从拾起，小心翼翼地揣进怀里，还说："此乃官家所赐，不可弃。"郑重之情，溢于言表。

另据宋代张邦基的《墨庄漫录》卷第九说，有个福建人屡试不第，考成了白发翁还逢试必考。崇宁二年（1103），宋徽宗格外开恩，以"特奏名"（宋制，举人年高而屡经省试或殿试落第者，遇殿试时，许由礼部贡院另立名册奏上，参加附试，称"特奏名"，亦称恩科。而礼部贡院合格奏名举人，则称"正奏名"）录取了他，并擢为状元，据说其时他已年逾古稀。这位仁兄老来及第，还是钦点的状元，惊喜异常，参加完皇帝安排的闻喜宴（唐宋朝廷特赐新进士及诸科及第者之宴会）后，特赋诗一首："白马青衫老得官，琼林宴罢酒肠宽。

平康过尽无人问，留得宫花醒后看。"什么东西才会"留得醒后看"呢？那当然是最珍视的东西。所以，无论是近臣陈尧叟，还是新科的状元，都无一例外把皇帝赐的花当作宝贝一样珍藏，皇帝赐花，成了士大夫眼里最为荣耀的事情。

对于官方来说，戴花是上下级之间联络感情的方式，更是一种礼仪，凡万寿圣节、立春入贺、闻喜赐宴、祭祀天地祖先之类的活动中，人人皆戴宫花。《宋史·礼十六》记载："前二刻，御史台、东上合门催班，群官戴花北向立，内侍进班齐牌，皇帝诣集英殿，百官谢花再拜。"皇帝召集朝会，戴花是百官必须履行的程序。

宋代官方戴花成为礼仪，大概建国之初就开始了。《全宋诗》收录释印粲《赠徐鼎臣常侍》一诗，中有"不将才名暂时夸，人仰声名遍海涯。月满朝衣听禁漏，更阑分直扫宫花……"徐鼎臣即徐铉，字鼎臣，扬州广陵县（今江苏扬州）人，南唐旧臣，后随李煜降宋，宋太宗时官至散骑常侍。诗中记载了朝廷一次重大活动之后，徐铉作为值班官员，深夜还在打扫地上宫花的情况。由此来看，宋太宗时代，宫廷活动中戴花已经习以为常。

花有生花与像生花之分，生花即时令鲜花，像生花是假花，由绢类织物制作而成。宫花属于像生花一类，是宫廷特制的赏赐品。什么身份戴什么花，什么级别戴几朵花，都是非常讲究、有明文规定的，"大罗花以红、黄、银红三色，栾枝以杂色罗，大绢花以红、银红二色。罗花以赐百官，栾枝，卿监以上有之；绢花以赐将校以下。"（《宋史·舆服五》）

不过，像生花再美，毕竟是假花，远不如娇艳名贵的鲜花受人青睐，像与王公大臣交心谈话，宫中举行"钓鱼宴"等场合，皇帝赐予的，大都是鲜花，而且身份越尊贵，赐予的鲜花也越珍贵。然而，珍贵鲜花难得，在运送京城的过程中又有保鲜等一系列问题，这让当时的人们伤透了脑筋。宋真宗时代，洛阳牡丹闻名遐迩，所谓"洛阳地脉花最宜，牡丹尤为天下奇"，姚黄、魏紫等牡丹珍品更是冠绝一时。但洛阳距京城二百多公里，以当时舟车骡马等落后的运输条件，要把那些牡丹极品完好地送到京城，几乎是不可能完成的任务，为此，洛阳留守们想尽了办法。比如，为了防止花瓣掉落，并做到保湿，他们把花放置于竹笼，在花的周围塞满了嫩绿的菜叶。为了保证枝茎的稳固，他们发明了"蜡封花蒂"的办法，即用蜡仔细封好花蒂，花可数日不落。为了抢时间，他们还要求送花府校快马加鞭，昼夜兼程，以"特快专递"方式送达京城，以博帝王一笑。虽说只是一朵小花，却实在是一个艰苦卓绝的任务，套用小杜的名句，那真是：一骑红尘君王笑，无人知是牡丹来。

宋人爱花戴花之习，从官方层面来说，除了一定的文化爱好和笼络人心的因素之外，主要是追求奢华和贪图享乐的表现。而戴花，也不过是士大夫阶层众多纵欲方式中的一种罢了，其他千奇百怪的享乐还不可计数。宋徽宗时，就特别成立了物品造作局，制造珍玩，专供皇室享乐。又四处搜罗奇花异石，用船运至京城，称为"花石纲"。还时不时地大兴铸九鼎、修新乐等形象工程、面子工程，大搞祀园丘、祭明堂等好大喜功、铺张浪费的活动，劳民伤财，花钱如流水，搞得国库空虚，民不聊生。

帝王官僚们大肆搜刮民财，老百姓要流多少血汗啊。什么叫奢侈？用最通俗的话说，就是成千上万老百姓夜以继日地劳作，也只能供他们片刻的欢娱、瞬间的消遣，这就是奢侈。农民累死累活干一年也不过几千收入，而他们一顿饭就是数万甚至十数万，这就是奢侈。"小楼一夜听春雨，深巷明朝卖杏花"，陆放翁的诗句，浓浓的愁绪，反映着民间的疾苦，流泻出心底的愤怒，如果他们能少一些奢侈和荒淫，那叫卖声或许不至于如此悲苦吧？由于统治者穷奢极欲，荒淫无度，从而导致了"靖康之耻"，国都被占，皇帝被俘，曾经辉煌于世的大宋王朝就像一朵即将凋谢的花一样，偏安一隅，苟延残喘，终于走向了衰败和灭亡。